AS NOVAS LEIS DA
PSICOLOGIA

Peter Kinderman

Professor de Psicologia Clínica,
Universidade de Liverpool

AS NOVAS LEIS DA
PSICOLOGIA

Uma Abordagem Moderna sobre
como Funcionam Nossos Pensamentos,
Emoções, Ações e Saúde Mental

Tradução
Marta Rosas

Editora
Cultrix
SÃO PAULO

Título do original: *The New Laws of Psychology.*
Copyright © 2014 Peter Kinderman.

Originalmente publicado no Reino Unido por Robinson, um selo da Constable & Robinson Ltd., uma divisão da Little Brown Book Group.

Copyright da edição brasileira © 2018 Editora Pensamento-Cultrix Ltda.

Texto de acordo com as novas regras ortográficas da língua portuguesa.

1ª edição 2018.

Todos os direitos reservados. Nenhuma parte desta obra pode ser reproduzida ou usada de qualquer forma ou por qualquer meio, eletrônico ou mecânico, inclusive fotocópias, gravações ou sistema de armazenamento em banco de dados, sem permissão por escrito, exceto nos casos de trechos curtos citados em resenhas críticas ou artigos de revistas.

A Editora Cultrix não se responsabiliza por eventuais mudanças ocorridas nos endereços convencionais ou eletrônicos citados neste livro.

Este livro não se destina a substituir o aconselhamento nem o tratamento médico. Aqueles cujo estado de saúde exigir atenção médica devem consultar um médico ou terapeuta devidamente qualificado.

Editor: Adilson Silva Ramachandra
Editora de texto: Denise de Carvalho Rocha
Gerente editorial: Roseli de S. Ferraz
Preparação de originais: Alessandra Miranda de Sá
Produção editorial: Indiara Faria Kayo
Editoração eletrônica: Join Bureau
Revisão: Luciana Soares da Silva

Dados Internacionais de Catalogação na Publicação (CIP)
(Câmara Brasileira do Livro, SP, Brasil)

Kinderman, Peter
    As novas leis da psicologia: uma abordagem moderna sobre como funcionam nossos pensamentos, emoções, ações e saúde mental/Peter Kinderman; tradução Marta Rosas. – São Paulo: Cultrix, 2018.

    Título original: The new laws of psychology
    ISBN 978-85-316-1460-6

    1. Bem-estar – Aspectos psicológicos 2. Comportamento humano – Aspectos psicológicos 3. Doenças mentais 4. Doenças mentais – Diagnóstico 5. Psicologia clínica I. Título.

18-15893
    CDD-150

Índices para catálogo sistemático:
1. Psicologia clínica 150
Iolanda Rodrigues Biode – Bibliotecária – CRB-8/10014

Direitos de tradução para o Brasil adquiridos com exclusividade pela
EDITORA PENSAMENTO-CULTRIX LTDA.
Rua Dr. Mário Vicente, 368 – 04270-000 – São Paulo, SP
Fone: (11) 2066-9000 – Fax: (11) 2066-9008
E-mail: atendimento@editoracultrix.com.br
http://www.editoracultrix.com.br
que se reserva a propriedade literária desta tradução.
Foi feito o depósito legal.

Sumário

Agradecimentos 7

Introdução 9

1 Somos controlados por nosso cérebro? 25

2 As velhas leis da psicologia 50

3 As novas leis da psicologia: a psicologia no cerne de tudo 80

4 Pensando diferente: o diagnóstico 103

5 Pensando diferente: o bem-estar 143

6 Pensando diferente: a terapia 167

7 Senhor do próprio destino, capitão da própria alma 199

Notas 209

Agradecimentos

GOSTARIA DE AGRADECER a todos com quem conversei sobre este livro e a todos os que me ajudaram lendo e comentando suas versões preliminares. Agradeço especialmente à minha família que, com percepção e paciência, me ajudou a expressar melhor minhas ideias. Gostaria de agradecer em particular a Jen Tomkins e Anne Cooke, cujos comentários foram de suma importância para dar forma ao livro, embora eu esteja ciente de que discuti essas ideias com muito mais pessoas, demasiadas, infelizmente, para citar cada uma. Sem dúvida, sou muito grato a Fritha Saunders, Jamie Joseph, Charlotte Macdonald e toda a equipe da Constable & Robinson, que contribuíram para tornar este livro possível.

Introdução

POR QUE AGIMOS COMO AGIMOS? O que faz a vida valer a pena? Será que a melhor maneira de explicar nossos atos, pensamentos e emoções é por meio do funcionamento biológico do nosso cérebro? As pessoas se comportam de modo diferente e têm diferentes personalidades. Será que a variação genética é o que melhor explica essas diferenças? Será que o nosso destino é ditado pela biologia? E, se isso for verdade, para onde irá o livre-arbítrio?

Ou, então, seremos como rolhas que flutuam ao sabor dos acontecimentos, meros produtos inconscientes das circunstâncias sociais? Sabemos que o contexto financeiro, material e social das pessoas é importante. Pessoas vindas de meios sociais diferentes se comportam de modo diferente, e certos eventos da vida às vezes têm consequências traumáticas – nesse caso, seremos apenas um produto de tais circunstâncias? Nem mesmo sugerindo que somos o resultado da interação entre nossos genes e o ambiente deixaríamos muito espaço para a autonomia e o livre-arbítrio, para não falar no espaço para a humanidade.

Ou seremos criaturas inteligentes, inquisitivas, curiosas, que participam ativamente da compreensão do mundo? Seremos capazes de compreender o mundo? Seremos capazes de avaliar o ambiente físico e o comportamento de outras pessoas e de formar construtos complexos, fluidos e elegantes a partir do que observamos? Seremos capazes de construir modelos mentais do mundo?

Embora a psicologia seja uma disciplina científica relativamente jovem, os avanços da ciência psicológica ao longo dos últimos anos permitem-nos entender a nós mesmos com uma clareza sem precedentes. Até pouco tempo atrás, as explicações adotadas por psicólogos, psiquiatras e neurocientistas suprimiram e compartimentalizaram o comportamento humano. As explicações biológicas sugerem que devemos entender o ser humano como escravo do cérebro e, em última análise, de seus genes. Os psicólogos comportamentais admitiram que temos capacidade de aprender e que somos, em grande parte, moldados pelos eventos de nossa vida, mas as explicações comportamentais tradicionais tendem a ver o ser humano como um robô mecanicista à mercê de padrões de punição e recompensa.

Agora vem surgindo uma nova abordagem da psicologia que nos oferece uma visão muito mais otimista da condição humana: a psicologia cognitiva. Suscitando novas formas de pensar – novas leis da psicologia –, ela permite também uma abordagem da saúde mental que, em vez de tratar a assim chamada doença mental, se volte para a promoção do bem-estar.

Os psicólogos cognitivos veem as pessoas entendendo seu mundo, formando modelos mentais, desenvolvendo estruturas complexas de compreensão e agindo de acordo com tudo isso. As pessoas são mais que produtos brutos de sua biologia, e não meros peões das vicissitudes da vida. Nós nascemos como máquinas de aprendizagem dotadas de cérebros extremamente complexos, porém muito receptivos, prontos para entender o mundo e lidar com ele. Em consequência dos fatos e exemplos que a vida nos dá, desenvolvemos modelos mentais do mundo que, em seguida, usamos para orientar nossos pensamentos, emoções e comportamentos.

Essas formas de pensar sobre o que significa ser humano não deveriam parecer estranhas nem surpreendentes. Elas poderiam revolucionar gradualmente a nossa compreensão da condição humana, do bem-estar, da saúde mental e até da moral e da autopercepção. A meu ver, como psicólogo clínico, se pudéssemos entender nossos pensamentos, emoções e crenças um pouco melhor, entenderíamos nossa saúde mental de outra forma. Mudaríamos nosso modo de diagnosticar as assim chamadas "doenças mentais" e ofereceríamos ajuda concreta a quem dela precisa. Essas novas leis da psicologia devem mudar toda a nossa abordagem da compreensão e do tratamento da doença mental.

DETERMINISMO BIOLÓGICO

As explicações biológicas do comportamento humano sugerem que ele seja produto do cérebro e este, por sua vez, de nossos genes. Explicações desse tipo, que se popularizaram especialmente no início do século XX, ainda são comuns na televisão, no rádio, nos jornais e na mídia em geral. Elas são sedutoras. Sem dúvida, o cérebro é responsável por uma vasta gama de funções biológicas importantes, e as explicações biológicas de fenômenos humanos complexos são comuns e convincentes. A dopamina, neurotransmissor que tem sido associado a muitas drogas ilícitas e à psicose e que, ao que tudo indica, influi para fazer os eventos parecerem pessoalmente significativos e salientes, também foi associada a vários problemas de saúde mental, entre os quais experiências psicóticas como alucinações e delírios persecutórios. Outro neurotransmissor, a serotonina, foi associado a mecanismos de recompensa e *status* social e, portanto, à depressão e à baixa autoestima.

Há muita verdade nessas explicações biológicas de fenômenos psicológicos. Porém as explicações biológicas não são, em si, muito boas quando é preciso dar conta de comportamentos complexos e, além disso, são particularmente fracas quando se trata de explicar as diferenças entre as pessoas, o que em geral é o que nos interessa. Em um determinado nível, é sem dúvida verdade que nosso comportamento é produto do funcionamento do nosso cérebro. Cada ato e cada pensamento nosso passa pelo cérebro. Mas, já que cada pensamento necessariamente envolve o cérebro, isso nos diz apenas que pensamos com o cérebro. Esse tipo de explicação não acrescenta muito à nossa compreensão. Quando pessoas confiantes pensam em apresentar-se em público, o cérebro delas se envolve nesse pensamento, mas o mesmo também vale para pessoas ansiosas: o cérebro delas também se dedica a pensar. A tentativa de explicar comportamentos humanos complexos sob pontos de vista exclusivamente neurológicos equivale a explicar as origens da Primeira Guerra Mundial sob a ótica dos mecanismos de explosivos de alta potência. Apesar de ser difícil de refutar, o modelo biológico simples não acrescenta muito.

Uma versão mais elegante de explicação biológica volta-se para as diferenças individuais. Ela sugere que as óbvias diferenças de comportamento, personalidade e atitude podem ser mais bem explicadas pelas diferenças biológicas entre as pessoas. Em situações de estresse, como catástrofes naturais, algumas podem desenvolver problemas de saúde mental muito significativos, ao passo que outras são, de modo surpreendente, resilientes. As abordagens biológicas explicam essas diferenças de reação psicológica a traumas levando em consideração as diferenças de funcionamento biológico. Poderíamos, por exemplo, sugerir que é provável que algumas pessoas tenham um "pico" substancialmente maior nos níveis de cortisol, o "hormônio do estresse". Se é possível explicar nosso comportamento tendo em vista os processos biológicos, faz sentido intervir com soluções biológicas. No caso dos problemas de saúde mental, isso significa medicação.

Essas explicações biológicas são importantes e úteis. Não é possível compreendermos plenamente a vida humana se não compreendermos o funcionamento do cérebro humano. Entretanto, elas são incompletas. Apesar da importância capital de uma melhor compreensão do cérebro, sem a psicologia, a neurociência pouco pode explicar aquilo que diferencia uma pessoa de outra. E muitas pessoas, inclusive eu, vê com cautela a intervenção na biologia: embora seja uma reação comum às dificuldades de saúde mental, a medicação não é uma reação interessante. Temos que entender a psicologia de como as pessoas compreendem seu mundo se quisermos entender o comportamento e as emoções humanas e, portanto, os problemas de saúde mental.

DETERMINISMO SOCIAL

Estamos inseridos em sociedades que nos formam, sustentam e moldam. Nosso comportamento se deve, em parte, às circunstâncias sociais em que nos encontramos. Sua formação resulta das contingências de reforço a que estamos expostos. À medida que vamos vivendo, nos vemos diante de inúmeros eventos e oportunidades que nos modelam e modelam nosso comportamento, o qual tende a mudar cada vez que ganhamos uma recompensa por nossos atos. Essa recompensa pode ser ostensiva, na forma de suborno ou aplauso, ou consistir em um reforço muito mais sutil, mas igualmente eficaz, como ver nossos pais sorrirem por causa de algo que dissemos ou ver outras pessoas serem recompensadas por seus atos. Somos, pelo menos em parte, produto das recompensas e punições que recebemos ao longo da vida. Portanto, há na psicologia uma forte tradição de explicações comportamentais, ou seja, de interpretar nosso comportamento e as diferenças entre as pessoas no que diz respeito a recompensas e punições.

No passado, muitos psicólogos se empolgaram com esse tipo de explicação. Muitos presumiram que o comportamento humano e até o próprio pensamento fossem produto do padrão de reforços e punições a que estamos expostos. Porém, como explicarei mais adiante, essas explicações também são inadequadas. Embora seja verdade que diferentes experiências de vida possam levar as pessoas a resultados emocionais distintos, também é verdade que diferentes pessoas reagem a experiências de vida semelhantes de maneiras distintas, já que as compreendem de diferentes maneiras. Mais uma vez, precisamos entender a psicologia de como as pessoas compreendem seu mundo.

PENSAMENTOS SOBRE O EU, OS OUTROS, O MUNDO, O FUTURO...

As pessoas são mais que meras máquinas biológicas e mais que argila amorfa, moldada por pressões sociais e circunstanciais. Somos mais que produtos biológicos de nossos genes e das consequências inevitáveis das contingências do reforço. Nós compreendemos nosso mundo.

Nossas crenças, emoções, nossos comportamentos e, inclusive, nossa saúde mental são produto da forma como pensamos a respeito de nós mesmos, dos outros, do mundo e do futuro. Por sua vez, esses pensamentos são consequência de nossa aprendizagem: as circunstâncias sociais, as experiências e os eventos da vida aos quais estivemos expostos e as formas como os compreendemos e como reagimos a eles. O cérebro é uma máquina de suma eficácia para a aprendizagem, e nós entendemos nossas experiências.

HUMANIDADE

Às vezes, a solução mais óbvia e mais simples é a melhor. Podemos entender as pessoas se entendermos a história de suas vidas. A vida é complicada. Vivemos em um mundo que está em constante mutação, tanto do ponto de vista social quanto do ponto de vista tecnológico. As políticas são globais, e estamos expostos a informações 24 horas por dia. A tecnologia está avançando a uma velocidade vertiginosa, mas, na vida humana, a maioria das coisas é feita por motivos muito simples: as pessoas compreendem seu mundo e agem de forma compatível com essa compreensão. Podemos usar esse conhecimento para entender não apenas a saúde mental, como também outros aspectos essenciais de nossa vida: relacionamentos, família, trabalho, felicidade, decisões morais. Em um mundo que se caracteriza pela rapidez e pela excelência dos avanços científicos e tecnológicos, isso constitui um apelo à humanidade e à simplicidade.

SAÚDE MENTAL E MUITO MAIS

Como psicólogo clínico, concentro-me acima de tudo no bem-estar psicológico. Nesse contexto, o modelo biopsicossocial fornece um arcabouço útil para a consideração dos principais fatores que podem afetar nossa saúde mental: o biológico, o psicológico e o social. Sabemos que os fatores biológicos afetam nossa saúde mental. Além do álcool, da nicotina e da cafeína, as drogas ilícitas alteram nosso comportamento e afetam nossa saúde mental. Os fatores genéticos estão associados a problemas de saúde mental, embora a relação seja sem dúvida mais complexa que a simples busca do "gene da esquizofrenia". Pesquisas fascinantes na área da neurociência nos têm dado importantes informações sobre os mecanismos subjacentes tanto aos comportamentos habituais quanto aos problemas de saúde mental. É errado minimizar a relação entre os fatores biológicos e o comportamento humano ou os problemas de saúde mental, mas os fatores biológicos têm impacto sobre a saúde mental porque afetam nossa psicologia, e essa é uma questão fundamental.

Os fatores sociais também estão sem dúvida associados a problemas de saúde mental. As pessoas que provêm de extratos mais pobres e socialmente menos favorecidos da população têm muito mais probabilidade de ter problemas de saúde mental, e esses problemas tendem a ser mais graves. As pessoas solitárias tendem a ter mais problemas do que as que têm confidentes íntimos. Existem na vida muitos eventos negativos que se associam a problemas de saúde mental, desde traumas coletivos (como guerras e calamidades civis) a traumas pessoais (como violência e estupro na infância), além de eventos negativos mais corriqueiros como divórcio, luto e demissão do trabalho ou até mesmo o efeito cumulativo dos aborrecimentos do dia a dia. Embora lamentável e muito triste, é importante lembrar que muitos de nós somos sobreviventes de experiências traumáticas, entre as quais agressões, estupro e abuso sexual na infância. Muitos de nós sofremos *bullying* na escola e no trabalho. Esses traumas têm impacto sobre nossa saúde mental e mudam nossa maneira de ser. É inaceitável sugerir que aqueles que foram feridos pelas experiências que tiveram sejam em algum sentido inadequados, doentes ou constitucionalmente incompetentes. Entretanto, esses fatores sociais afetam nossas emoções e nossa saúde mental porque alteram o modo como aprendemos a ver o mundo.

APRENDIZAGEM

Apesar de todo comportamento humano envolver o cérebro, não precisamos buscar diferenças no funcionamento cerebral para explicar as diferenças entre as pessoas. O "trabalho" do cérebro é processar informações. Se dois gêmeos idênticos, dotados de cérebros idênticos, aprendessem a entender o mundo de maneiras diferentes, eles se comportariam de modo diferente. É importante entender como as pessoas compreendem seu mundo.

A compreensão psicológica avançou desde a psiquiatria biomédica básica dos séculos XVIII e XIX. Parte dessa psicologia foi, em si, muito simplista. No início do século passado, os psicólogos concentraram-se nas associações aprendidas, o "condicionamento clássico" de Pavlov. Isso logo levou à "Lei do Efeito", princípio básico da psicologia comportamental segundo o qual se a uma ação seguir-se uma consequência positiva reforçadora, é *mais* provável que ela se repita, ao passo que, se a uma ação seguir-se uma consequência negativa punitiva, é *menos* provável que ela se repita. Sem dúvida, isso tem importância, pois contribuiu para determinar todo tipo de políticas e práticas, desde as da educação infantil e da educação em geral até as da justiça criminal.

Porém nós avançamos ainda mais. A psicologia cognitiva estabeleceu vários fatos fundamentais sobre a vida humana cotidiana. Os seres humanos nascem como máquinas de aprendizagem. Somos dotados de um cérebro que é único no mundo animal, capaz de absorver informações a um ritmo impressionante. Para desenvolver o vocabulário adulto de 20 mil palavras, as crianças precisam ser capazes de aprender até vinte novas palavras por dia. Podemos entender melhor essa aprendizagem se a virmos como o desenvolvimento de modelos mentais do mundo. Esses modelos são construções complexas (e muitas vezes, em grande parte, inconscientes) que dependem da manipulação simultânea de representações abstratas do mundo. Para compreender o mundo, temos que construir representações abstratas do mundo, por exemplo a frase "Ele é digno de confiança". Essas representações são abstratas porque não podemos tocar fisicamente a "confiança", mas há indícios muito bons de que nosso comportamento cotidiano seja influenciado por esse tipo de representação. Também está claro que a maioria dos seres humanos tem representações supercomplexas do mundo e está constantemente processando informações em muitos níveis ao mesmo tempo. Portanto, nossos modelos mentais do mundo são construídos por meio da manipulação simultânea de vastos números de complexas representações abstratas do mundo. Esses modelos têm grande importância, já que explicam como pensamos, nos sentimos e nos comportamos. E, se conseguirmos entendê-los, entenderemos o comportamento, as emoções e as crenças das pessoas.

Isso sugere que, embora sejamos diferentes ao nascer, as diferenças entre as pessoas têm muito mais que ver com as diferentes experiências e culturas às quais fomos e somos expostos. Sugere que os fatores biológicos e genéticos nos dão — a todos nós — uma capacidade de aprendizagem sem par. Ela nos separa dos animais, porém explica bem menos as diferenças entre as pessoas. Essas diferenças de comportamentos, emoções e pensamentos explicam-se melhor pelas diferenças entre nossas experiências e pela interpretação que lhes demos. Isso coloca a neurociência a serviço da psicologia, e não o inverso.

NÃO SOMOS PERFEITOS

A ciência psicológica nos diz que nossa vida mental é, em boa medida, um processo construtivo. Em vez de "ver" uma imagem do mundo projetada no cérebro, criamos uma imagem do mundo com base em indícios que obtemos dos sentidos. Isso implica muitos erros, e é por essa razão que boa parte da nossa imagem do mundo é um "chute", apesar de geralmente muito bom. Pesquisas sobre o testemunho ocular revelam que nossa memória é falível. Pesquisas sobre a "cegueira à mudança", ou "efeito do gorila invisível", mostram que muitas vezes as pessoas deixam de perceber mudanças drásticas no ambiente, basicamente porque não as esperam.

O que pensamos ver talvez nem sempre corresponda à realidade objetiva, e isso se aplica, em particular, ao sofrimento psicológico. As pessoas ficam deprimidas ou ansiosas porque pensam de modo negativo a respeito de si mesmas, dos outros, do mundo e do futuro. Nossas estruturas de compreensão do mundo e, em especial, nossa explicação dos eventos-chave de nossa vida são fundamentais. Como todas as percepções, nossas percepções de nós mesmos e do mundo são determinadas por um processo de construção. Em casos de muito sofrimento, as pessoas podem ter delírios e alucinações. Podem ter certeza de estar sendo perseguidas e de ouvir vozes incorpóreas. Porém, já que todos podemos cometer erros, essas crenças inquietantes podem estar equivocadas. Mesmo nosso senso de identidade é uma construção. Entendemos quem somos e como agimos criando mentalmente modelos operacionais de nós mesmos, e são esses modelos operacionais que precisamos entender. Isso significa que muitos problemas de saúde mental – paranoia, depressão, ansiedade social etc. – podem ser decorrentes de experiências fracas de aprendizagem, e não de déficits biológicos.

O cérebro humano tem um enorme potencial de aprendizagem. Além disso, fomos os únicos, dentre todos os animais, a dar um gigantesco salto evolucionário quando desenvolvemos a capacidade de usar conceitos abstratos. Isso quer dizer que não nos limitamos a entender onde as coisas estão e a prever o que pode acontecer em seguida (embora, sem dúvida, também façamos isso). Nós entendemos os sentidos e as implicações dessas previsões. Usamos conceitos abstratos complexos, como "confiança" e "amor", e manipulamos essas abstrações. Elas importam porque têm consequências importantes. Imagine um relacionamento estável, de longo prazo: as duas pessoas provavelmente diriam que se amam e confiam uma na outra. Caso acontecesse de uma delas estar roubando dinheiro da outra com frequência, seria de esperar que isso tivesse algum impacto no relacionamento. As pessoas mudam de comportamento quando a "confiança" se degrada. O raciocínio humano se baseia no processamento simultâneo de várias representações abstratas do mundo, e muitos de nossos comportamentos mais importantes, em particular nos relacionamentos, são em parte determinados por esses modos complexos e abstratos de entender nosso mundo social.

É claro que isso é muito complexo, tanto que boa parte do nosso pensamento cotidiano não se baseia na lógica matemática, mas sim na "heurística": regras gerais simples que permitem ação rápida, mesmo que imprecisa. As pessoas tomam muitas decisões importantes (talvez quase todas) usando pouquíssima lógica. Em vez disso, recorrem a "regras gerais" e a suposições feitas rapidamente, úteis do ponto de vista prático.

PENSANDO EM TERMOS PSICOLÓGICOS

Tudo isso quer dizer que nossas crenças, emoções, nossos comportamentos e, inclusive, nossa saúde mental são produto da forma como compreendemos o mundo. Construímos nossos modelos mentais do mundo com processos psicológicos que são, eles mesmos, influenciados por fatores biológicos, fatores sociais e eventos da vida.

Portanto, é possível entender melhor os problemas de saúde mental do ponto de vista humano do que do neurológico. Sem dúvida, todos os problemas de saúde mental envolvem o cérebro, pelo simples fato de que todo pensamento que possamos ter necessariamente envolve o funcionamento neurológico do cérebro. Porém muito pouco das diferenças entre as pessoas no que diz respeito à sua saúde mental, ou mesmo ao comportamento humano em geral, pode ser explicado com base na variação de processos neurológicos. A maior parte da variabilidade existente nos problemas das pessoas parece ser explicável com base em sua experiência, e não em disfunções genéticas ou neurológicas. "Os mecanismos de recompensa envolvem a serotonina e a dopamina": certo, mas isso se aplica a todo mundo. As explicações neurológicas podem ser detalhadas e plausíveis, mas não são boas. Elas descrevem os mecanismos cerebrais envolvidos em um determinado comportamento, mas nem sempre explicam o porquê desse envolvimento.

As explicações aventadas pelos psicólogos comportamentais tampouco são adequadas. Sem dúvida, é verdade que as pessoas (e os animais) aprendem muito rápido a reconhecer os estímulos que sinalizam eventos importantes no ambiente (como a chegada de comida). Do mesmo modo, aprendemos rapidamente quais são as consequências de nossos atos: aqueles que acarretam recompensa tendem a repetir-se; os que acarretam punição tendem a não se repetir. Porém, embora as contingências do reforço sejam importantes e por certo contribuam para modelar nosso comportamento, nós também aprendemos rápido a entender o mundo em termos bastante abstratos. Aprendemos a prever o futuro e a entender as regras que estão por trás dos programas de reforço. Aprendemos quando a recompensa é provável e quando a punição é provável. Aprendemos a entender problemas para resolvê-los, sem agir apenas pela esperança de recompensa. E moldamos nosso comportamento com base no dos outros, aprendendo assim as regras do comportamento social. Tudo isso sugere algo muito mais elegante do que aquilo que a psicologia comportamental tem a oferecer.

O QUE ISSO SIGNIFICA PARA A ASSISTÊNCIA À SAÚDE MENTAL

Compreender o fato de que as pessoas entendem ativamente o mundo que as cerca tem implicações diretas e imediatas para a prática do diagnóstico e o conceito de "anormalidade" em saúde mental. Termos como "doença mental" e "psicologia anormal" vêm de uma tradição médica que pressupunha que os problemas emocionais pudessem ser pensados da mesma maneira que qualquer doença. Entretanto, eles provêm de ideias antiquadas, degradantes e inválidas. E categorias diagnósticas como "transtorno depressivo maior" e "esquizofrenia", relacionadas em publicações amplamente utilizadas como o *Diagnostic and Statistical Manual* da American Psychiatric Association, são inúteis. Na verdade, todo o conceito de "doença mental" é relativamente irrelevante. Sem dúvida, milhões de pessoas têm graves problemas psicológicos. No Reino Unido, o suicídio é a causa mais comum da mortalidade entre mulheres no ano seguinte ao nascimento do primeiro filho, e uma a cada quatro pessoas terá algum tipo de problema emocional em algum momento na vida. Estima-se que o custo dos problemas relacionados à má saúde mental para o estado esteja em bilhões de libras por ano, e os antidepressivos estão entre os produtos mais comuns – e mais rentáveis – das maiores farmacêuticas multinacionais. Porém as ideias de enfermidade e doença não ajudam, e mesmo o conceito de psicologia "anormal" é descabido.

Alguns dos excessos da abordagem diagnóstica são bastante ilustrativos. A American Psychiatric Association cita o "transtorno de oposição desafiante" como um "transtorno mental" diagnosticado em crianças que se caracterizam pela "obstinação" e pela "desobediência". É inaceitável diferenciar assim o "normal" do "anormal". É ilógico e anticientífico, pelo fato de os processos psicológicos que subjazem a essas emoções, esses pensamentos e comportamentos serem comuns a todos nós; eles não surgem de repente nas pessoas diagnosticadas com certas "enfermidades". É de pouca ajuda, pois cria uma divisão entre "eles" e "nós", além de contribuir para a perpetuação de estigmas. É bem mais apropriado ver todos esses aspectos do bem-estar psicológico como parte de um *continuum*, com base na inexistência de limites muito nítidos entre o sofrimento humano normal e a "doença mental". As pessoas estão apenas entendendo seu mundo, e as diferenças que existem entre elas refletem, ao que tudo indica, as variações individuais de suas estruturas de compreensão. Se padrões comuns vierem à tona, se as pessoas tiverem tipos de ansiedade ou modos de pensar comuns, convirá reconhecê-los. Mas entender como as pessoas em geral compreendem o mundo simplesmente não pode equivaler a um diagnóstico. Esse entendimento não sugere, por exemplo, que haja uma doença subjacente produzindo os problemas; os problemas surgem de processos psicológicos normais. Ele não pressupõe que certos problemas necessariamente ocorrem juntos nem tenta distinguir entre modos de pensar normais e anormais.

Em vez disso, deveríamos nos lembrar de que sabemos muito acerca dos principais processos psicológicos e de desenvolvimento que nos tornam humanos, além de sabermos como os eventos de nossa vida, as circunstâncias sociais e nossa constituição biológica podem afetar esses processos. Abordar o bem-estar dessa perspectiva é, ao mesmo tempo, radical e sensato. A pesquisa científica dos processos psicológicos que usamos para entender o mundo e interagir com outras pessoas pode constituir uma alternativa válida, útil e positiva.

A Organização Mundial da Saúde deixa claro que a saúde é mais que a ausência da doença, e a Comissão Europeia comentou com absoluta propriedade que "[...] é a saúde mental que abre aos cidadãos as portas da realização intelectual e emocional, bem como da integração na escola, no trabalho e na sociedade". Para os afligidos, o conceito de doença mental é de pouca valia, na verdade. Já a abordagem do bem-estar mental baseada em evidências, que identifica a compreensão científica dos processos psicológicos-chave que lastreiam nossa humanidade, constitui uma grande esperança.

Portanto, poderíamos pensar diferente − sobre a relação entre o cérebro e a mente, sobre a saúde mental e as assim chamadas doenças mentais, sobre o bem-estar, sobre os serviços de saúde mental e sobre a terapia.

As novas leis da psicologia reconhecem que nossas crenças, emoções, nossos comportamentos e, inclusive, nossa saúde mental são produto da forma como pensamos sobre o mundo, do que pensamos sobre nós mesmos, os outros, o mundo e o futuro. Esses pensamentos, por sua vez, são produto de um processo de aprendizagem. Eles são consequência do nosso aprendizado. Nossas experiências, os eventos de nossa vida, nossas circunstâncias sociais e, em especial, como os compreendemos e como reagimos a eles determinam nossa compreensão do mundo. Nosso cérebro é uma máquina de aprendizagem de suma eficácia que entende nossas experiências. A estrutura de compreensão ou o modelo mental do mundo que resulta disso é responsável por nossos pensamentos, crenças, comportamentos e emoções. As diferenças entre as experiências de aprendizagem das pessoas promovem diferentes formas de compreender o mundo e, assim, criam diferenças entre as pessoas.

As abordagens modernas, ocidentais, industrializadas e medicalizadas da assistência à saúde mental são limitadas. Elas se baseiam no "modelo da doença", ou seja, no pressuposto de que os problemas emocionais decorrem de enfermidades que podem ser diagnosticadas e tratadas como qualquer outra enfermidade física. Só raramente os princípios da psicologia são aplicados (e, mesmo assim, *a posteriori*), e isso quase sempre de modo muito simplista. Precisamos deixar para trás tanto as explicações biológicas quanto as explicações comportamentais e reconhecer como as pessoas compreendem o mundo.

PENSANDO DIFERENTE

Desde os anos 1950, os psicólogos (e psiquiatras que entendem de psicologia cognitiva) vêm desenvolvendo um modelo sofisticado e útil, do ponto de vista prático, que explica como as pessoas entendem o mundo. Para colocar de forma clara, nós nascemos como máquinas de aprendizagem dotadas de cérebros extremamente complexos, porém muito receptivos, prontos para entender o mundo e, em seguida, lidar com ele. Em consequência dos eventos e exemplos que a vida nos dá, desenvolvemos modelos mentais do mundo que usamos para guiar nossos pensamentos, emoções e comportamentos. Esses modelos explicam bem uma boa parte do comportamento humano, e as diferenças entre as estruturas de compreensão explicam as diferenças entre as pessoas. Quando percebe como as pessoas entendem seu mundo, você vê que o comportamento delas é compreensível. Esses modelos pessoais do mundo podem ser bem explicados pelos eventos e experiências aos quais as pessoas foram expostas e permitem uma "revolução cognitiva" mais verdadeira e mais fundamental do que a rapidez e a excelência dos avanços da neurociência.

Como é possível sermos inteiramente o produto de nossa história e das circunstâncias de nossa vida e, ao mesmo tempo, inteiramente o produto do funcionamento biológico do nosso cérebro? Como poderemos conciliar essas duas coisas? O fato é que tanto o cérebro quanto nossas experiências determinam nossos pensamentos, mas o que conta são os pensamentos, e eles é que fazem de nós o que somos.

Isso representa uma mensagem positiva, pois temos a possibilidade de mudar o modo como pensamos. Vez ou outra, utilizo com meus clientes uma analogia: peço-lhes que imaginem que fomos jogados de um helicóptero no meio de um pântano. Não estamos lá por culpa nossa, mas podemos, com as ferramentas certas e a ajuda certa, encontrar a saída. Não estou sugerindo que basta a imaginação para fazer acontecer aquilo que desejamos. Não temos o dom de criar a realidade por meio de algum poder mágico do pensamento. Porém é o modo como processamos, interpretamos ou refletimos sobre os eventos da vida que determina como nós aprendemos com eles. Nossa história de aprendizagem determina os caminhos que nossas vidas tomam e, por conseguinte, nossos pensamentos, emoções e comportamentos, nosso caráter e nossa personalidade. Estamos sempre aprendendo e, por isso, podemos aprender formas de lidar com novos desafios na vida.

O FIO DA HISTÓRIA

O que determina nossos pensamentos, emoções e comportamentos e, portanto, nossa saúde mental é nossa estrutura de compreensão do mundo; não nosso cérebro nem mesmo o que nos acontece na vida; não o inato e também não o adquirido. Ao longo dos últimos anos, a ciência nos trouxe revelações fantásticas sobre a mecânica do cérebro. Incrivelmente complexo, o cérebro humano é dotado de um impressionante poder de processar informações. Porém a explicação do comportamento humano no nível da mecânica do cérebro, por si só, é insuficiente para dar conta das complexidades da vida emocional humana. Um pouco como um computador potente, o cérebro humano processa informações de acordo com regras, e essas regras são aprendidas por meio da experiência e da criação. Nossa saúde mental, nosso bem-estar e nossa perspectiva do mundo são determinados por nosso ambiente e pelos fatos de nossa vida.

A meu ver, como psicólogo clínico, o papel dos fatos corriqueiros na determinação de nossa vida emocional tem importância capital, apesar de muitas vezes ser desconsiderado. É muito fácil acharmos que nosso comportamento é produto do funcionamento biológico do nosso cérebro e, quando as pessoas apresentam problemas psicológicos ou emocionais, presumirmos que as explicações biomédicas e os tratamentos biomédicos (medicamentosos) são apropriados. Porém, se pararmos para nos dar o trabalho de entender o que aconteceu com elas, veremos que sua vida emocional, seus padrões de raciocínio e seu comportamento no geral parecem bastante razoáveis. Ao compreender como as pessoas lidam com o complicado processo de entender o mundo é que compreenderemos plenamente nossa vida social, emocional e interpessoal.

Esses modelos mentais essenciais do mundo precisam ser aprendidos. Não nascemos com eles; nós os aprendemos. Na verdade, ao nascer, os seres humanos são, em essência, incapazes de fazer praticamente qualquer coisa (compare-se um bebê humano a um cordeiro). Temos uma incrível capacidade de absorver e assimilar informações e podemos desenvolver estruturas individuais, e até idiossincráticas, de compreensão do mundo. Essa fantástica variabilidade em nossa forma de compreender o mundo determina como pensamos, nos sentimos e nos comportamos. O que importa não é o hardware, é o software.

Essa forma simples de pensar sobre o comportamento humano tem implicações significativas. Todos nós queremos ter vidas mais felizes, mais saudáveis e mais gratificantes. Se, como afirma a Comissão Europeia, quisermos realizar nosso potencial intelectual e emocional e encontrar e cumprir nossos papéis na vida social, escolar e profissional, precisamos entender como compreendemos o mundo. Para isso, talvez precisemos avaliar e reconsiderar essa estrutura de compreensão. Por sorte, é perfeitamente possível aprender a ver o mundo de uma forma diferente. E, se mudarmos nosso modo de pensar, mudaremos o mundo.

Capítulo 1

Somos controlados por nosso cérebro?

O CÉREBRO HUMANO É IMPRESSIONANTE. Nossa compreensão científica de seu funcionamento aumentou muito nos últimos anos, e isso inevitavelmente nos ajudará a ter uma vida mais longa, saudável e feliz. É importante entendermos plenamente o funcionamento biológico do cérebro para compreendermos a natureza humana. Porém, apesar de necessário, entender o modo como o cérebro afeta nosso comportamento, por si só, não basta. Não podemos explicar as complexidades do comportamento humano se nos restringimos a meras explicações no nível do cérebro. Como em muitas outras questões complexas, precisamos entender as coisas em muitos níveis, e isso inclui uma compreensão do cérebro, dos neurônios e das sinapses. Porém, mesmo assim, isso não basta porque, para entendermos plenamente as pessoas, precisamos entender como o cérebro reage ao ambiente e às coisas que nos acontecem e precisamos entender como compreendemos essas experiências.

Como psicólogo clínico, sem dúvida me interesso mais por nossa abordagem da assistência à saúde mental. Não há dúvidas de que nossos atuais sistemas de assistência à saúde mental deixam muito a desejar. Isso se deve, em parte, ao fato de nos concentrarmos demais no funcionamento biológico do cérebro e de menos no modo como as pessoas o utilizam para compreender o mundo. Se, com o auxílio da moderna ciência psicológica, empreendermos essa mudança, poderemos transformar a assistência que prestamos àqueles que têm problemas de saúde mental.

O OBJETO MAIS COMPLEXO DO UNIVERSO CONHECIDO

O cérebro é descrito com frequência, pelo menos na Internet, como "o objeto mais complexo do universo conhecido". O cérebro humano não é muito interessante ao olhar: uma massa enrugada de cor rosa-acinzentada e consistência de mingau frio. Mas, é claro, as aparências enganam. Nosso cérebro é impressionante pelo que faz; não por aquilo com que se parece. Todo pensamento, todo desejo, toda lembrança, fantasia e ansiedade tem origem no cérebro.

Os fatores neurológicos ou biológicos são essenciais à compreensão do comportamento humano e dos problemas de saúde mental. Trabalho há mais de vinte anos como psicólogo clínico e luto, ao lado de pessoas que sofrem, para ajudá-las a mudar suas vidas. Como acadêmico, esforço-me para compreender as grandes diferenças e ocasionais contradições entre os estudos científicos do comportamento e das emoções humanas. Isso convenceu-me de que não podemos compreender o funcionamento do cérebro ou o comportamento humano sem recorrer a processos psicológicos. O que o cérebro tem de magnífico é o modo como o usamos para processar informações.

A CADA SEGUNDO, 1,8 MILHÃO DE NOVAS CONEXÕES

O cérebro está dividido em dois hemisférios ligados pelo corpo caloso, cuja superfície enrugada tem elevações ("giros") e depressões ("sulcos"). Essas elevações dão à superfície do cérebro uma área maior (o que implica a possibilidade de mais conexões entre os neurônios) e o dividem em diferentes regiões. Embora ainda tenhamos muito a aprender sobre esse órgão, sabemos que diferentes tipos de atividade mental tendem a ser representados pela atividade de diferentes áreas do cérebro. Sabemos que regiões específicas do cérebro têm funções especializadas porque estudamos as consequências em pessoas vitimadas por lesões ou derrames e usamos técnicas mais modernas de geração de imagens. Trata-se de uma ótima maneira de explorar o funcionamento do cérebro. Conforme afirma Kenneth Craik: "Como geralmente acontece quando uma máquina é bem-feita, nós costumamos ignorar o funcionamento da maioria das peças — quanto melhor elas funcionarem, menos consciência teremos delas. [...] Só quando ocorre uma falha é que nos damos conta da existência de um mecanismo".[1] Sem dúvida, à medida que envelhecemos, as doenças do cérebro vão ganhando importância.

Entretanto, o fato de os estudos sobre lesões e disfunções do cérebro poderem nos ajudar a entender os mecanismos cerebrais não deve nos levar a concluir que essas lesões e disfunções biológicas sejam, em absoluto, as explicações certas para todos os problemas sociais. Do mesmo modo que ocorreu com problemas de saúde mental como depressão, criminalidade e comportamento antissocial, os traços de personalidade, o empreendedorismo e até as opiniões políticas e as crenças religiosas já foram explicados em termos de diferenças biológicas. Outros fatores são importantes – muito provavelmente, mais importantes – na formação desses tipos de comportamento.

Os dois hemisférios do cérebro executam diferentes funções. As regiões do hemisfério esquerdo estão associadas à fala e à linguagem, ao passo que o hemisfério direito é importante para o processamento de informações sobre o movimento físico e a coordenação entre mãos e olhos (isso se aplica aos destros, mas o quadro é um pouco mais complexo no caso dos canhotos). O lobo occipital, localizado na região posterior do cérebro, está particularmente associado à visão; o lobo parietal (também localizado na parte posterior do cérebro, ligeiramente acima do occipital) está associado ao movimento, à posição e à orientação. Nas laterais do cérebro, logo acima das orelhas, ficam os lobos temporais, onde são processadas as informações relacionadas ao som e, sobretudo, à fala. Os conceitos reconhecidos como "humanos" – planejamento, tomada de decisões e análise complexa das relações sociais – são, em grande parte, responsabilidade dos lobos frontal e pré-frontal (partes do cérebro que ficam atrás da fronte).

No interior do cérebro estão estruturas especializadas que realizam funções específicas (veja a Figura 1.1). O sistema límbico, que está relacionado à memória, ao olfato, ao apetite, à motivação e à recompensa, influencia, por sua vez, o hipotálamo, responsável pelo comportamento conhecido como "lutar ou fugir". A amígdala faz parte de uma estrutura chamada corpo estriado e tem papel determinante na regulação das emoções e no controle do movimento voluntário. Essas estruturas são importantes nos processos de *feedback* e, por conseguinte, na aprendizagem. As lesões sofridas pelo corpo estriado podem levar ao mal de Huntington; o mal de Parkinson também está associado a essa área. O hipocampo está associado à formação da memória, o tálamo processa informações provenientes dos nervos sensórios e o hipotálamo (juntamente com a glândula pituitária) regula uma série de processos corporais por meio da liberação de hormônios. O córtex cingulado lida com a percepção da dor e a reação a essa percepção, enquanto os gânglios basais se associam à motivação e à recompensa. Na parte posterior do cérebro, aninhado sob os lobos occipitais, está o cerebelo. Esse "pequeno cérebro" (que é o que significa a palavra "cerebelo" em latim) regula os movimentos automáticos ou involuntários e a coordenação entre mãos e olhos. Para alguns neurocientistas, o cerebelo talvez desempenhe uma função no "pensamento de alto nível" (linguagem, lógica etc.), mas a ideia é controversa. Projetando-se em direção à coluna vertebral, o mesencéfalo e o tronco encefálico controlam processos inconscientes como respiração, frequência cardíaca, pressão arterial e ciclos de sono-vigília.

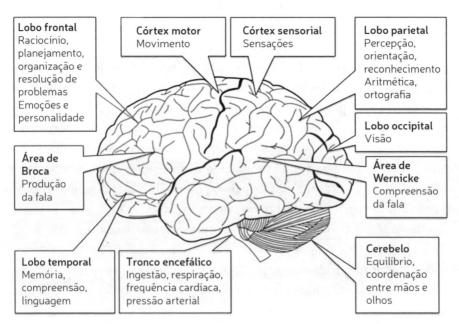

Figura 1.1 O cérebro e suas principais regiões
© Peter Kinderman, 2014

Com a moderna tecnologia da computação, é relativamente fácil entender como conceitos como orientação, coordenação entre mãos e olhos ou até manutenção da pressão arterial exigem o processamento de informações. O cérebro recebe (de maneira inconsciente) uma grande variedade de informações daquilo que em geral se considera, aliás com proveito, serem "sensores". Ele usa essas informações e reage elevando a frequência cardíaca ou estimulando a produção de hormônios diversos. Um deles é o assim chamado "hormônio do estresse", o cortisol. Entre outras coisas, o cortisol controla a prontidão, e os níveis de cortisol no organismo variam ao longo do dia e ao longo da vida. Isso significa que temos baixos níveis de cortisol nas primeiras horas da manhã; não devemos estar alertas quando estamos dormindo. No adulto, o nível de cortisol se eleva quando o indivíduo se prepara para despertar, mas no adolescente essa elevação se inicia um pouco mais tarde. Tudo isso implica que meu filho de 15 anos está alerta tarde da noite, mas lento e mal-humorado na hora em que vai se arrumar para ir à escola.

Contudo, não é por causa desses fatos que o cérebro é tão complexo e interessante. Para mim, os números podem ser impressionantes, mas as implicações são espantosas. O cérebro compõe-se de colossais 86 bilhões de células nervosas, ou neurônios. Além dos neurônios, ele possui um número vasto – talvez outros 85 bilhões – de "células gliais". O trabalho dessas células, ao que tudo indica, consiste em amplificar os sinais transmitidos pelos neurônios, e não em transmitir informações. As células gliais também propiciam "apoio vital" aos neurônios: elas mantêm sua temperatura e seus níveis de oxigênio e energia, fornecem a bainha isolante de mielina que os envolve e removem os neurônios mortos. Os neurônios conectam-se uns aos outros por meio de uma rede ramificada de filamentos, ou "dendritos". Onde se conectam, os neurônios formam sinapses. Quando, guiado por sinais que ainda não entendemos, um dos filamentos encontra outro neurônio, ele estabelece uma "sinapse" que conecta os neurônios. A sinapse talvez funcione um pouco como a conexão em uma central de comutação telefônica, e são essas conexões que conferem ao cérebro toda a sua complexidade. Cada um dos 86 bilhões de neurônios estabelece conexões com dezenas de milhares de outros neurônios. Quando consultamos manuais de psicologia ou biologia, vemos que as ilustrações dos neurônios e suas conexões parecem-se um pouco com árvores dotadas de galhos e ramificações que se conectam pelas extremidades. O termo neurológico oficial "dendrito" deriva do étimo grego que corresponde a árvore. Na verdade, os neurônios parecem-se mais com minúsculas bolas de algodão; são tantas as conexões que as células são mais peludas que ramificadas (veja a Figura 1.2).

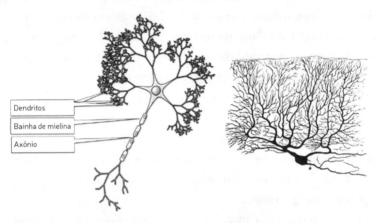

Figura 1.2 À esquerda, temos o diagrama simplificado de um neurônio. À direita, a ilustração feita a partir de um neurônio de Purkinje extraído de um cerebelo humano ao qual se aplicou contraste, que mostra o imenso número de dendritos ramificados (*Popular Science Monthly*, Vol. 71, 1907; autor desconhecido).
© Peter Kinderman, 2014

Para tentar obter uma ideia dos números envolvidos, você teria que passar 2.666 anos sentado contando um dos 86 bilhões de neurônios a cada segundo. É provável que cada um desses neurônios tenha 10 mil conexões, cada uma das quais afeta nosso comportamento de forma sutilmente diferente, antes mesmo que as células gliais exerçam sua influência. Não é fácil entender esse incrível nível de complexidade!

A taxa de crescimento do cérebro humano é igualmente espantosa. Embora, ao nascer, os bebês humanos tenham pela frente muito que se desenvolver, seu cérebro já é extremamente complexo, e veja que na verdade ele só precisou de nove meses para chegar a esse ponto. Pesquisas feitas com macacos Rhesus sugerem a criação de cerca de 40 mil novas sinapses por segundo (pelo menos até o segundo mês de vida). Criam-se novas sinapses muito rapidamente logo no início do desenvolvimento infantil, mas elas continuam a ser feitas e rompidas ao longo de toda a vida. Certas estimativas sugerem que todos nós fazemos de 1 a 1,8 milhão de novas conexões a cada segundo de nossas vidas. Essas conexões se fazem e se rompem graças aos estímulos e experiências a que somos expostos ao longo da vida: nossa aprendizagem. Um processo chamado de "poda neural" promove a retirada de serviço das sinapses desnecessárias. Ele faz parte da aprendizagem: nós "podamos" as conexões que já não são úteis para promover um arranjo mais simples, que nos deixa uma rede de conexões um pouco menos complexa, porém muito mais útil. Essa poda, aliada ao fato de que os neurônios morrem (e, como não criamos novos neurônios, é importante cuidarmos dos que temos), significa que uma criança de 3 anos de idade talvez tenha 50% mais sinapses que um adulto. Nosso cérebro, com seu conjunto extremamente complexo de conexões variáveis, que se desenvolvem e mudam, reflete nossas lembranças, nossos hábitos e nossa aprendizagem por meio de novas estruturas físicas. Portanto, não surpreende nem um pouco que o cérebro de cada um de nós seja fisicamente diferente.

ENERGIA NERVOSA

O cérebro é um sistema eletroquímico. Os sinais transmitidos percorrem as células nervosas pelo rápido movimento de íons de sódio e potássio para dentro e para fora dos neurônios. Esse movimento de íons carregados, que altera o potencial elétrico dos neurônios, é deflagrado quando os receptores das membranas dos neurônios detectam substâncias químicas chamadas de neurotransmissores e neuromoduladores. Existem diversos neurotransmissores: glutamato, dopamina, acetilcolina, noradrenalina, serotonina e endorfinas, entre outros. A maior parte dessa transferência química ocorre nas sinapses, porém alguns neurotransmissores afetam o funcionamento de regiões mais amplas do cérebro. A sequência é muito complicada, mas funciona mais ou menos assim: uma série de processos bioquímicos é desencadeada para manter uma diferença significativa nas concentrações relativas de íons eletricamente carregados (elementos químicos) em ambos os lados da membrana celular dos neurônios. Isso cria uma situação em que cada um dos 86 bilhões de neurônios é como um capacitor carregado de eletricidade estática.

Quando os receptores do lado "receptor" de uma sinapse encontram uma molécula de seu neurotransmissor específico, as duas moléculas se ligam. Isso deflagra na célula uma reação em cadeia que culmina na abertura de "canais" em sua membrana. Em geral fechados, esses "canais", quando se abrem, permitem o livre fluxo de íons eletricamente carregados. Ao entrar e sair do neurônio, esses íons alteram a carga elétrica da célula, criando uma "despolarização". O processo é um pouco como uma descarga estática. Sua consequência é que o neurônio agora despolarizado libera outros neurotransmissores no lado "transmissor" das milhares de sinapses que projetou em outros neurônios. Tudo isso — a sequência de recepção do neurotransmissor, a despolarização e a liberação do neurotransmissor — é mediado pela atividade das células gliais.

Para a ação de muitas drogas psiquiátricas, é importante que os processos biológicos intervenham no sentido de restabelecer os estados anteriores dos neurônios, limpando os resquícios dos neurotransmissores, reabsorvendo-os nas sinapses (onde são armazenados em "vesículas sinápticas") e reconduzindo ativamente os íons eletricamente carregados aos neurônios, para que a "carga estática" (tecnicamente, o "potencial de ação") seja restabelecida. A propósito, essa transferência de íons eletricamente carregados usa, sim, uma grande quantidade de energia; estima-se que o cérebro responda pelo consumo de cerca de 20% do total de nossa ingestão calórica — portanto, pense mais para emagrecer! A rápida despolarização dos neurônios e a consequente propagação da atividade elétrica, transmitida pelos neurotransmissores ao longo das sinapses e mediada pelas células gliais ao longo da rede cerebral, é o que constitui o pensamento.

Como o cérebro é o órgão com que pensamos, é óbvio que busquemos em seu funcionamento a base de nossos pensamentos, sejam eles relativos à saúde mental, à felicidade ou à moral.

PSICOLOGIA BIOLÓGICA

Já que todo pensamento deve envolver atividade cerebral, é muito tentador presumir que o comportamento humano pode ser explicado no nível do cérebro. Porém essa presunção é inadequada por várias razões. A ideia de "explicar" as coisas dessa maneira é, em essência, difícil. Você afirmaria que alguém usa cocaína *porque* a droga promove a liberação de serotonina e dopamina, *porque*, sem ela, a vida dessa pessoa seria pouco gratificante e sem emoção, *porque* essa pessoa não se preocupa com as possíveis consequências futuras de seus atos, *porque* é vulnerável à pressão dos amigos, *porque* a cocaína pode ser encontrada e comprada com facilidade, *porque* é da natureza humana buscar experiências transcendentais ou *porque* (como às vezes nos dizem) certas pessoas são intrinsecamente propensas à criminalidade? Meus pensamentos, sem dúvida, envolvem atividade cerebral. Caso eu me sente, feche os olhos e pense em Eva Marie Saint no filme *Intriga Internacional*, de Alfred Hitchcock, é provável que minha atividade cerebral se altere. Porém, o que veio primeiro: meus pensamentos ou minha atividade cerebral? O que explica adequadamente o fenômeno? Já que todos os nossos pensamentos devem envolver atividade cerebral, é muito tentador presumir que todo comportamento humano problemático, como o de reação raivosa rápida, deva ser explicado sob a ótica da atividade do cérebro. Por exemplo, a maioria das guerras modernas envolve movimentos específicos e característicos dos dedos indicadores de homens. Então, por isso, faria sentido explicar conflitos no nível da musculatura do dedo indicador humano?

Essas questões, ao que tudo indica, esotéricas têm consequências no mundo real. Se os responsáveis pelo planejamento e pela prestação de serviços de saúde mental presumirem que é apropriado explicar o comportamento, as emoções, os pensamentos e, sobretudo, o sofrimento das pessoas no nível do funcionamento biológico do cérebro, veremos o reflexo disso nos serviços oferecidos: se presumirá que as pessoas têm anormalidades cerebrais físicas, e o tratamento que se dará a elas será compatível com esse pressuposto. Isso poderia ter consequências gravíssimas.

Há muitos exemplos desse modo de pensar que reduz tudo à biologia. Em 1989, o psiquiatra norte-americano Samuel Guze publicou um breve estudo intitulado "Biological Psychiatry: Is There Any Other Kind?" [Biologia Psiquiátrica: Existe Algum Outro Tipo?]. Guze argumentava que, como os comportamentos, as emoções e os pensamentos que constituem o objeto da psiquiatria têm sua origem no cérebro, deveríamos recorrer à neurociência e a manipulações biológicas do cérebro para resolver esses problemas.[2] Em 1998, Eric Kandel atenuou um pouco essa visão bastante fundamentalista em um artigo mais elegante e informado.[3] Esse artigo seminal, chamado "A New Intellectual Framework for Psychiatry" [Uma Nova Estrutura Intelectual para a Psiquiatria], foi uma tentativa de restabelecer a base biológica da psiquiatria, na qual Kandel sugeria um modelo de saúde mental (as origens do sofrimento e a forma mais apropriada de ajudar as pessoas) que é diametralmente oposto ao da minha abordagem. A seu ver, os fatores orgânicos ou biológicos são importantes na maioria das formas dos problemas de saúde mental. No entanto, o fundamental é que ele argumentava também que as mudanças no funcionamento biológico (em oposição ao funcionamento psicológico) são o "caminho final comum" dos transtornos mentais e, com efeito, também da terapia. Portanto, para Eric Kandel, todos os fatores importantes que afetam nossa saúde mental o fazem por meio da alteração do funcionamento biológico. Para Kandel, isso inclui a terapia. Kandel argumenta que a terapia funciona alterando a biologia do cérebro. Para mim, todos os fatores importantes que afetam nossa saúde mental (inclusive as alterações em nosso funcionamento biológico) levam a alterações em nosso modo de pensar sobre o mundo, e são essas alterações que, depois, causam problemas para algumas pessoas.

Kandel argumentou ainda que todas as alterações em nosso pensamento ou comportamento, sejam elas ligadas à aprendizagem na infância, ao impacto das experiências de vida ou até à terapia, refletem alterações físicas nas redes neurais associativas. Se de fato fazemos um milhão de novas conexões sinápticas a cada segundo, por certo essa visão tem respaldo porque não temos nenhum outro mecanismo físico para aprendizagem, e esta precisa ocorrer em algum lugar e de alguma maneira. Kandel também examina a terapia e argumenta que toda reaprendizagem ocorrida durante a terapia é, na verdade, uma alteração biológica nessas redes. A terapia, para Kandel, é também um evento cerebral.

Em um certo nível, essa análise sem dúvida é verdadeira. Toda aprendizagem deve basear-se em alterações biológicas no cérebro em nível molecular e sináptico. Entretanto, esse argumento é intelectualmente trivial. Toda aprendizagem – todo comportamento humano – depende do funcionamento do cérebro, mas a simples invocação do "cérebro" não explica de maneira satisfatória a aprendizagem, pelo menos não para mim. Sem dúvida, o bom funcionamento cerebral é necessário a todas as atividades humanas, mas isso na verdade não explica por que faço uma coisa em uma determinada situação (ao passo que outra pessoa faz outra) nem por que me comporto de modo diferente em outras situações.

Os fatores biológicos devem subjazer a todas as formas de aprendizagem e, por conseguinte, a cada associação aprendida específica. Quando aprendemos a ficar ansiosos em situações sociais, deve haver necessariamente algum processo biológico que respalde essa aprendizagem e dê sentido ao milhão de novas sinapses criadas a cada segundo de nossa vida. Aprender é fazer e podar (desfazer) conexões − no caso do cérebro, literalmente. Portanto, quando aprendemos a associar uma carícia à sensação de conforto e segurança, essa aprendizagem tem no cérebro uma realidade biológica. Do mesmo modo, alguém que sofreu abuso na infância pode aprender a associar uma carícia ao medo, à impotência e ao ódio a si mesmo. Repetindo, essa aprendizagem associativa tem necessariamente uma base nas estruturas biológicas do cérebro. O fato de haver tanto a aprender, a cada segundo, significa que precisamos de muitas novas conexões e de muitas conexões alteradas. Entretanto, a diferença entre aprender a associar uma carícia ao medo, por um lado, e à satisfação, por outro, não pode ser explicada da melhor maneira levando-se em consideração os fatores biológicos. Os componentes físicos ou biológicos da aprendizagem − a formação de conexões sinápticas − não explicam a natureza da aprendizagem, eles apenas descrevem como a aprendizagem funciona. Isso é verdade em todos os demais processos psicológicos. Os fatores psicológicos importantes nos problemas de saúde mental não dependem nem mais nem menos dos processos neurológicos que os elementos psicológicos da vida normal: competitividade, amor, honradez, culpa e assim por diante. Tudo isso são eventos baseados no cérebro.

Outros autores, entre eles Guze, foram ainda mais longe que Kandel. Eles argumentam que todos os conceitos psicológicos desaparecerão do vocabulário da psiquiatria à medida que entendermos a base neural do comportamento porque, assim, não necessitaremos da ideia de psicologia. Por que parar no nível neural? Todos os eventos do cérebro envolvem a bioquímica e a transferência de íons de sódio (e outros) ao longo das membranas celulares. Portanto, é igualmente aceitável afirmar que toda aprendizagem envolve a química. De acordo com essa análise, todo comportamento humano é química complexa, e a terapia é um evento químico. Ou talvez possamos ir mais longe. A química deve depender da física subatômica; os processos e as forças físicas que atuam no nível molecular regem as reações bioquímicas. Será que todo comportamento humano é mesmo física e será que a terapia é um fenômeno complexo de forças eletromagnéticas?

ENFOQUES HUMANOS NA ASSISTÊNCIA À SAÚDE MENTAL

Toda pesquisa sobre os aspectos biológicos dos transtornos mentais é tanto bem-vinda quanto produtiva. Mas é importante que ela integre devidamente as explicações psicológicas e sociais dos fenômenos em questão. Muitos dos que trabalham na área de saúde mental receiam que essas abordagens biomédicas reducionistas dos transtornos mentais, os sistemas diagnósticos usados para classificar os problemas das pessoas e as explicações que lhes dão possam dar lugar a formas de assistência que, além de não ser humanas, são desumanizadoras.

A maioria das teorias biomédicas dos problemas de saúde mental e dos tratamentos médicos sugere que anormalidades no funcionamento dos neurotransmissores sejam a principal causa dos problemas das pessoas. Sendo assim, não é de surpreender que sejam prescritos tratamentos medicamentosos que alteram o processamento das sinapses (à base, por exemplo, de inibidores seletivos de recaptação de serotonina). As abordagens psicológicas também envolvem o cérebro, mas concentram-se no modo como as redes associativas (baseadas em processos neurais) nos ajudam a aprender a orientar-nos na vida. Elas se valem de teorias de aprendizagem, percepção, avaliação e formação de crenças, em como criamos modelos mentais do mundo e como compreendemos nossos relacionamentos. Por isso, os modelos psicológicos dos transtornos mentais tratam de diferentes tipos de mecanismos, e não exclusivamente de teorias biomédicas. Além disso, na tentativa de abarcar mais que a simples mecânica de qualquer sistema dado, eles buscam examinar interações e interrelações.

O CÉREBRO E O AMBIENTE

Como discutiremos mais adiante, não é possível separar os problemas de saúde mental dos fatores ambientais, em especial das questões sociais e dos eventos da vida. Isso se dá tanto no caso dos problemas psicóticos quanto no de qualquer outro tipo de problema. Ao mesmo tempo, aqui também há claras influências genéticas. Refletir sobre o modo como essas duas influências interagem é uma tarefa complexa.

Uma das melhores explicações da implicação do cérebro e dos sistemas cerebrais nos problemas de saúde mental foi dada pelo neurocientista holandês Jim van Os.[4] O trabalho de Van Os volta-se para a esquizofrenia, uma das formas mais terríveis de sofrimento psicológico e, em muitos aspectos, o mais puro exemplo de "doença mental". Ele argumenta que os problemas de saúde mental, entre eles experiências psicóticas como alucinações e delírios, devem ser entendidos como "transtornos de adaptação ao contexto social". Em outras palavras, isso significa que as pessoas têm problemas para se ajustar a circunstâncias sociais difíceis. Embora os fatores genéticos, herdados, sejam importantes, os fatores ambientais também o são. Van Os afirma que as experiências psicóticas estão associadas a uma série de fatores ambientais, como experiências de abuso na infância, crescimento em zona urbana, inserção em comunidade minoritária (caso das pessoas que pertencem a grupos étnicos minoritários), crescimento em comunidade com distância maior entre ricos e pobres e uso de maconha, e conclui que o que importa no caminho que leva à psicose pode ser a exposição a essas ameaças ambientais enquanto o cérebro (em especial o "cérebro social") está se desenvolvendo. Ou seja, o que pode determinar nossa saúde mental é o fato de sermos ou não expostos a certas experiências estressantes durante determinados períodos sensíveis do nosso desenvolvimento; uma interação entre os genes e o ambiente.

Essa forma de pensar tem consequências interessantes e importantes para nossa reflexão sobre algumas formas muito graves de sofrimento, como é o caso das experiências psicóticas que levam ao diagnóstico de esquizofrenia, algo que acontece com cerca de 1% das pessoas ao longo da vida. Ela sugere que esses problemas podem decorrer da interação de fatos estressantes da vida (algo que é, infelizmente, bastante comum) com uma vulnerabilidade neurocognitiva que pode ser bem mais comum. Jim van Os sugere a possibilidade de um padrão comum de vulnerabilidade neurocognitiva nos efeitos de uma vasta gama de problemas ambientais, sobretudo em idades vulneráveis, que afete talvez 20% da população. Isso é importante e interessante porque já não estamos falando de um número muito pequeno de pessoas (1%) que têm uma anormalidade genética específica, mas sim de um padrão de vulnerabilidade muito mais comum (20% da população).

Van Os e muitos outros pesquisadores ressaltam que existe sem dúvida um forte elemento genético na "síndrome" subjacente, aparentemente relacionado à percepção (e, assim, a alucinações e delírios), à motivação, ao humor e ao processamento de informações. A maioria das pessoas agora sabe que podemos utilizar gêmeos para investigar o papel da herdabilidade. Entretanto, curiosamente, existem alguns indícios de que os fatores genéticos são mais importantes (em termos técnicos, há um nível mais alto de agregação familiar) quando as pessoas estão expostas a fatores de risco, como viver em um ambiente urbano ou pertencer a um grupo minoritário. Isso indica uma forte interação entre genes e ambiente, mas também implica que os genes desempenham papéis diferentes em circunstâncias diferentes.

As experiências de abuso na infância têm uma forte relação com futuras dificuldades de saúde mental. Pelo visto, essa é uma relação "dose-resposta" bastante direta: quanto maior for o abuso, maior a probabilidade de futuros problemas de saúde mental. Embora os problemas de saúde mental em geral, e a psicose em particular, possam afetar pessoas de todas as origens, o fato de pertencer a um grupo minoritário parece ser um fator de risco. É bastante evidente que não se trata aqui de simplesmente concluirmos que alguns grupos étnicos minoritários correm mais risco que outros. A variável importante parece ser a "densidade étnica" do local, ou seja, quanto mais pessoas de seu grupo étnico houver em seu ambiente, menor será o seu risco de desenvolver problemas de saúde mental, sobretudo a psicose. Como outros pesquisadores, Van Os conclui que a adversidade social, a discriminação, a marginalização social e a inferioridade social, sem dúvida, têm efeitos profundos e marcantes sobre o funcionamento do cérebro.

O crescimento em zonas urbanas parece ser um fator de risco para problemas de saúde mental. Isso é difícil de estudar porque as pessoas se mudam, de modo que hoje podem não estar morando no mesmo lugar em que viviam quando começaram a ter os problemas. Também pode ser que existam vínculos com diferentes fontes de estresse, de modo que as pessoas que moram em cidades podem ter mais acesso a drogas, em especial maconha, e podem estar mais sujeitas a outros eventos negativos. Talvez a vida simplesmente seja mais difícil nas grandes cidades. Viver na cidade pode associar-se a uma maior fragmentação social, mais pais solteiros e lares menos estáveis. De fato, as cidades parecem representar uma fonte especial de estresse, e quando as pessoas se mudam do ambiente urbano para um ambiente rural, seu risco, ao que parece, diminui.

O uso de maconha também tem sido amplamente associado a problemas de saúde mental, sobretudo à psicose. Seu principal componente, o delta-9-tetra-hidrocanabinol, ou THC, afeta, sem dúvida, nosso raciocínio e nosso humor. Em doses mais altas, o THC pode provocar fenômenos temporários semelhantes à psicose, efeito que parece ampliar-se no caso daqueles que apresentam risco genético, de modo que parentes de pessoas diagnosticadas com esquizofrenia supostamente terão maior sensibilidade aos efeitos da maconha. Trata-se de um vínculo complexo, em parte porque as pessoas tendem a ver no uso da maconha (assim como no de muitas outras drogas legais e ilegais) um passo positivo e prático para lidar com dificuldades emocionais e porque a psicose pode tornar as pessoas mais propensas a usar a maconha. Entretanto, aparentemente, doses mais altas da substância podem aumentar a probabilidade de psicose, ao menos entre indivíduos vulneráveis.

A relação entre os genes e o ambiente é anterior ao próprio nascimento de cada pessoa. Já se sugeriu a importância da ampla série de fatores ambientais que podem afetar o desenvolvimento do bebê no útero materno e favorecer o surgimento de problemas de saúde mental na vida adulta. Entre eles estão o estresse materno (que, sem dúvida, poderia afetar seus níveis de hormônios, para citarmos apenas um dentre vários outros fatores biológicos), a nutrição da mãe, incluindo níveis de vitaminas, infecções por vírus (entre os quais *influenza* e, curiosamente, um vírus transmitido por gatos domésticos), toxoplasmose e bactérias, além de uma vasta gama de complicações da gravidez e do parto, embora provas definitivas sejam muito raras.

Repito que tudo isso tem interesse e é importante. É bem mais provável que um padrão de funcionamento neurocognitivo que tenha essas características – presente em uma a cada cinco pessoas e relacionado à percepção e à emoção – tenha papel positivo em nossa vida. É bem provável, por exemplo, que o que esteja em discussão seja uma tendência a reagir mais criativa e emocionalmente aos fatos e, talvez, a ver nos fatos uma importância pessoal. É relativamente fácil vermos como esse padrão, quando aliado à exposição a eventos abusivos, poderia tornar alguém vulnerável à psicose. Se as pessoas tendem a conscientizar-se mais plenamente da importância pessoal dos fatos (se os fatos significam alguma coisa para elas), a sentir um pouco mais as consequências das emoções e a estabelecer conexões mais plenas e completas entre os fatos, talvez não seja tão difícil ver como eventos abusivos podem deflagrar um padrão de raciocínio que poderia fugir a qualquer controle. Da mesma forma, explicaria muito por que alguns tipos de drogas "antipsicóticas" podem ajudar algumas pessoas e por que algumas drogas ilícitas podem ter consequências negativas para pessoas vulneráveis.

Muitas das mais populares drogas ilícitas são desejáveis e viciantes por tenderem a reforçar esse mesmo padrão de raciocínio. Seus usuários costumam afirmar que elas reforçam sua vida emocional e criativa, além de tornar as coisas mais salientes do ponto de vista pessoal. Com seu uso, a vida lhes parece mais vibrante, mais colorida, mais importante e, pessoalmente, mais significativa. Muitos usuários de drogas ilícitas advertem os principiantes sobre esses efeitos e também sobre as possíveis "bad trips", verificadas quando essas experiências hipersalientes, hiperemocionais e hiperperceptuais se tornam opressivas e negativas. Por outro lado, muitas drogas (as ilícitas e as medicamentosas) tendem a deixar as pessoas entediadas e "desencanadas": os fatos não as afetam pessoalmente tanto, seu raciocínio fica ligeiramente mais lento e menos criativo, elas costumam estabelecer menos (em vez de mais) conexões espúrias entre os fatos e a incomodar-se menos com o que acontece em seu mundo. Isso parece representar um impacto sobre o padrão neurocognitivo de Jim van Os.

Sem dúvida, em vez de falarmos sobre "anormalidade", agora estamos falando sobre processos psicológicos normais, na verdade. Em geral, se considera útil e bom ser criativo, estabelecer conexões entre os fatos, ver algo e estabelecer uma conexão mental com outra coisa. Em geral, consideram-se as emoções um traço humano valioso (em especial quando a situação as justifica de maneira objetiva). Em geral, também se considera bom para as pessoas envolver-se pessoalmente em sua vida social. Quando elas não têm criatividade, não estabelecem conexões entre ideias desconexas, são emocionalmente distantes e não se alteram diante dos acontecimentos, de fato é bem possível que algo esteja errado. Por outro lado, quem estabelece conexões espúrias entre ideias desconexas, é emocionalmente saturado e vê relevância e saliência pessoais em fatos circunstanciais bem pode estar sob o risco desse "padrão de vulnerabilidade". O que aparentemente vemos aqui é menos um "gene da esquizofrenia", ou mesmo uma "anormalidade genética", que a variação normal das características humanas, com todas as consequências positivas e negativas que dela naturalmente decorrem.

COMO O AMBIENTE MOLDA O CÉREBRO?

A serotonina é um dos neurotransmissores responsáveis pela condução de sinais eletroquímicos de um neurônio para outro ao longo das sinapses. Ela está associada a uma série de processos cerebrais (isso parece ser um aspecto característico do funcionamento do cérebro porque, como há muito mais processos psicológicos do que neurotransmissores, cada neurotransmissor desempenha mais de uma função; os neurônios responsáveis pelo movimento voluntário e pela percepção, por exemplo, envolvem a dopamina). Entretanto, já se confirmou a existência de uma associação entre a serotonina e a motivação, o humor e o *status* social. Por conseguinte, anormalidades em seu metabolismo (ou seja, na maneira como os neurônios usam a substância) e, em particular, níveis baixos de serotonina têm implicação na depressão. Anteriormente, mencionei como os neurotransmissores são reabsorvidos pelos neurônios depois de cumprirem sua função na transmissão de sinais ao longo das sinapses. Muitos antidepressivos (os inibidores seletivos de recaptação de serotonina, ou ISRSs) funcionam por meio do bloqueio dessa recaptação, aumentando a quantidade de serotonina na fenda sináptica, que é o espaço microscópico entre os neurônios. Sem dúvida, o processo é bem mais complexo que isso, pois o cérebro sofre alterações quando se toma um antidepressivo: modificando o número ou a sensibilidade dos receptores na superfície dos neurônios, por exemplo.

Entretanto, o importante é que podemos alterar os níveis de serotonina de outras formas. A depressão reage de modo positivo ao exercício, talvez porque este seja eficaz na elevação desses níveis. Na verdade, a produção de serotonina continua aumentada durante alguns dias após o exercício e, por isso, ele parece ser um meio mais seguro e, ao que tudo indica, melhor de elevar os níveis dessa substância que o uso de antidepressivos (claro, sobretudo porque o exercício também tem vários outros benefícios). Também podemos controlar os níveis de serotonina por meio da dieta. O organismo fabrica serotonina a partir de um aminoácido chamado triptofano (tanto a banana quanto o queijo em geral são ricos em triptofano). A dieta que tiver restrição dessa substância provocará rebaixamento do humor e até uma depressão leve porque acarreta uma menor disponibilidade de serotonina. Na minha opinião, a mais interessante relação com a serotonina é a do *status* social. Em estudos com animais, os macacos dominantes (machos alfa) apresentam níveis mais altos de serotonina, mas, quando um macho dominante perde seu alto *status* social, esses níveis caem. O mais notável é que, quando um macaco não dominante (subordinado) recebe triptofano ou um antidepressivo (coisas que provocam a elevação dos níveis de serotonina), atinge o *status* de dominante. Em um fascinante, porém perturbador, experimento subsequente, que envolvia permitir aos macacos que se administrassem cocaína (não fui eu quem concebeu o experimento), ao que parece, os macacos dominantes tendiam a usar menos cocaína que os macacos subordinados. A cocaína estimula a liberação de dopamina e serotonina. Os pesquisadores acreditam que os macacos subordinados podiam estar se medicando contra seu baixo *status* social.

Ao que tudo indica, o estado a que chamamos "depressão" é uma reação natural a circunstâncias que envolvem fracasso, baixo *status* social, abandono e perda. Esse estado também pode resultar de uma interferência física na produção de serotonina, o que faz todo sentido, se presumirmos que o cérebro — por meio de processos ligados à serotonina — seja responsável pelo processamento de informações relativas à forma como as pessoas veem a si mesmas, seu mundo e seu futuro. Em consonância com o trabalho de Jim van Os, se as circunstâncias sociais de uma pessoa envolvem exposição prolongada a um ambiente de fracasso e solidão, sobretudo durante períodos mais delicados do desenvolvimento, é provável que haja implicações de prazo mais longo nos processos neurológicos que usam serotonina. Repetindo, de fato, há um sistema biológico triptofano-serotonina associado à depressão, mas no centro existem processos psicológicos.

A serotonina parece ser essencial à nossa forma de processar informações sobre o *status* social, além de estar estreitamente associada ao humor e, portanto, à depressão. Somos levados a crer que os eventos da vida podem afetar — tanto de imediato quanto durante períodos mais longos — nossos níveis de felicidade, nossa ideia de *status* social e a probabilidade de recebermos um diagnóstico de depressão. A meu ver, parece claro que a serotonina seja o neurotransmissor envolvido, mas não estou tão convencido de que a genética da serotonina seja uma boa maneira de explicar as diferenças entre as pessoas no que diz respeito à saúde mental. Como muitos outros, o neurocientista Neil Risch e alguns colegas propuseram-se a responder essa pergunta em relação à depressão analisando um grande número de pesquisas que investigavam o papel da genética e dos eventos da vida.[5] Eles descobriram que as pessoas que tinham vivenciado mais desses eventos estavam apenas ligeiramente mais propensas à depressão, porém esse fato tem importância estatística. Curiosamente, contudo, eles não descobriram que os genes diferentes faziam alguma diferença.

O CÉREBRO E O RACIOCÍNIO

Os fenômenos que podem levar uma pessoa a ser diagnosticada como esquizofrênica, como as alucinações e os delírios, sem dúvida envolvem processos neurológicos. Porém, ao que parece, estes não apenas geram os fenômenos conturbadores, como também dizem respeito a nossa forma de entender nosso próprio comportamento e o comportamento dos que nos cercam. A estreita relação entre o bem-estar neurológico e o bem-estar psicológico oferece pistas intrigantes sobre a natureza desses processos.

Por exemplo, vem-se revelando uma história fascinante no caso das alucinações auditivas. Existem indícios consideráveis da presença de um elemento genético na esquizofrenia, o qual liga especificamente esse tipo de alucinação à lateralização cerebral. Como já dissemos, os dois hemisférios do cérebro especializaram-se na execução de diferentes funções, sendo que a linguagem está associada, em particular, ao hemisfério esquerdo. A tendência do cérebro a executar diferentes funções nos dois hemisférios e, por isso, a apresentar ligeiras diferenças estruturais nesses hemisférios é denominada "lateralização cerebral". Entretanto, essa lateralização não é absoluta, e parece que as pessoas que ouvem vozes têm maior probabilidade de ter hemisférios cerebrais menos lateralizados (ou seja, mais equilibrados) e, de modo especial, que as áreas da linguagem em seus cérebros são menos lateralizadas. Entre as tarefas do processamento da linguagem deve incluir-se detectar o que são os sons, o que significam e de onde vêm. As áreas da linguagem no cérebro cumprem essa função e, assim, todos os problemas de desenvolvimento neurológico que afetam a lateralização contribuem, ao que parece, para problemas na discriminação entre as vozes (que, sem dúvida, são ouvidas) e outros tipos de pensamentos, como lembranças, conversas consigo mesmo, *flashbacks*, desejos, sonhos e assim por diante.

Não devemos minimizar a influência dos fatores biológicos no desenvolvimento de alucinações, mas as alucinações auditivas devem ser entendidas como fenômenos psicológicos que provêm de um processo psicológico. A etapa final, inescapável, para a audição de vozes incorpóreas deve ser a atribuição equivocada de eventos mentais internos: o sujeito pensa que escutou algo que, na verdade, era produto do próprio inconsciente. Esse processo psicológico será influenciado por fatores biológicos, porém é igualmente influenciado por fatores sociais ou ambientais e pelos eventos importantes da história de aprendizagem da pessoa. Sabemos, por exemplo, que quem teve experiências de estresse ou de abuso tende a uma maior probabilidade de ouvir vozes.

A FINA FLOR DA JUVENTUDE BRITÂNICA

O trauma da Primeira Guerra Mundial faz parte de nossa história cultural. No poema "Mental Cases" [Casos Mentais], o grande poeta da guerra Wilfred Owen pergunta: "Who are these? Why sit they here in twilight? These are men whose minds the Dead have ravished [...]. Pawing us who dealt them war and madness".[6]* Owen sabia muito bem o que estava di-

---

* Literalmente, "Quem são estes? Por que permanecem aqui, no crepúsculo? São eles homens cujas mentes os Mortos devastaram [...]. Pisoteando-nos a nós, que lhes infligimos a guerra e a loucura". (N.T.)

zendo, pois passou os primeiros meses de 1917 no Craiglockhart Military Hospital, na Escócia, depois de ter sido removido da linha de frente das batalhas com "neurose de guerra" (*shell shock*). Muitos autores, de Sebastian Faulks (no romance)[7] a Richard Bentall (em textos acadêmicos),[8] discutiram os efeitos dos combates sobre os soldados da Primeira Guerra Mundial. Parte da história aqui é que o óbvio impacto da "neurose de guerra" sobre os oficiais levou a uma reavaliação parcial da compreensão da má saúde mental. A visão geralmente aceita pelo *establishment* era a de que os oficiais, representados por membros seletos das classes mais altas e treinados desde jovens no sistema educacional, constituíam um exemplo do ideal humano. Entretanto, as realidades da guerra eram cruéis, e um número alarmante de jovens sucumbiu à "neurose de guerra", à fadiga de combate ou àquilo que hoje quem gosta de dar aos problemas rótulos diagnósticos chamaria de "transtorno de estresse pós-traumático", ou "TEPT". Muitos deles eram os oficiais subalternos, que deveriam estar na linha de frente. Alguns, é claro, morreram como covardes (embora, inevitavelmente, essas vítimas tendessem a vir de estratos mais baixos nas hierarquias sociais). Naquela época, a explicação mais predominante das dificuldades de saúde mental era biológica. Mais que isso, foi a época do apogeu do movimento da eugenia, que teve seu inglório papel na origem científica da posterior ascensão do fascismo e no holocausto. O *establishment* idealizava a nobreza de espírito dos oficiais e, em geral, acreditava que fraqueza psicológica era algo de natureza biológica e constitucional. Entretanto, tendo em vista que a "fina flor da juventude britânica" sucumbia a problemas psicológicos, em evidente reação ao terrível estresse das trincheiras, já não se podia restringir a presença da doença mental a constituições e cérebros inadequados. Sem dúvida, havia outra razão: o estresse podia desequilibrar a mente.

TRAUMAS CORRIQUEIROS

O sofrimento psicológico é comum entre os que sofrem experiências traumáticas. São altas as taxas de depressão e "TEPT" entre refugiados e sobreviventes de conflitos: cerca de 25% deles têm problemas descritos como TEPT ou relatam humor deprimido. O fato de tantas mulheres afirmarem que o parto é uma experiência traumática deveria suscitar nossa reflexão. Segundo nossas crenças culturais, o nascimento de um filho é uma experiência positiva de felicidade sem igual, mas, para muitas mulheres, é uma experiência penosa e aterrorizante de falta de controle. Algumas temem e lamentam em segredo o nascimento do filho e outras são afetadas fisicamente pelo parto. Portanto, talvez o fato de tantas mulheres relatarem recordações traumáticas do parto não deva ser uma surpresa. Retomaremos esse ponto no próximo capítulo.

No Reino Unido, mais de uma a cada dez mulheres é estuprada, embora apenas 20% delas denunciem o crime à polícia. A maioria conhece os agressores, e uma proporção ainda maior de mulheres (cerca de 50%) já sofreu violência doméstica por parte do parceiro ou de um membro da família. Essa violência tem consequências importantes e duradouras sobre sua saúde física e mental. Essas agressões são crimes e infrações dos direitos humanos, mas também são grandes problemas de saúde física e mental.[9]

Nós também prejudicamos muitas de nossas crianças: no Reino Unido, uma a cada dez crianças sofre abuso sexual e uma a cada quatro sofre abuso físico. Muitos psicólogos e psiquiatras descobriram que o abuso é muito comum entre pessoas com problemas de saúde mental. Esses eventos nos afetam muito. De certo modo, é relativamente fácil imaginar como o abuso, sobretudo o abuso sexual, pode levar à depressão e a dificuldades de relacionamento. Muitas vezes, é tentador presumir que outros tipos de dificuldades de saúde mental sejam atribuíveis a causas biológicas ou à constituição inata do indivíduo, mas o abuso costuma preceder graves problemas de saúde mental: entre 50% e 80% das pessoas que têm experiências psicóticas relatam ter sido vítimas de abuso sexual na infância. Infelizmente, pelo fato de que essas pessoas poderiam ser consideradas testemunhas pouco fidedignas, é importante esclarecer que cerca de 80% dos relatos de abuso sexual na infância podem ser corroborados por outras fontes, e não parece mais provável que os que têm problemas psicóticos ostensivos façam mais alegações falsas que qualquer outra pessoa. Nem todos os psicóticos terão esse histórico, mas é amplamente aceito que o abuso na infância seja, no mínimo, um elemento causal na psicose.

Paul Bebbington e colegas resumiram recentemente boa parte dessa evidência.[10] As vítimas de abuso sexual na infância parecem correr um risco quinze vezes maior de vir a ter problemas psicóticos. As pessoas também vivem eventos traumáticos na idade adulta, sofrem *bullying*, abusos, agressões, assaltos e estupros. Tudo isso também está associado a graves problemas de saúde mental, entre os quais a psicose. Essas experiências interagem com outros fatores, inclusive os fatores biológicos discutidos na Introdução. Indícios mostram que a combinação entre abuso sexual na infância e agressões na idade adulta é particularmente perniciosa. E, se aliada à vulnerabilidade biológica neurocognitiva mencionada antes, ela pode ser sem dúvida abominável.

PRIVAÇÃO

Todos nós enfrentamos muitos eventos estressantes na vida. Os ciclos normais e inevitáveis de nascimento, infância, adolescência, sucesso e fracasso na escola, emprego, casamento, mudança de endereço, divórcio, doença e morte nos afetam a todos. Mesmo que sejam positivos, esses acidentes da vida muitas vezes são estressantes. O casamento e o parto são eventos estressantes. É importante lembrar também que os "aborrecimentos" e a exposição contínua ao estresse, mesmo de nível mais baixo, podem nos afetar. Excesso de trabalho, más condições de habitação, dificuldades financeiras, problemas de transporte, problemas de relacionamento etc. e todas essas pressões pioram quando se é pobre.

Sem dúvida, esses problemas também afetam as crianças. E as que vêm de famílias de baixa renda têm maior probabilidade de apresentar comportamento antissocial, além de não ter um bom desempenho na escola. A pobreza está associada ao abandono infantil e tem impactos previsíveis sobre a saúde mental, o sucesso acadêmico e a criminalidade. Lesões acidentais e não acidentais em crianças são mais comuns nas famílias mais pobres e nas áreas carentes. Tudo isso, que é reflexo de algumas das questões discutidas na Introdução, pode afetar o funcionamento do cérebro infantil, que ainda está em desenvolvimento. O estresse durante a infância pode afetar aquilo que se chama de "eixo hipotálamo-hipófise-adrenal (HPA)". Esse é um sistema neural que reage a ameaças externas de várias maneiras, entre as quais pelo controle da liberação do cortisol, o "hormônio do estresse" ou moderador do estado de alerta.

Todos esses fatores têm impacto sobre nossa saúde mental, o que leva importantes pesquisadores de saúde pública a referir-se aos "determinantes sociais" dos problemas de saúde mental. Nas palavras de uma revisão feita para a Organização Mundial da Saúde, "os transtornos mentais ocorrem em pessoas de todos os gêneros, idades e formações. Não existe grupo imune a transtornos mentais, mas o risco é mais alto entre os pobres, os sem-teto, os desempregados, as pessoas de níveis de escolaridade mais baixos [...]".[11] De qualquer modo, não é só a pobreza que é prejudicial: a igualdade também importa. No livro *The Spirit Level* [O Nível do Espírito], Richard Wilkinson e Kate Pickett sintetizam a prova de que, nos países desiguais, as pessoas sofrem de níveis mais altos de má saúde mental do que nos países mais equitativos.[12] Sem dúvida, o bem-estar e a saúde mental são socialmente determinados,[13] mas isso envolve mais que mera sociologia.

Nós compreendemos os eventos que nos moldam. Não somos apenas produto de nossos genes e cérebros nem somos inteiramente explicados pelas circunstâncias de nosso ambiente social e pelo que nos acontece. Não somos esponjas passivas no que diz respeito a essas influências externas, pois os seres humanos (talvez só eles) compreendem o mundo.

Uma grande parte de nossa terminologia, até mesmo o uso da expressão "saúde mental", implica que as pessoas que sofrem emocionalmente têm problemas médicos ou biológicos. Como se usam procedimentos e terminologia da área médica, tanto os profissionais quanto os leigos tendem a presumir de forma equivocada que as pessoas "sofrem" de "doenças", em vez de reconhecer que os problemas representam uma reação humana significativa a circunstâncias difíceis. As impressionantes revelações científicas da neurociência às vezes podem ser mal utilizadas. As pessoas são prejudicadas pela medicalização constante e contínua das reações naturais e normais que têm diante de suas experiências. Muitas vezes, elas sofrem muito e devem ser ajudadas, mas isso não precisa ser descrito como "doença" ou "transtorno". Se vemos essas experiências como "transtornos", isso implica que elas são anormais. Em que sentido é um "transtorno" se, após três meses de luto, continuarmos angustiados pela dor de uma perda ou por uma "patologia" se a vivência do conflito militar industrializado nos traumatizar?

Precisamos de uma revisão total de nossa forma de pensar sobre o sofrimento psicológico. Deveríamos começar por admitir que esse sofrimento é uma parte normal, e não anormal, da vida humana porque nós, seres humanos, reagimos a circunstâncias angustiosas afligindo-nos. Todos os sistemas usados para identificar, descrever e reagir ao sofrimento devem fazer uso de terminologia e processos que se coadunem com isso.

Capítulo 2

As velhas leis da psicologia

NÓS COMPREENDEMOS OS EVENTOS QUE NOS MOLDAM. Não somos apenas produto de nossos genes e de nosso cérebro nem somos inteiramente explicados pelas circunstâncias de nosso ambiente social e pelo que nos acontece. Não somos esponjas passivas dessas influências externas. Talvez os seres humanos sejam os únicos que compreendem o mundo, mas nem todos os psicólogos e psiquiatras veem as coisas dessa maneira. No passado, eles recorreram a outras teorias para explicar nosso comportamento. Em vez de dar mais atenção à nossa compreensão do mundo, eles se voltaram para o funcionamento físico do cérebro ou para o padrão de recompensas e punições a que havíamos sido expostos. Sem dúvida, pelo menos em parte, nossa compreensão da saúde mental foi determinada por essas influentes teorias psicológicas. Entender seus pontos fortes e suas limitações, e como as teorias mais recentes se desenvolveram, pode nos ajudar a pensar de um modo radicalmente diferente sobre a saúde mental e a concepção de serviços.

A psicologia é o estudo científico da razão pela qual as pessoas fazem o que fazem. Em grande parte, ela é o estudo científico da razão pela qual as pessoas diferem — por que agem de maneira diferente umas das outras. Há um experimento relativamente conhecido que envolve crianças e *marshmallows*. Você põe um *marshmallow* diante de uma criança de 4 anos e diz: "Vou sair e volto daqui a 5 minutos. Você pode comer esse *marshmallow* se quiser, mas [...] se ele ainda estiver aqui quando eu voltar, lhe darei *dois*!"

Algumas crianças conseguem resistir a essa tentação, outras, não. Ao que tudo indica, as diferenças de comportamento aos 4 anos de idade continuam sendo detectáveis muitos anos depois e, por isso, o teste avalia, pelo visto, algo importante. E, ao que parece, também o modo como as crianças abordam o desafio ("O que faço para resistir a essa tentação?") é importante: algumas ficam paradas, olhando para a guloseima, enquanto outras tentam distrair-se.[1] Então, por que diferimos uns dos outros?

Muitas diferentes partes da sociedade moderna aplicam ativamente a pesquisa psicológica. Quando discutimos a criação de nossos filhos, a educação, o emprego e a justiça criminal, estamos discutindo psicologia e ciência psicológica. Ao longo dos últimos 50 anos, os psicólogos investigaram como os fatores fisiológicos ou biológicos influenciam nosso comportamento, apresentaram os conceitos de condicionamento "clássico" e condicionamento "operante" (que explicarei mais adiante) da psicologia comportamental e estudaram como as pessoas aprendem moldando-se pelo comportamento dos outros. Esses princípios comportamentais desembocaram na "Lei do Efeito" de Thorndike: se a uma ação seguir-se uma consequência positiva reforçadora (inclusive a remoção de algo que seja desagradável), é *mais* provável que ela se repita, ao passo que, se a uma ação seguir-se uma consequência negativa punitiva, é *menos* provável que ela se repita. Isso, sem dúvida, é importante por ter contribuído para determinar todo tipo de políticas e práticas, desde as de educação infantil e educação em geral até as da justiça criminal, além de ter ressaltado os benefícios da recompensa positiva, em vez da punição negativa.

Entretanto, acho que já deixamos para trás os simples modelos comportamentais. A "revolução cognitiva" dos últimos 25 anos mostrou que os seres humanos nascem como máquinas de aprendizagem, que a neurologia (e o fato de nossos filhos não serem, ao nascer, tão desenvolvidos quanto outros animais) nos deu cérebros inigualáveis que absorvem informações a um ritmo impressionante (por exemplo, a velocidade assombrosa com que as crianças aprendem novas palavras) e que a melhor maneira de entendermos essa aprendizagem é vê-la como o desenvolvimento de modelos mentais do mundo. Esses modelos são construções complexas que dependem da manipulação simultânea de representações abstratas do mundo. Eles têm imensa importância, pois explicam como pensamos, nos sentimos e nos comportamos. E, se conseguirmos entender esses modelos mentais, entenderemos o comportamento, as emoções e as crenças das pessoas.

A psicologia cognitiva nos diz que, embora sejamos diferentes ao nascer, as diferenças entre as pessoas têm muito mais que ver com as diversas experiências e culturas às quais elas foram e são expostas e ao modo como essas experiências determinaram suas compreensões do mundo, em especial os aspectos emocionalmente importantes dos relacionamentos sociais. Em essência, se entender o que aconteceu com uma pessoa, você entenderá como essa pessoa vê o mundo. De acordo com essa visão, todos nascemos com o mesmo aparato neural básico, sendo relativamente pouca a variação genética ou biológica entre os seres humanos (embora o cérebro humano seja, sem dúvida, muito diferente do cérebro de todos os outros animais). As experiências muito variadas que temos (as quais, por sua vez, são interpretadas de maneiras diversas por cada um de nós) é que nos tornam diferentes. Essa explicação cognitiva, psicológica, do comportamento humano explica mais que uma descrição neurológica reducionista. Os fatores biológicos e genéticos que nos dão essas máquinas de aprendizagem sem paralelos nos distinguem dos animais, mas não explicam de maneira adequada por que uma pessoa é diferente da outra. As diferenças de comportamento, emoções e pensamentos parecem explicar-se melhor pelas diferenças entre nossas experiências e pela interpretação que lhes damos do que por nosso cérebro. Alguns autores usam o termo "revolução cognitiva" para se referir ao significativo aumento do interesse pela psicologia e pela neurociência nos últimos anos. Em geral, as pessoas se concentram no aspecto da neurociência e, sobretudo, em nossa capacidade cada vez maior de obter imagens do cérebro em funcionamento. Meu foco nos processos psicológicos representa uma versão um pouco diferente da "revolução cognitiva": para ela, a neurociência está a serviço da psicologia, e não o contrário.

PSICOLOGIA COMPORTAMENTAL

Dois exemplos clássicos da psicologia comportamental são os cães salivantes de Pavlov e as crianças que fazem birra no supermercado. Talvez não seja comum, mas as crianças às vezes se jogam no chão, nos supermercados, dando chiliques por causa de guloseimas, e nós, pelo menos às vezes, tentamos explicar isso do ponto de vista "comportamental". A psicologia comportamental trata, em essência, da aprendizagem e, mais especificamente, do condicionamento "clássico" e do condicionamento "operante" (que abordarei mais detidamente em breve). Sem dúvida, a aprendizagem é uma questão complexa, mas os psicólogos comportamentais frisam, em particular, o papel dos fatores ambientais – das coisas que nos acontecem – na alteração do comportamento. A psicologia comportamental sugere que nós reagimos a estímulos e reforços do ambiente e que mudamos de comportamento em decorrência do que nos sobrevém.

A psicologia comportamental, pelo menos a tradicional, frisava particularmente a importância do estudo de eventos observáveis – comportamentos (e estímulos) – em detrimento daquilo que não é observável, como pensamentos, desejos, crenças, medos etc. As abordagens comportamentais da psicologia tiveram muita influência e, em minha opinião, muitas de suas principais conclusões chegaram o mais perto da definição de "verdadeiras" que é possível chegar na ciência psicológica. Acredito que a ênfase na ciência, em hipóteses (e não em ideias inteligentes), na experimentação, em definições operacionais claras e na medição de comportamentos observáveis é válida. Acredito também que muitas explicações baseadas nos princípios da psicologia comportamental são plausíveis e que as abordagens comportamentais são ferramentas poderosas para os psicólogos clínicos e outros terapeutas psicológicos.

O CONDICIONAMENTO CLÁSSICO: OS CÃES DE PAVLOV

Ivan Pavlov foi um fisiologista russo que estudou os processos biológicos da digestão nos últimos anos do século XIX. Ele queria examinar a velocidade com que os cães produziam saliva e, por isso, inseriu tubos em seus ductos salivares e, depois, introduziu carne em pó em suas bocas (veja a Figura 2.1). Pavlov notou que os cães tendiam a começar a salivar antes que a comida lhes fosse colocada na boca. Isso era estranho, pois Pavlov partia do pressuposto natural de que a produção de saliva fosse parte do processo digestivo, que ele supunha começar quando a comida entrasse na boca. Porém, esses cães começaram a salivar antes que a carne em pó lhes fosse colocada na boca e, não demorou muito, assim que a pessoa que os alimentava entrava no recinto. A pesquisa subsequente que Pavlov empreendeu desse fenômeno deu origem ao estudo daquilo que hoje chamamos de "condicionamento clássico". Por exemplo, ele usou uma campainha para anunciar aos cães a hora de comer e descobriu que eles começavam a salivar em reação à campainha.[2]

Figura 2.1 Ivan Pavlov e um de seus cães

Apesar de complexo, o condicionamento clássico é uma parte fundamental da vida. Aprendemos a evitar a dor, o envenenamento etc. por meio dos mecanismos da psicologia comportamental. Em geral, para os psicólogos pelo menos, o processo do condicionamento clássico envolve o emparelhamento de um evento que normal e naturalmente leva a uma reação (no caso de Pavlov, a carne em pó, que levava naturalmente à salivação) com um novo estímulo (a campainha). Se os dois estímulos (a campainha e a comida) forem apresentados juntos, então ocorre alguma forma de associação e a pessoa ou o animal passa a reagir ao novo estímulo com a mesma resposta que originalmente dava à comida.

À primeira vista, essa forma de aprendizagem é bem simples: a comida é usada para fazer os cães salivarem, a comida é emparelhada a uma campainha, de modo que, depois, a campainha faça os cães salivarem. Sem dúvida, os psicólogos profissionais observam todas as complexidades. É discutível se a pessoa (ou o cão) agora está reagindo à campainha "como se fosse a comida", se a campainha "faz a pessoa (ou o cão) pensar na comida" ou se isso é algum tipo de reação automática, na qual a campainha "deflagra a resposta à comida". Pelo menos para os psicólogos, esse tipo de debate é mais interessante do que aparenta, pois levanta discussões quase filosóficas sobre como nossos pensamentos funcionam. Os psicólogos, é claro, estudaram todas as complexas e diferentes formas como o condicionamento funciona, e isso inclui como as pessoas aprendem as associações e também como as "desaprendem".

O condicionamento clássico de fato tem aplicações clínicas práticas. Existem algumas terapias comportamentais que se baseiam em seus princípios. Há uma série de ansiedades nas quais as pessoas podem beneficiar-se se recorrerem a esses princípios para romper com as associações aprendidas: os terapeutas podem usar, por exemplo, uma abordagem muito útil chamada "exposição gradativa".

Na exposição gradativa, o terapeuta e o cliente elaboram uma lista de situações que provocam ansiedade e, em seguida, a utilizam para trabalhar de forma hierárquica em ritmo constante. O cliente é estimulado a relaxar e, partindo da situação que menos provoca ansiedade, a percorrer a lista em ordem ascendente até conseguir permanecer relaxado mesmo em situações que antes o deixariam muito ansioso. A exposição gradativa é muito eficaz. O condicionamento clássico é um potente processo de aprendizagem, em especial do medo e da evitação, e os estudos psicológicos detalhados das formas como as pessoas aprendem tanto a estabelecer suas associações quanto a romper com elas representam uma possibilidade de ajuda real.

REFORÇO

O condicionamento clássico, por sua vez, não é a melhor maneira de explicar a criança que faz birra no supermercado e se joga no chão, esperneando, quando chega ao caixa. As explicações das razões por que as pessoas fazem o que fazem envolve ainda outra vertente da psicologia comportamental, o condicionamento "operante", assim chamado pois se refere ao fato de que a pessoa ou o animal "opera" no ambiente (no caso do rato, opera pequenas alavancas). Assim, enquanto o condicionamento *clássico* aplica-se a comportamentos reflexos ou involuntários, o condicionamento *operante*, associado a psicólogos como B. F. Skinner e E. L. Thorndike, refere-se ao modo como reagimos ao ambiente, ou seja, ao modo como aprendemos em decorrência das consequências de nossos atos.

Para ir direto ao ponto, a explicação para a birra da criança no super-mercado é que a criança aprende, com a experiência anterior, que será recompensada pelas birras. A explicação clássica é que, no passado, quando reclamou, a criança viu que o pai ou a mãe "cedeu" e a recompensou com um chocolate. Ora, um chocolate é, sem dúvida, algo positivo, que funciona como uma recompensa pela reclamação. Ao voltar ao supermercado, é um pouco mais provável que a criança reclame (já foi recompensada por isso no passado) e, portanto, se lamurie um pouco. É bem provável que o pai não queira lhe dar chocolates toda vez que ela se comportar mal. Por isso, talvez seja preciso um pouco mais que uma sugestão. E, com o tempo, já que as recompensas só serão dadas quando o comportamento for chato ou constrangedor o bastante para que o pai conclua que ceder e dar um cho-colate ao filho é o mal menor, esse comportamento irá evoluindo até trans-formar-se em chiliques para ninguém botar defeito.

Talvez a ideia clássica de condicionamento operante seja a do rato na "Caixa de Skinner", uma espécie de gaiola experimental batizada com o nome do psicólogo norte-americano B. F. Skinner. Na caixa há uma alavan-ca (em geral uma pequena prateleira de alumínio) e dispositivos para sinais luminosos ou sonoros (veja a Figura 2.2). Quando a luz se acende, o rato pressiona a alavanca e libera um grânulo de comida. Com certeza há muitas variantes desse sistema, mas, em geral a questão é: o que quer que permita ao rato obter a recompensa tende a ser o que ele aprende a fazer.[3]

Os psicólogos tendem a usar o termo um pouco mais técnico "reforço". Com isso, referem-se a qualquer coisa que, aplicada a um comportamento específico, aumente a probabilidade de esse comportamento se repetir. O exemplo corriqueiro e óbvio seria dar guloseimas a cães para persuadi--los a obedecer a comandos. Se recompensar seu cão com uma pequena

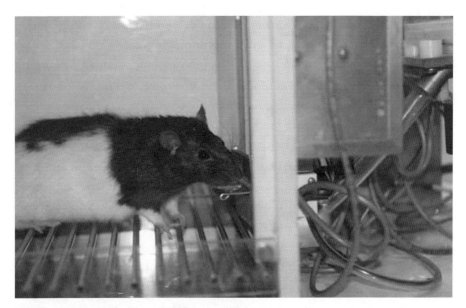

Figura 2.2 Rato em uma "Caixa de Skinner"
© Peter Kinderman, 2014

guloseima toda vez que ele se sentar quando você disser "senta" (talvez seja preciso empurrar-lhe para baixo as patas traseiras na primeira vez, mas o condicionamento operante é tão forte que ele logo perceberá como a coisa funciona), ele aprenderá bem rápido que se sentar quando receber a ordem é garantia de recompensa. A propósito, é digno de nota que alguns cães com treinamento de alto nível, como os que farejam drogas e explosivos em aeroportos, são recompensados por seus tratadores com brincadeiras, não com comida. Porém, de qualquer modo, as guloseimas são reforçadores porque, se dadas quando o cão se senta depois que recebe a ordem, aumentarão a probabilidade de que ele se sente quando tornar a recebê-la.

O reforço é importante na vida cotidiana. Nós elogiamos e recompensamos as pessoas todos os dias. Em nossa vida particular e profissional, elogiamos nossos filhos (espero) pelo comportamento positivo e elogiamos nossos empregados (talvez menos do que deveríamos) por suas contribuições: recompensamos as pessoas na esperança de que isso aumente a probabilidade de o mesmo comportamento vir a repetir-se. Os psicólogos sugerem que vale a pena pensar em quatro tipos de reforço: reforço positivo, reforço negativo e dois tipos de punição.

Os exemplos mais óbvios de reforço em geral são as recompensas — *reforços positivos*: o rato que recebe um grânulo de comida, o cão que recebe uma guloseima, a criança que recebe um elogio e eu, que recebo meu contracheque, somos todos exemplos de reforço positivo. Eu faço algo e, em decorrência disso, acontece algo positivo, e isso torna mais provável que eu faça o mesmo de novo.

O reforço negativo também aumenta a probabilidade de um comportamento se repetir. É uma situação que também pode ser considerada uma evasão. O reforço negativo ocorre quando um estímulo desagradável é removido após um determinado comportamento (interessante) e reforça esse comportamento. O melhor exemplo em que posso pensar é quando saímos para fazer compras e somos obrigados a ouvir música ruim em altíssimo volume nos alto-falantes. Se resolver pedir ao gerente que baixe o volume, o prazer extático que você terá por seus tímpanos não sofrerem essa agressão funcionará como um reforçador para sua coragem de fazer o pedido.

Além dos dois tipos de reforço (que tornam os comportamentos mais prováveis), existem duas formas de punição (que tornam os comportamentos menos prováveis). O tipo de punição mais comum ocorre quando algo desagradável acontece em decorrência de um determinado comportamento. Nos experimentos da área de psicologia, as pessoas podem tomar choques elétricos leves ou ser expostas a ruídos altos. No sistema de justiça criminal, as punições (que visam a reduzir a probabilidade de repetição de um comportamento) estão, sem dúvida, em toda parte. No dia a dia, as punições acontecem o tempo todo: mordemos maçãs e somos punidos com larvas; gritamos com nossos filhos; esfregamos filtro solar na cara sem pensar e acabamos arranhando a queimadura com areia. [...] Os exemplos são infinitos. Além disso, podemos reduzir a probabilidade de um comportamento se repetir se retirarmos algo positivo em decorrência dele. O exemplo clássico seria "castigar" uma criança por mau comportamento: não se daria a ela nada de mau como punição, mas, em decorrência de seus atos, ela não poderia desfrutar de todas as oportunidades de prazer positivo a que em geral teria direito. O princípio é o mesmo: é menos provável que um determinado comportamento torne a acontecer porque propicia a ocorrência de coisas ruins ou a não ocorrência de coisas boas.

A pesquisa psicológica deixa claro que o reforço positivo é, em geral, bem mais eficaz na alteração de comportamentos que qualquer das demais opções. É verdade que a punição (ativa) muitas vezes é bem eficaz na redução da probabilidade de recorrência de um determinado comportamento, mas parece ter vida útil relativamente curta. Além disso, a punição tende a provocar (nos seres humanos) estados emocionais como a raiva, o que muitas vezes pode ter consequências negativas. Mas talvez o mais importante seja que, por definição, a punição não ajude ninguém a aprender o que *deve* fazer. Além de reduzir a probabilidade de recorrência do comportamento visado, ela só ajuda a pessoa a aprender o que *não* fazer. Em termos práticos, humanos, isso significa que alguém multado por uma infração penal menor pode resolver "abandonar o crime" logo após a condenação, mas essa resolução tende a desvanecer-se, em parte talvez porque a multa (é claro) não lhe ensine nenhuma competência útil para a vida.

Há muitos detalhes importantes em que o reforço pode alterar nosso comportamento. Podemos mudar, em particular, a maneira como organizamos a relação entre os comportamentos e as consequências. É relativamente raro, seja em experimentos ou na natureza, que uma determinada consequência suceda um determinado comportamento todas as vezes que ele ocorra. A constância da reação é importante no caso da punição, pois sua inexistência tende a provocar maus resultados. No caso do reforço positivo, podemos oferecer recompensas todas as vezes que um comportamento ocorrer, embora isso também seja, sem dúvida, difícil de manter. Além disso, depois que se inicia um regime desse tipo, se uma recompensa deixar de ser dada, o comportamento tende a desaparecer rapidamente. No caso do rato na "Caixa de Skinner", assim como no das pessoas na vida real, podemos oferecer recompensas em uma "proporção fixa": uma recompensa a cada três (ou sete ou 33) vezes que se apresente o comportamento visado. Há uma variante dessas programações que é muito usada em cassinos: os caça-níqueis em geral são programados para pagar (em média) uma em cada três jogadas. A principal vantagem disso – para os donos dos cassinos – é a tendência a reforçar bastante o comportamento dos clientes. O padrão não pode ser previsto com exatidão, mas cria a expectativa de que, com persistência, podem-se esperar recompensas, o que implica que as pessoas tendem a continuar entrando com dinheiro mesmo quando não recebem muito em troca. Uma abordagem do reforço um pouco diferente consiste em programá-lo de forma que a recompensa ocorra depois da primeira incidência de um determinado comportamento após o fim de um certo período. Isso tende a implicar, é claro, que as pessoas (quando se aplica essa programação a elas) logo aprenderão a comportar-se da forma "certa" no momento certo: o filho que é gentil com os pais quando o aniversário dele está próximo, por exemplo.

O fenômeno comportamental de que mais gosto chama-se "Princípio de Premack". David Premack sugeriu que os comportamentos em si também podem ser gratificantes e que alguns comportamentos ou atividades são intrinsecamente mais gratificantes, mais reforçadores, que outros. Assim, comer chocolate é um pouco mais gratificante que escrever capítulos de livros. O Princípio de Premack afirma que o comportamento mais desejável pode servir como reforçador do comportamento menos desejável. Ou, em outras palavras, se você condicionar a ingestão do chocolate à redação do capítulo de um livro ("Não comerei chocolate enquanto não terminar este capítulo"), a frequência da ingestão de chocolate cairá e a probabilidade de escrever aumentará. Todos esses complicados processos de aplicação de reforço, que são uma fonte de grande prazer para os psicólogos comportamentais, foram resumidos na assim chamada "Lei do Efeito", creditada a E. L. Thorndike. A Lei do Efeito, uma das poucas "leis" científicas usadas em psicologia, reza que os comportamentos que têm resultado positivo têm mais probabilidade de repetir-se, ao passo que os comportamentos que têm resultado negativo têm menos probabilidade de repetir-se. Embora simples, essa regra afeta grande parte do comportamento humano (e animal). Em termos práticos, ela é uma ferramenta poderosíssima para treinadores.

Há alguns anos, foi exibido na TV do Reino Unido um comercial de cerveja cujo protagonista era um esquilo. Ao som do tema de *Missão Impossível*, o esquilo subia por uma haste, andava em uma corda bamba, corria por um túnel e saltava um obstáculo, equilibrava-se em uma gangorra e saltava outro obstáculo, andava em outra corda bamba, passava por duas minúsculas portinholas, subia por uma corda e corria por um tubo de plástico antes do salto sobre o último e enorme obstáculo. Um bom anúncio, mas também um exemplo perfeito de uma técnica de condicionamento operante chamada "modelagem". Para ganhar as nozes (a meta final), que funcionam como reforçadores, o esquilo foi recompensado por saltar obstáculos cada vez maiores na vida real. Depois que o esquilo dominou isso – ou, em termos técnicos, depois que reagiu sistematicamente à expectativa do reforço –, foi-lhe exigido primeiro que subisse por uma corda curta antes de dar o salto, depois, que subisse por uma corda um pouco mais longa e, assim, progressivamente, acumulou-se o complexo padrão de comportamentos.

As explicações do comportamento humano são convincentes porque uma grande parte do nosso comportamento parece, de fato, sujeita à influência das contingências de reforço vigentes no mundo. B. F. Skinner talvez tenha sido o mais confiante e o mais famoso dos psicólogos comportamentais. Além de inventar a "Caixa de Skinner", ele difundiu amplamente os princípios do condicionamento operante com a publicação de um romance, *Walden Two*, no qual descreveu um mundo utópico baseado quase que por completo em princípios comportamentais.[4] Além disso, em uma iniciativa totalmente lógica para um psicólogo comportamental, ele sugeriu que o desenvolvimento da linguagem se devia ao condicionamento operante. Em essência, Skinner acreditava que o reforço das vocalizações decorrente das contingências de recompensas e punições modelasse as crianças até que elas fizessem o uso apropriado da linguagem. Entretanto, essa abordagem radical do comportamentalismo foi firmemente rechaçada por outros psicólogos.

À primeira vista, as abordagens comportamentais da psicologia parecem irrefutáveis. Mesmo que deixemos de lado a afirmação de Skinner de que o desenvolvimento da linguagem se devia ao condicionamento operante, a ideia de que uma grande proporção do comportamento humano seja produto desses processos de aprendizagem comportamental parece fazer muito sentido. Se a visão biológica determinística e extrema do comportamento humano pudesse ser resumida como "o comportamento humano é consequência de nossa bioquímica, da anatomia do cérebro e do funcionamento biológico do cérebro", a visão comportamental extrema poderia ser expressa como "o comportamento humano é consequência das contingências do reforço a que fomos expostos".

Então é só isso? A humanidade e a rica complexidade de nossa vida emocional são apenas a consequência de princípios comportamentais? Bem, talvez a coisa seja mais complexa que isso.

O PAPEL DOS PENSAMENTOS

Em 1974, William Brewer publicou um artigo acadêmico muito respeitado cujo título é "There is no convincing evidence for operand or classical conditioning in adult humans" [Não Existem Evidências Convincentes de Condicionamento Operante ou Clássico em Humanos Adultos]. (Talvez esse título pareça um pouco banal para a maioria das pessoas, mas seu objetivo era irritar muitos psicólogos). Brewer, na verdade, não estava querendo contradizer a "Lei do Efeito" de Thorndike, pois sabia muito bem que os fatos que têm consequências positivas têm mais probabilidade de repetir-se, ao passo que os que têm consequências negativas têm menos probabilidade de repetir-se. O que ele queria ressaltar é que esses fenômenos implicam pensamento e não dependem de princípios puramente comportamentais.

Já me referi a isso antes. É fato razoavelmente conhecido que os caça-níqueis usados em cassinos estimulam as pessoas a jogar porque são configurados para pagar com base em uma programação de reforço cuja proporção é variável. Isso significa que, se puser uma moeda em um caça-níqueis e ele não lhe pagar nada, ainda continua sendo bastante provável que você se disponha a pôr-lhe outra moeda. Mas, se decidir comprar um refrigerante em outro tipo de máquina, inserir-lhe uma moeda e não sair nada de dentro, você com certeza não repetirá o exercício. O ponto é simples e óbvio: você entende a diferença entre um caça-níqueis e uma máquina de venda. Você não precisa de experiências recorrentes com máquinas baseadas em programação de proporção fixa e de proporção variável, mas precisa compreender o que está acontecendo.

No início da história da psicologia, antes do aumento da popularidade das abordagens comportamentais, um psicólogo alemão chamado Wolfgang Kohler estava observando chimpanzés. Parte de sua pesquisa previa dar-lhes vários objetos, como caixas e bastões, para brincar, além de pendurar bananas fora de seu alcance direto. Como era previsível, os chimpanzés passaram algum tempo examinando as caixas e logo as empilharam e usaram os bastões para alcançar e pegar as bananas. Eles não haviam sido treinados para usar caixas e bastões nem haviam sido expostos a nenhum regime de reforço. Não é preciso nenhum grande salto da imaginação para perceber que o uso desses objetos como ferramentas por parte dos chimpanzés deveria envolver alguma forma de representação mental das possíveis funções que eles poderiam ter. Além disso, os chimpanzés precisariam criar também algum tipo de representação mental da meta (as bananas). Eles pensavam sobre seu ambiente.

Um pouco depois, na década de 1940, o psicólogo Edward Tolman conduziu uma série de experimentos com ratos em labirintos que constitui um verdadeiro clássico da psicologia. Tolman, contudo, fez algo incomum, pelo menos no fato de ter observado cuidadosamente as consequências. Primeiro, ele deixou os ratos explorarem os labirintos sem providenciar para eles nenhum reforço. Como seria de esperar, dadas as suas tendências naturais, os roedores farejaram os ambientes, examinando os labirintos. Então, depois, Tolman comparou a velocidade com que esses ratos conseguiam percorrer os labirintos para encontrar comida (o reforço) à velocidade dos ratos que não haviam tido a vantagem do período prévio de exploração. Embora, mais uma vez, não haja nada de tão surpreendente assim, esses achados implicam que os ratos estavam fazendo algo mais que apenas aumentar a probabilidade de certos comportamentos em resposta aos reforçadores ou às recompensas que obtinham ao fim do processo. Se isso fosse tudo, tanto os ratos "exploradores" quanto os "ingênuos" aprenderiam à mesma velocidade. Eles precisariam estar criando alguma forma de mapa do labirinto no cérebro. Em outro experimento, dessa vez bem divertido, os ratos eram conduzidos pelos labirintos em carrinhos para não terem sequer que usar as pernas. O fato de, posteriormente, seu desempenho nas tarefas baseadas nos labirintos ter sido melhor é uma forte indicação de que, mesmo nesse caso (em que, além da ausência de reforço, os ratos na verdade não fizeram nada), os animais haviam criado alguma forma de representação mental de seu ambiente.[5]

Além de parecer coadunar-se com o bom senso, a ideia desse "mapa cognitivo" é compatível com a teoria da aprendizagem e a psicologia comportamental. Fora isso, explica uma grande vertente da psicologia denominada "teoria da aprendizagem social", mas também implica que tanto os seres humanos quanto os animais constroem uma noção de seu ambiente. Eles precisam representar seu ambiente e os fatos de sua vida em algum tipo de depósito mental do qual possam dispor para resolver problemas posteriormente.

A despeito da enorme importância do condicionamento operante, ou modelagem do comportamento das pessoas por meio das recompensas e punições que recaem sobre seus atos, uma vasta gama de fenômenos humanos parece depender de uma forma ligeiramente diferente de aprendizagem. A teoria da aprendizagem social popularizou-se na psicologia na década de 1970. Um experimento seminal do eminente psicólogo Albert Bandura ficou conhecido como "o estudo do joão-bobo" por usar vários grandes bonecos infláveis desse tipo, na verdade uma espécie de saco de pancada com formato humano. Os participantes eram crianças que frequentavam a creche da Universidade Stanford (portanto, ao que tudo indica, filhos e filhas de seus colegas) e tinham entre 3 e 6 anos de idade. Elas eram expostas a uma situação levemente frustrante: primeiro, eram levadas para uma sala cheia de brinquedos interessantes, com os quais podiam brincar durante um breve período e, logo em seguida, eram informadas que teriam de parar. Depois, as crianças eram conduzidas para uma sala na qual já haviam estado antes. Nessa sala estava o infame joão-bobo [...] e uma interessante diferença experimental. Os experimentadores haviam providenciado previamente para que um grupo de crianças visse um adulto (às vezes, um homem, às vezes, uma mulher) na mesma sala, com os mesmos brinquedos. Em um dos grupos, os adultos ignoravam o joão-bobo. No outro grupo, os adultos eram claramente agressivos com o boneco e davam-lhe socos e golpes com um martelo de brinquedo. A pergunta era: sem nenhum tipo de reforço, o que fariam as crianças? De maneira previsível, Bandura e seus colegas verificaram que as crianças que tinham visto um adulto agir com agressividade apresentaram probabilidade maior de também agir com agressividade.[6]

Os psicólogos que estudam a teoria da aprendizagem social sugerem que as pessoas observam os comportamentos modelares dos outros, e o resultado é que isso aumenta sua probabilidade de comportar-se de maneira igual. Porém, sem dúvida, elas também podem reagir a instruções verbais – podemos pedir (ou ordenar) a alguém que se comporte de um determinado modo. Há também a "aprendizagem simbólica", que consiste em aprender com a mídia, filmes, televisão, rádio, Internet, livros, jornais e revistas. Para a maioria das pessoas, esse fenômeno não constitui nenhuma surpresa; ele envolve o famoso conceito de *"role model"*, algo como um modelo de conduta, mas constitui, sim, uma ameaça às abordagens comportamentais simplistas. Aquelas crianças não foram recompensadas; seu comportamento não foi reforçado. É óbvio que os atos dos outros influenciam os nossos. Esse tipo de fenômeno é universal. Na verdade, poderíamos dizer que grande parte de nosso comportamento é aprendida – e muito bem, por sinal – dessa forma.

MAPAS MENTAIS...

Pessoas diferentes reagem de maneiras diferentes ao mesmo evento. Isso é importante se quisermos entender por que algumas pessoas ficam deprimidas ou ansiosas enquanto outras não se alteram. Pessoalmente, o que lhe parece trivial pode ser muito significativo e deprimente para mim. Ou seja, a importância emocional de um evento é uma questão pessoal, não um fato objetivo. Às vezes, as pessoas podem ter problemas de saúde mental após uma série de eventos reconhecíveis por nós como obviamente depressivos (perda do emprego, fim do casamento, perda de um ente querido). Por outro lado, às vezes somos tentados a acreditar que algumas pessoas, ao que tudo indica, se deprimem sem que haja nenhum evento externo óbvio, mas é perigoso aceitarmos isso sem ressalvas. Não sabemos por que determinados eventos aparentemente triviais são significativos para quem quer que seja. À medida que vamos compreendendo as experiências que temos na vida, desenvolvemos estruturas de compreensão próprias, características. Elas podem ter consequências compreensíveis, porém adversas, quando, por exemplo, alguém que sofre *bullying* na escola aprende a aceitar as visões negativas dos outros. Tendemos a interpretar as coisas muito rapidamente, com base em nossas expectativas prévias. E isso pode nos levar a tirar conclusões precipitadas e equivocadas.

No nível mais fundamental, é evidente que as pessoas não registram imagens nem eventos como uma filmadora. Em vez disso, nosso cérebro (e, com efeito, nosso sistema nervoso em seu sentido mais amplo, já que parte do processamento básico de imagens ocorre nos neurônios da própria retina) constrói uma representação do mundo. Nesse particular, é difícil pensar em uma analogia perfeita do que há no cérebro, mas deve ser um pouco como o *storyboard* interativo de um desenho animado. Não é uma duplicata fotográfica do mundo; é mais como uma representação artística do mundo como ele parece. Vemos o mundo de maneiras singulares, individuais, e cada um de nós vê o mundo com um determinado estilo, de uma determinada perspectiva e visando a uma determinada finalidade. Esses estilos, perspectivas e finalidades mudam a cada momento. Tendemos a ver o que esperamos e a não ver o que não esperamos. Tendemos até a ver o que queremos ver...

Isso significa que, às vezes, não vemos coisas, inclusive coisas óbvias, mesmo que elas estejam diante de nós. Talvez o exemplo mais conhecido disso seja o "gorila invisível", descrito no livro de igual título, de Christopher Chabris e Daniel Simons.[7] A preparação básica consiste em informar aos sujeitos de um experimento psicológico que eles vão participar de um teste de "atenção seletiva" e pedir-lhes que assistam a um vídeo em que um grupo de seis estudantes universitários brincam com bolas de basquete. Três usam camisas brancas e três, camisas pretas. Pede-se aos participantes que contem o número de vezes em que os estudantes de branco passam a bola. Todos os jogadores movem-se muito, esquivando-se uns dos outros em um complexo balé. Ao fim do vídeo, em vez de responder quantas vezes a bola tinha sido passada, os participantes tiveram que responder à seguinte pergunta: "Então, você viu o gorila?" Isso pode ter estragado a apresentação (que você pode ver no site dos autores), mas acho que o título do livro já faz isso. Enquanto os jogadores estão passando a bola e esquivando-se de lá para cá, entra em cena um personagem fantasiado de gorila, bate no peito como se fosse um gorila e vai embora. Ele passa um total de nove segundos em cena e é totalmente incongruente. Mas, curiosamente, cerca de metade das pessoas que participaram desse experimento não viu esse gorila. Como afirmam Chabris e Simons, "é como se o gorila fosse invisível".

COMPREENDER O MUNDO – E COMETER ERROS

O mundo não é projetado em nosso cérebro com detalhes fotorrealísticos. Estamos sempre criando de maneira ativa representações mentais do mundo que ocorrem em toda parte. O que vemos – ou pensamos que vemos – é uma representação mental do mundo. Deixamos de ver coisas e "vemos" coisas que não existem. Isso é ilustrado de modo experimental quando as pessoas deixam de ver gorilas, mas sabemos que o fenômeno é mais geral: muitas vezes, vemos coisas que não existem porque nossa mente tenta criar a imagem mais útil do mundo (que talvez nem sempre seja a mais precisa). O mais comum é que deixemos de perceber muita coisa e que nossa mente preencha as lacunas.

ÀS VEZES, NÃO PODEMOS CONFIAR EM NOSSOS PRÓPRIOS SENTIDOS: ALUCINAÇÕES AUDITIVAS

Ouvir vozes – alucinações auditivas – é um dos fenômenos mais emblemáticos da loucura. Como explicarei adiante, todos os tipos de problemas de saúde mental se situam em *continua*, e muitas pessoas têm experiências estranhas nas quais acreditam ter ouvido vozes incorpóreas sem que nada de extraordinário tenha acontecido e sem que essas experiências signifiquem ou provoquem nada de mais grave. Além disso, está claro que as experiências de alucinação podem provocar muito sofrimento: em seu nível mais inócuo, muitas pessoas meio que ouvem, meio que imaginam trechos de música ou acham que ouviram a campainha da porta tocar enquanto estavam usando o aspirador de pó. Em seu nível mais extremo, algumas pessoas são atormentadas pela voz do demônio – tão real como a de alguém que estivesse diante delas – que lhes diz que elas irão para o inferno. No caso dos menos afortunados, essas vozes podem persistir o dia inteiro, podem ter o mesmo volume da fala normal ou até manifestar-se aos gritos e girar em torno dos temas mais terríveis.

As alucinações auditivas estão estreitamente associadas ao diagnóstico de "esquizofrenia". Até 75% das pessoas que têm esse diagnóstico queixam-se de alucinações auditivas, e é possível receber um diagnóstico de "esquizofrenia" pelo simples fato de dizer que ouvem vozes, sem nenhum outro sintoma. Porém, também está claro que as alucinações auditivas são um fenômeno muito mais comum e "normal". Primeiro, pessoas que têm problemas como depressão têm também às vezes alucinações, as quais são muito comuns durante um período de luto, no qual se ouvem ou até mesmo veem com frequência entes queridos falecidos há pouco tempo. As alucinações são também relativamente comuns após experiências traumáticas, porém o mais importante é que uma grande parte da população em geral tem alucinações, pelo menos de vez em quando. Algo entre uma a cada três e uma a cada cem pessoas já vivenciou eventos breves, ocasionais e semelhantes a alucinações, como ouvir os próprios pensamentos. O que parece distinguir as pessoas que buscam ajuda da grande maioria é o fato de suas experiências as fazerem sofrer ou não.

Segundo a melhor explicação psicológica das alucinações auditivas, as pessoas estão confundindo os próprios pensamentos (internos) com eventos externos. Mais precisamente, há indícios convincentes de que as alucinações sejam fala interior atribuída de maneira incorreta. A fala interior, ou subvocalização, é um fenômeno muito comum, que acompanha quase todas as atividades mentais que envolvem o pensar ou fazem uso da memória autobiográfica. As pessoas usam a fala interior – ou, na verdade, murmuram consigo mesmas – quando se ocupam de tarefas complexas, embora nem sempre percebam que estão fazendo isso. Já em 1948, pesquisadores descobriram que, durante as alucinações, havia atividade muscular mensurável dos lábios e da língua. Os métodos modernos de alta tecnologia (como a eletroencefalografia [EEG] ou a tomografia computadorizada por emissão de fóton único [SPECT]) mostraram que as alucinações auditivas são acompanhadas de atividade nas áreas do cérebro que estão associadas à produção e à compreensão da linguagem. No entanto, embora muito importante, isso não é tudo. A maioria das pessoas murmura coisas de si para si, mas não tem alucinações. A psicologia cognitiva sugere que muitos de nós vemos, ouvimos e acreditamos em coisas que não existem e não são verdadeiras. No caso das alucinações, ao que tudo indica, as pessoas ouvem vozes quando na verdade "ouvem" os próprios pensamentos ou subvocalizações como vozes e, por deixarem de reconhecê-los como seus, naturalmente os recebem como se fossem de outras pessoas. Precisamos saber por que e como isso acontece. Sem dúvida, a psicologia cognitiva ajuda, pois contribui para desestigmatizar esse fenômeno. Não estamos lidando com a etiologia de uma doença mental, mas sim investigando por que as pessoas cometem erros, exatamente como os erros da cegueira à mudança (o gorila invisível) ou do testemunho ocular.

Construímos modelos do mundo o tempo todo, mas os experimentos psicológicos de fenômenos como a cegueira à mudança e o testemunho ocular mostram-nos que, muitas vezes, a compreensão que temos do mundo é imperfeita. Vemos coisas que não existem e deixamos de ver o que está diante de nós. Ouvimos coisas que não são ditas e deixamos de ouvir o que de fato foi dito. As alucinações são consequências do funcionamento de nosso sistema perceptual. Enquanto lutamos para formar uma noção coerente do mundo, construímos um quadro mental do que está acontecendo. No caso das alucinações auditivas, uma parte crucial desse quadro consiste em determinarmos se algo que ouvimos é uma voz exterior ou nossos próprios pensamentos. Os psicólogos falam do fenômeno do "coquetel", em uma referência à nossa capacidade de distinguir quando nosso nome é chamado em um ambiente lotado, cheio de vozes e ruídos superpostos. Assim, em algum lugar do cérebro, temos um sistema destinado a detectar quem disse o quê, e há indícios claros de que esse sistema tem também uma função de filtragem para separar os pensamentos das vozes. Ele funciona da mesma maneira que qualquer outro sistema psicológico: construímos um quadro da realidade. Poderíamos supor que os caminhos neurais para "pensamento" fossem separados dos caminhos neurais para "uma voz que ouvi", mas o cérebro simplesmente não é assim. Nós usamos as partes do cérebro responsáveis pela geração da fala e da linguagem nesses dois complexos trabalhos e, por isso, é fácil errar. É fácil achar que ouviu algo que não ouviu, e isso fica ainda mais provável se você for naturalmente propenso a esse tipo de erro: se estiver muito estressado, se já estiver criando os pensamentos negativos automáticos e invasivos que são fáceis de interpretar mal, se já tiver tido experiências traumáticas ou se preocupar em controlar os próprios pensamentos.

Portanto, não surpreende nem um pouco que às vezes as pessoas ouçam vozes. Esse tipo de compreensão dos processos psicológicos pode ensejar terapias psicológicas, inclusive para alucinações, que são muito eficazes. Elas serão discutidas em capítulos posteriores.

A TRÍADE COGNITIVA NEGATIVA: VOCÊ TAMBÉM PODE ESTAR ERRADO EM SUAS CRENÇAS

Um dos mais importantes avanços na compreensão psicológica dos problemas de saúde mental foi empreendido por um psiquiatra. Em 1979, o psiquiatra Aaron T. Beck publicou, com alguns colegas, um livro que popularizou uma maneira muito eficaz de pensar e tratar a depressão.[8] Beck explica como a melhor forma de entender a depressão é vê-la como um "modo" de pensar que, apesar de obviamente provocar sofrimento, é normal. Ele sugere que as emoções, os comportamentos e o *status* fisiológico associados a tristeza, fadiga e negatividade profundas provêm da forma como compreendemos o mundo. Como todos os problemas de saúde mental, a depressão insere-se em um *continuum* que vai da normalidade até a desolação grave que pode pôr em risco a própria vida. A depressão é um fenômeno muito comum. Considerada o "resfriado" da psiquiatria, ela é a principal razão para que uma a cada quatro pessoas tenha problemas de saúde mental em algum momento da vida. Ao longo da vida, Winston Churchill teve episódios recorrentes de depressão, à qual se referia como seu "cão negro".

Todos nós temos alguns problemas de depressão — quando um relacionamento chega ao fim, quando somos reprovados em um exame importante ou quando cometemos um erro no trabalho. Na maioria dos casos, eles não duram muito e, em geral, não têm consequências negativas tão importantes, mas para algumas pessoas eles são bem piores. Quando se torna grave — quando é grave o bastante para merecer um diagnóstico ou a ajuda de um serviço de saúde mental —, a depressão se caracteriza por um rebaixamento persistente do humor ou "anedonia" (incapacidade de ter prazer ou divertir-se com coisas que na maior parte das vezes trariam satisfação), perda ou ganho de peso, problemas de sono, perda de energia ou letargia e pensamentos recorrentes de morte ou suicídio.

A depressão tem sido objeto das mesmas análises a que são submetidos todos os demais problemas psicológicos e de saúde mental e, como acontece com todos os outros problemas, também tem sido explicada como produto de nossos genes, consequência inevitável de nossas circunstâncias sociais e resultado das contingências de reforço a que fomos expostos. Beck, contudo, explica a depressão de um modo que me parece muito mais convincente. Ele acredita (e eu também) que ela seja, acima de tudo, uma consequência do nosso modo de pensar.

Na década de 1960, vários psicólogos e psiquiatras começaram a perceber que era possível aplicar a psicologia cognitiva a problemas de saúde mental. Aaron Beck pegou essa e outras análises psicológicas cognitivas da depressão e as desenvolveu, explicou e popularizou. Boa parte da base intelectual da atual popularidade da terapia cognitivo-comportamental, a TCC, se deve a ele. O modelo cognitivo da depressão criado por Beck baseia-se na ideia de que as pessoas compreendem seu mundo em decorrência das coisas que lhes acontecem na vida e que isso afeta sua saúde mental.[9] Beck sugeriu que, na primeira infância, nós desenvolvemos "esquemas" pessoais, espécies de estruturas para compreender o mundo e, sobretudo, nossas relações sociais. Ele sugeriu que tudo aquilo que nos acontece e todos os fatores que afetam nosso desenvolvimento emocional – em especial os estilos parentais – é que nos dão nossa visão singular da vida. Beck sugeriu que, no caso de problemas de saúde mental como a depressão, esses esquemas podem ser vistos como "esquemas cognitivos disfuncionais" e que são eles que nos levam à depressão quando deflagrados por eventos negativos da vida.

No modelo cognitivo da depressão criado por Beck, o rebaixamento do humor é sempre acompanhado de pensamentos negativos automáticos que ocorrem de modo espontâneo, sem deliberação consciente. Nas pessoas que sofrem de depressão crônica, eles podem tornar-se reflexos ou habituais. Embora haja temas óbvios (na depressão, os pensamentos negativos automáticos giram, na maior parte das vezes, em torno da sensação de fracasso, inutilidade e perda; na ansiedade, da ameaça e do risco; nos transtornos alimentares, do controle e do alimento, e assim por diante), eles costumam ser muito pessoais e específicos, relacionando-se à experiência ou situação específica de cada pessoa. Como sugere o próprio termo, os pensamentos negativos automáticos são repetitivos, obsessivos, involuntários e difíceis de "desligar". Para o deprimido, eles em geral parecem plausíveis e razoáveis ou mesmo óbvios e irrefutáveis. Existem mais alguns pontos no modelo cognitivo da depressão que são importantes. Esses pensamentos naturalmente levam aos elementos emocionais e comportamentais da depressão sem que o deprimido se conscientize de estar criando esses pensamentos. Eles provêm sem dúvida do sistema de crenças ou "esquemas" da pessoa e decorrem da inevitável tendência humana a construir um modelo mental do mundo e a juntar as peças do quebra-cabeças. Porém, o mais importante é que esses pensamentos podem estar errados. Todos cometemos erros (pense na cegueira à mudança e no testemunho ocular), e muitos desses pensamentos podem muito bem estar errados.

Assim, as pessoas deprimidas têm pensamentos negativos automáticos do tipo: "Não valho nada, não tenho nada de bom", "A vida é inútil e sem sentido, acho melhor desistir", "Ninguém gosta de mim, sou um fardo para todos", "Tudo que eu faço dá errado", "Sou um pai/uma mãe inadequado/a" ou "Ficar deprimido é sinal de fraqueza". Se os problemas estiverem mais relacionados à ansiedade, os pensamentos negativos automáticos podem ser: "E se eu me descontrolar ou fizer papel de bobo e as pessoas pensarem que sou esquisito?", "Não vou conseguir sozinho", "E se eu me perder?", "Se eu errar, pode acontecer algo ruim" ou "E se isso for um câncer?". Seguindo o exemplo da então emergente ciência da psicologia cognitiva, Beck sugeriu ainda que esses pensamentos negativos automáticos seriam resultantes de distorções, enganos ou erros nos processos de raciocínio das pessoas deprimidas. Os pensamentos negativos automáticos são o que a pessoa está pensando; as distorções de raciocínio são como a pessoa está avaliando ou julgando as informações que tem diante de si. Beck identificou vários erros comuns, como o raciocínio do "tudo ou nada", em que a pessoa vê as coisas em categorias excludentes, como preto ou branco, oito ou oitenta. Isso pode criar problemas. Por exemplo, no caso acima, se eu pensasse em termos tão categóricos sobre o sucesso e o fracasso, tirar uma nota "B" poderia me levar à depressão: como não tirei um "A", e como tudo que não seja sucesso é fracasso, então um "B" é um fracasso e, se um fracasso for decorrência de minha burrice, um "B" significa que sou burro. Segundo o modelo de Beck, entre outros erros de raciocínio inclui-se a supergeneralização, na qual um único exemplo é visto como prova de um padrão mais difundido (um único fracasso é visto como prova de que "eu sempre ponho tudo a perder"). As pessoas propensas à depressão podem minimizar os aspectos positivos de uma situação e maximizar os negativos, caso da clássica oposição entre "o copo meio vazio e o copo meio cheio". As pessoas tiram conclusões precipitadas (e, se estiverem deprimidas, tiram conclusões depressivas) e fazem pressuposições sobre o que está se passando na cabeça dos outros. A catastrofização – prever e esperar o pior resultado possível – também é comum, assim como o "raciocínio emocional", ou emocionalização, que é quando a pessoa presume que o fato de estar mal (deprimida ou ansiosa) é prova de que a situação de fato é ruim.

PARANOIA: QUANDO ELES ESTÃO ATRÁS DE VOCÊ

As sutilezas dos tipos de explicações que escolhemos são muito importantes. Meu ph.D., orientado por Richard Bentall, enfocou os delírios paranoides. Nós investigamos por que as pessoas poderiam acabar acreditando que os outros estão tramando para fazer-lhes mal. Richard já tinha esse projeto havia muitos anos e, como acontece com todos esses problemas, muitas perguntas permanecem sem resposta. Porém, de modo geral, aplicam-se à paranoia os mesmos princípios aplicados à depressão, à ansiedade e a outros problemas, ou seja, as pessoas estão construindo uma representação mental do mundo, juntando informações incompletas para tentar entender os fatos que as cercam. Às vezes, elas cometem erros e, aos poucos, começam a achar que estão correndo um grave risco. Lembro-me de que um dos participantes da minha pesquisa declarou ter visto na estação de Manchester Victoria um homem que era um espião porque o vira "[...] enviar uma mensagem em código Morse batendo na coxa com um jornal enrolado [...]". Entendo por que é tentador ver nas crenças delirantes apenas os sintomas de uma doença psiquiátrica, porém a perspectiva psicológica é um pouco diferente. Todos nós procuramos compreender o mundo e compreender por que as pessoas à nossa volta se comportam de modo estranho. Nestes dias de alertas de atentados terroristas, a vigilância é bem-vinda. O receio equivocado de que algo está sendo tramado não é tão bizarro, ainda que cause grandes problemas para o indivíduo.

Assim, parte da história da paranoia envolve erros de julgamento relativamente comuns. Dan Freeman, da Universidade de Oxford, comentou como, ao longo de várias décadas e em muitas diferentes culturas, as pessoas tiveram razão em agir de forma paranoide.[10] Ele apresenta inúmeros exemplos, mas um nos bastará. Entre 1932 e 1972, pesquisadores de

Tuskegee, Alabama, Estados Unidos, conduziram um experimento secreto e muito antiético sobre a sífilis. Nesse deplorável experimento, homens afroamericanos pobres foram induzidos a pensar que estavam recebendo do governo americano atendimento gratuito de saúde. Só que eles haviam sido identificados como portadores de sífilis (que poderia ter sido tratada com penicilina), mas não foram avisados do diagnóstico. Em vez disso, o Public Health Service [Serviço de Saúde Pública] dos Estados Unidos os deixou sem tratamento para estudar a progressão natural da sífilis não tratada. Em outras palavras, você terá razão em ter suspeitas, principalmente se for negro ou pobre. Minha pesquisa para o ph.D. investigou um elemento um pouco diferente do quadro: como as pessoas explicam eventos negativos. Examinamos o padrão das explicações que os deprimidos davam para os eventos negativos (e, em particular, aquelas em que eles culpavam a si mesmos) e as comparamos às explicações dadas por pessoas que apresentavam delírios paranoides e pessoas que não tinham nenhum problema significativo de saúde mental. Descobrimos que os paranoides não tendiam a dar, para eventos negativos, o mesmo tipo de explicação que os deprimidos dão, ou seja, culpar-se. Isso não implica, porém, que não culpar a si mesmo seja sempre bom. Identificamos pelo menos três diferentes tipos de explicação: explicações internas (culpavam a si mesmos: "a culpa é minha") e também dois diferentes tipos de explicação externa. No primeiro deles, as explicações eram pessoais (culpavam outra pessoa: "a culpa é dela") e, no segundo, situacionais, pois atribuíam a causa do problema a fatores circunstanciais. A paranoia estava associada, em particular, a explicações externas pessoais. Como seria de esperar, culpar outras pessoas por seus problemas tende a torná-lo paranoide.

QUAL A VELOCIDADE DE NOSSA APRENDIZAGEM?

A maior parte do que de fato nos importa é aprendido. Embora nossos genes nos deem o cérebro, e nosso cérebro seja uma máquina de aprendizagem superpotente, o que importa é a aprendizagem. Grande parte dos maiores problemas de má saúde mental — paranoia, depressão, ansiedade social etc. — decorre mais de experiências fracas de aprendizagem que de déficits biológicos.

O cérebro humano tem um enorme potencial de aprendizagem, e a linguagem é o que distingue os seres humanos dos demais animais. As crianças aprendem a falar a uma velocidade prodigiosa. O adulto típico tem um vocabulário de cerca de 10 mil palavras; os de nível universitário, ao que tudo indica, têm um vocabulário médio de 17.200, ao passo que o de Shakespeare pode ter atingido 20 mil. Apesar de aprendermos algumas dessas palavras (as menos comuns) mais tarde na vida, a maioria delas é necessária no dia a dia e, por isso, precisamos aprendê-las depressa. Ao atingir um ano e meio de idade, a maioria das crianças tem um vocabulário de cerca de 50 palavras e provavelmente entende entre 100 e 150 palavras. Entre um ano e meio e mais ou menos 7 anos, elas aprendem cinco ou seis novas palavras por dia e, entre os 7 e os 11 anos, aproximadamente 20 novas palavras por dia. Para estarmos dominando o vocabulário de um adulto quando entramos na fase adulta, precisamos aprender nesse ritmo, e isso a maioria de nós consegue. Entretanto, é extraordinário que possamos aprender não só os significados de 20 novas palavras por dia, mas também a contextualizar essas palavras e a usá-las de modo correto. Depois que terminam a escola, o número de novas palavras aprendidas a cada dia tende a cair, mas, mesmo assim, o vocabulário das crianças continua crescendo à medida que elas leem, conversam, discutem com amigos e estudam. Apesar de universal, é triste o fato de as crianças de famílias mais ricas tenderem a ser expostas a mais palavras e a ter vocabulários mais vastos que as provenientes de famílias mais pobres.

As crianças aprendem de forma natural e sem ensino ostensivo a maior parte de sua linguagem. As mais novas imitam as palavras (e sons) que ouvem. Elas aprendem a associar palavras a ações e objetos ("vista seu casaco") e a identificar padrões, sequências e repetições. O acadêmico norte-americano Noam Chomsky sugeriu que as crianças têm uma "gramática inata".[11] Ele queria dizer que pelo menos algumas das regras gramaticais (ou seja, como a linguagem funciona, como as palavras representam coisas, ações e ideias) estão gravadas no cérebro. A ideia de Chomsky era que as crianças aprendem a linguagem com facilidade porque o cérebro evoluiu para a compreensão instintiva da relação simbólica entre as palavras. Embora Chomsky seja um grande acadêmico e um contundente comentarista político, creio que ele esteja enganado no que se refere à ideia da gramática inata.

Os seres humanos, e talvez as crianças em especial, têm algo que se parece muito mais com uma capacidade inata de detectar, comparar e criar padrões. Nós aprendemos a compreender a confusão "exuberante e efervescente" do mundo exterior buscando padrões de elegância e complexidade cada vez maiores. A frase "uma grande confusão exuberante e efervescente" vem do grande *The Principles of Psychology* [Os Princípios da Psicologia], publicado em 1890 por William James, e descreve como os bebês nascem sem a mínima noção de como funciona o mundo.[12] Temos que aprender a criar padrões partindo da confusão. Parte disso pode ser observada quando as pessoas ganham ou recuperam a visão após longos períodos de cegueira. Em um relato típico, formas e figuras, imagens reconhecíveis como rostos demoram a surgir em meio a um caleidoscópio de confusão indistinta. Aprendemos a reconhecer o padrão no caos.

Curiosamente, é provável que boa parte dessa aprendizagem, pelo menos na infância, se dê tanto por meio de uma redução da confusão quanto de uma construção de conexões. Falei da "poda" das sinapses no Capítulo 1 porque é assim que o vasto número de conexões entre os 86 bilhões de neurônios que temos ao nascer é adicionado e também (o que é importante) reduzido à medida que envelhecemos. Estima-se que uma criança pequena talvez tenha 150% mais sinapses que um adulto. À medida que envelhecemos e vamos aprendendo e vivenciando as coisas, nós podamos essas sinapses e criamos novas. Todavia, bem pode ser que a poda das conexões desnecessárias tenha papel importante na redução da "confusão exuberante e efervescente" de William James e atue no sentido de torná-la um conjunto mais harmonioso e lógico de associações.

APRENDIZES VELOZES

Além de aprender a falar rapidamente, a uma taxa de 10 a 20 novas palavras por dia, aprendemos também as complexas regras do comportamento social com muita rapidez. Meu filho adora pedalar e, há dois anos, visitou um velódromo pela primeira vez. O ciclismo, como todos os esportes quando você se empolga, é um negócio complicado e caro. Como explicarei em outro capítulo, meu filho e várias pessoas de nossa família sempre saem pedalando pelas estradas, mas um velódromo é uma experiência diferente pelo fato de ter uma pista circular de madeira em um vertiginoso ângulo de 42 graus. O estilo de pedalar também é diferente: a bicicleta é diferente (sem freios, com marcha fixa), e a ênfase recai na competição. O ciclismo competitivo é um esporte muito tático porque, ao se posicionar atrás de outro ciclista, você pode poupar até 40% de sua energia. As bicicletas são peças extraordinárias de engenharia (por isso são tão caras), e o principal entrave que o ciclista enfrenta é a resistência do vento. Portanto, as táticas na pista são de suma importância, o que significa que meu filho foi obrigado a aprender as regras. Parei ao lado da pista e o vi começar a pedalar. Lá já havia uns 15 ciclistas praticando "through-and-off" ou "chain gang". Nessa técnica, o ciclista que está na frente pedala a toda velocidade, mas, por estar cortando o ar (e, assim, ajudando os que vão atrás), logo se cansa. Por isso, abre para a direita, vai para o "acostamento" do velódromo, espera os demais ciclistas passarem e se reúne ao grupo (o "pelotão") entrando pelo fundo. O grupo se renova continuamente e ganha cada vez mais velocidade. Meu filho já conhecia todos esses fundamentos, mas, após algumas voltas, percebi que havia um probleminha. A questão era a seguinte: quando você abriu para a direita e foi para o "acostamento", onde exatamente se "espera" que volte ao pelotão? Os ciclistas vão a quase 50 quilômetros por hora e, inevitavelmente, há vazios e "bolos" no grupo. A etiqueta exige que o líder anterior entre bem no fim do pelotão ou permite-lhe entrar onde houver um espaço vazio? Tanto para mim quanto para o avô do meu filho, era óbvio que ele ficou um pouco hesitante na primeira rodada e que sua velocidade sofria um pouco, mas aí ele observou atentamente o que os dois ciclistas seguintes fizeram. Quando chegou sua vez na frente (de abrir para a direita, ir para o acostamento e reunir-se ao pelotão), ele fez isso com toda a segurança e juntou-se ao grupo entrando no primeiro espaço vazio. Sem dúvida, não era seu objetivo ofender ninguém, parecer inepto, tocar na roda de outro ciclista (a 50 quilômetros por hora, os acidentes são feios) nem perder velocidade. Toda essa complexa tomada de decisões, tendo em jogo tanto a reputação social quanto a segurança física, foi resolvida com algumas rápidas olhadas para os demais ciclistas e alguns segundos de raciocínio. Apenas um exemplo trivial de nossa eficiência ao processar essas complexas regras sociais.

O QUE É APRENDIDO NÃO É DADO

Essas complexas regras sociais por certo não são produtos gravados no cérebro. Nem de longe a evolução teve tempo suficiente para produzi-las como "instintos". A própria variedade de estruturas sociais existentes no mundo e ao longo da história já implicaria a impossibilidade de explicar essas regras em termos biológicos.

Sem dúvida, aprendemos a compreender o mundo de maneiras diferentes, divergentes. Nossos cérebros são máquinas de aprendizagem de suprema eficácia. Nós desenvolvemos as máquinas mais complexas do universo conhecido, e esses órgãos potentíssimos são particularmente bem adaptados para a compreensão de relacionamentos e regras sociais. As pessoas aprendem a compreender seu mundo valendo-se de todos os mecanismos psicológicos da aprendizagem. Elas observam as interações e os comportamentos umas das outras e fazem inferências. Somos recompensados (e, vez ou outra, punidos) por nossos atos e comportamentos e, por isso, nossa compreensão do mundo é ativa. Mas talvez o mais importante é que nós ensinamos nossos filhos de uma maneira explícita. É assim que conseguimos transmitir os comportamentos e capacidades mais complexos. Essa característica dos seres humanos, nossa tendência a ensinar ativamente nossos filhos, reflete inúmeros aspectos da psicologia humana. Estamos inseridos em relacionamentos, em parcerias sociais. Somos, instintivamente, máquinas de aprendizagem. Temos "teoria da mente" e consciência do que nossos filhos estão pensando. Extraímos sentido do que percebemos – importa-nos que nossos filhos aprendam sobre seu mundo.

Além de complexa, nossa vida muda com rapidez. Para podermos tomar decisões rápidas e lidar de modo positivo com o mundo, não tendemos a analisar cada situação com o rigor lógico de catedráticos de Oxford ou Cambridge. A maior parte do pensamento humano parece basear-se em regras gerais simples que permitem ação rápida, mesmo que às vezes imprecisa. Ou seja, as pessoas tomam muitas decisões importantes (talvez a maioria) usando pouquíssima lógica. Em vez disso, recorrem à heurística ou a "regras gerais". Essa forma de pensar permite reações rápidas, úteis do ponto de vista prático, a problemas práticos, embora nem sempre seja estritamente lógica. A heurística consiste em regras simples e eficazes que ajudam as pessoas a tomar decisões, fazer juízos e resolver problemas, em geral quando estão diante de situações complexas ou informações incompletas. Pelo fato de poderem acarretar erros, essas regras podem contribuir para dificuldades emocionais ou outros problemas psicológicos. Assim, a abordagem das consequências do raciocínio heurístico constitui um elemento importante em muitas terapias psicológicas, como a TCC.

AS BASES DO PENSAMENTO

Nossas estruturas de compreensão do mundo – nossos esquemas cognitivos – tendem a ser autossustentáveis. Nossa forma de entender o mundo baseia-se nas associações e conexões que fazemos, e isso em geral implica percebermos, compreendermos e retermos informações que sejam compatíveis com o que já sabemos. Tendemos a buscar informações e atentar para informações que façam sentido para nós, e isso significa que buscamos informações que confirmem aquilo que já estávamos pensando de início.

Essa tendência pode explicar alguns detalhes do comportamento humano, em especial nossos preconceitos e vieses. Ela explica por que os complexos e, às vezes, bizarros sistemas de crenças das mais diversas culturas humanas tendem a perpetuar-se. Porém ela implica também que, apesar de sermos guiados por nossa estrutura de compreensão do mundo, essa estrutura de compreensão é também produto de nossas experiências. A aprendizagem e o ensino moldam nossas estruturas de compreensão do mundo, independentemente de essa aprendizagem decorrer de uma tentativa estratégica, planejada, de educar-nos ou do impacto circunstancial dos eventos. Essas estruturas de compreensão – o que pensamos sobre nós mesmos, os outros, o mundo e o futuro – afetam todos os aspectos de nossa vida.

Os seres humanos aprendem com rapidez, eficiência e elegância. Nós compreendemos rapidamente nosso ambiente, imputamos sentidos às coisas e construímos representações abstratas do mundo. Essas representações podem estar incorretas, estão com frequência sujeitas a vieses e, em geral, são produto de regras gerais heurísticas, ilógicas, taquigráficas. No entanto, somos muito eficientes quando se trata de comparar padrões e criar sentidos. Mais que reagir ao mundo, nós o compreendemos.

Capítulo 3

As novas leis da psicologia:
a psicologia no cerne de tudo

A PSICOLOGIA – OU COMO PENSAMOS SOBRE O MUNDO – está no centro da vida humana. Fatores biológicos, sociais e circunstanciais afetam nossa saúde mental quando interrompem ou alteram processos psicológicos. Talvez sejamos o produto de uma interação entre os genes e o ambiente, mas somos mais que isso, pois compreendemos o mundo.

Seria maravilhoso se tivéssemos uma explicação simples e elegante para todos os problemas de saúde mental. Os jornalistas estão sempre fazendo aos acadêmicos perguntas enganosamente difíceis sobre a natureza e a causa dos problemas psicológicos, e nós mesmos usamos muitas vezes variantes de "Qual a causa da depressão?" como pergunta de prova. Tanto entrevistados quanto alunos adorariam poder responder com uma só sentença, mas a complexidade da vida está acima disso. Sem dúvida, muita gente responde com alguma variante de "É um desequilíbrio químico", com todas as implicações ostensivas ou veladas de origens genéticas. Também não é raro ouvirmos as pessoas dizerem "É uma doença" e, de vez em quando, "É uma doença como qualquer outra". Esse simples "modelo de doença" das doenças mentais predomina, sendo raras vezes questionado.

A resposta simples é convidativa: ela constitui uma resposta definitiva (embora equivocada) e, ainda por cima, alude à riqueza da compreensão científica. Essas explicações simples implicam a possibilidade de haver uma resposta direta e clara, talvez uma pílula que remedie o "desequilíbrio". Sua sedução se deve ao fato de aparentemente não atribuir nenhuma culpa ao indivíduo nem aos que o cercam: ninguém tem culpa se há um desequilíbrio químico. Elas são particularmente convidativas porque as soluções exigem pouco ou nenhum esforço: a pessoa deve obedecer aos médicos, adotar o regime e o remédio fará o resto; mas, infelizmente, a vida é mais complexa que isso.

Ao responder nossa hipotética pergunta de prova, um bom aluno poderia sugerir que a causa da depressão (ou, aliás, de qualquer outro problema) é "multifatorial" e que fatores biológicos, sociais e psicológicos influem de igual modo. É amplamente aceito que os mais complexos problemas de saúde mental resultam de algum tipo de combinação desses fatores. O National Health Service [Serviço Nacional de Saúde] do Reino Unido fornece informações *on-line* sobre a depressão que corroboram isso; ele declara que: "Não há uma causa isolada para a depressão; as pessoas desenvolvem a depressão por diferentes razões" antes de passar a uma lista de eventos estressantes da vida, doenças (entre as quais doença coronariana, câncer e concussões cranianas), traços de personalidade, isolamento social, uso de álcool e drogas e parto (como risco para a mãe, e não necessariamente para o filho).[1] Além disso, ele menciona um histórico familiar de depressão, acrescentando que "pesquisas mostram que certos genes aumentam o risco de depressão após um fato estressante". Os fatores biológicos, na forma de variáveis bioquímicas ou neuroanatômicas, são importantes em muitos problemas de saúde mental. Por certo, tais fatores não podem ser subestimados, mas raramente são tudo. Como já vimos, os fatores sociais são de igual modo importantes. É relevante que aquilo que é referido como fatores psicológicos muitas vezes seja descrito de maneira um tanto vaga, e me debruçarei sobre isso a seguir. É mais ou menos o que eu gosto de pensar que diria se fosse entrevistado por um jornalista e representa a essência de uma excelente descrição dos problemas de saúde mental usada pela Comissão Europeia.

O LIVRO VERDE DA COMISSÃO EUROPEIA: "UMA MULTIPLICIDADE DE FATORES"

Em 2005, a Comissão Europeia publicou um importante documento que discute os tipos de ações e políticas que se devem esperar dos governos europeus para melhoria da assistência à saúde mental no continente.[2] Como é comum em tais documentos, este tem um breve preâmbulo no qual os autores tentam definir os problemas antes de discutir as soluções. Eles concluem que: "[...] É a saúde mental que abre aos *cidadãos* as portas da realização intelectual e emocional, bem como da integração na escola, no trabalho e na sociedade. É ela que contribui para a prosperidade, solidariedade e justiça social das nossas *sociedades*". O documento prossegue: "A condição mental de cada um é determinada por uma **multiplicidade de fatores**, nomeadamente biológicos (por exemplo, genética e sexo), individuais (por exemplo, experiências pessoais), familiares e sociais (por exemplo, enquadramento social) e econômicos e ambientais (por exemplo, *status* social e condições de vida)". Vale a pena ressaltar que a ênfase – em itálico e negrito – está presente no texto original. Esse documento específico é uma discussão de políticas para burocratas, e não uma análise científica, de modo que os autores não desenvolvem a ideia da "multiplicidade de fatores".

O MODELO BIOPSICOSSOCIAL

Ao responder nossa hipotética pergunta de prova, um aluno bem informado poderia usar o termo "modelo biopsicossocial" e citar a obra de George Engel. Em 1977, a revista *Science* publicou o artigo em que Engel introduziu esse modelo nas discussões sobre saúde mental.[3] Ele reconhecia que muitas descrições ou explicações de doenças físicas e mentais reduziam os problemas a explicações biológicas bastante simplistas e que isso era particularmente verdadeiro no caso da má saúde mental. Com demasiada frequência, depressão, ansiedade e psicose eram vistas apenas como doenças do cérebro (mesmo que ninguém soubesse ao certo o que essa "doença do cérebro" de fato seria). Engel achava que, em vez de discutir parentalidade, amor, esperanças, temores, relacionamentos, aprendizagem e eventos traumáticos da vida, os médicos estavam pensando a respeito da saúde mental exclusivamente em termos de neurônios, sinapses e neurotransmissores. Em sua opinião, isso caracterizava também a doença física – um enfarto envolve, é claro, problemas vasculares nas artérias coronárias, mas Engel estava preocupado com o fato de os fatores sociais no desenvolvimento de problemas de saúde física (dieta, exercícios, acesso a assistência médica) e nas consequências da doença (ansiedade, depressão, perda do emprego, impacto na família) estarem sendo ignorados. Engel explicitamente esperava que seu modelo fornecesse uma explicação científica dos transtornos mentais que colocasse em questão essas abordagens biológicas "reducionistas". Portanto, o modelo biopsicossocial vê o transtorno mental como proveniente de um sistema humano que tem elementos físicos (um sistema nervoso biológico) e elementos biopsicossociais (relacionamentos, família, comunidade e a sociedade em geral). O conceito e o nome ganharam notoriedade: o artigo original de Engel já foi citado pelo menos 4.689 vezes em artigos científicos e gera impressionantes 11.300.000 resultados no Google.

A flexibilidade do modelo de Engel e sua inerente capacidade de absorver uma grande variedade de evidências que respaldam as influências biológicas, sociais ou psicológicas sobre a saúde mental permitiram que diferentes escolas de pensamento o usassem das mais variadas maneiras após sua publicação. Muitos críticos elogiaram o fato de o modelo biopsicossocial admitir explicitamente o papel dos fatores sociais, já que se posicionavam contra o domínio biomédico. Em um mundo em que os profissionais (e as associações profissionais) brigam por autoridade e responsabilidade, o desafio de uma perspectiva mais social é óbvio. Talvez, de modo inevitável, alguns psiquiatras mais convencionais estejam preocupados com a possibilidade de as perspectivas sociais afastarem as pessoas daquilo que eles veem como a realidade das explicações médicas, biológicas e baseadas no cérebro da má saúde mental. Livros e artigos com títulos como "The reality of mental illness" [A Realidade da Doença Mental], "A wake-up call for British psychiatry" [Um Alerta para a Psiquiatria Britânica] e (talvez o meu preferido) "Biological psychiatry: is there any other kind?" [Psiquiatria Biológica: Existe Algum Outro Tipo?] deixam claro que pelo menos algumas pessoas acreditam que deve prevalecer a ênfase na parte biológica do modelo.[4] Na prática, as discussões do modelo biopsicossocial têm, explícita ou implicitamente, reservado às abordagens biomédicas uma posição preponderante. Embora reconhecidos, os fatores sociais e psicológicos são considerados meros moderadores do papel causal direto dos processos biológicos. Com efeito, essa é uma parte-chave do artigo original de Engel, no qual todos os argumentos em favor da inclusão de elementos psicológicos e sociais são secundários à suposta base biológica do transtorno. Paralelamente a isso, alguns psiquiatras promoveram a ideia da "primazia clínica" – o argumento é que, como os problemas de saúde mental são, acima de tudo, médicos (diz-se), a profissão médica tem papel primordial. A pressão no sentido de promover os aspectos médicos ou biológicos dessa abordagem multifatorial tem sido implacável. Com efeito, John Read, influente psicólogo neo-zelandês radicado no Reino Unido, sugeriu que o modelo biopsicossocial deveria ser rebatizado como modelo "bio-bio-bio", tamanha é a prevalência desse modo de pensar.[5]

O modelo biopsicossocial oferece um arcabouço aceitável para o debate sobre a causa dos problemas de saúde mental, mas dificilmente oferece uma resposta definitiva. Como proposição científica, ele tem alguns pontos fracos, dos quais talvez o mais importante seja não explicar, de modo claro, como a relação entre as três variáveis – biológica, psicológica e social – funciona na prática. O artigo que Engel escreveu em 1977 sugere que as reações psicológicas (ou, para usarmos seu próprio termo, "psicofisiológicas") aos eventos da vida interagem com fatores "somáticos" ou biológicos. Em parte, isso constitui um bem-vindo reconhecimento da importante contribuição dos fatores psicológicos e sociais, como afirma Engel, para muitos problemas psicológicos e físicos. Entretanto, essa formulação também reflete com nitidez o pressuposto da primazia da biologia ou da doença – as reações são "psicofisiológicas", e não "psicológicas" –, o que garante que os fatores psicológicos estejam vinculados a fatores fisiológicos. Nas palavras de Engel, essas reações servem para "alterar a suscetibilidade" a "doenças" no contexto de uma predisposição genética. Esse tipo de formulação tende a induzir o leitor a pensar que os problemas de saúde mental que sucedem à carência, à perda ou ao trauma explicam-se melhor em termos de suscetibilidade alterada a uma "doença" de base genética reconhecida que de uma reação normal e puramente psicológica à situação, como se poderia, de outro modo, presumir. Por fim, essa afirmação deixa de explicar como essas classes inteiramente diferentes de fenômenos interagem umas com as outras.

Estudos feitos tanto com animais quanto com seres humanos demonstram de modo claro a importância da experiência de vida pregressa e atual no desenvolvimento dos problemas. Do mesmo modo (e é significativo que Engel não tenha sentido necessidade de apontar isso), pesquisas também destacam o papel (explicado em capítulos anteriores deste livro) dos fatores biológicos. Precisamos pensar em como esses elementos – bio-, psico- e social – se relacionam uns com os outros. O modelo biopsicossocial é, ou deveria ser, mais que uma simples afirmação de que todos os três aspectos precisam ser mencionados. Um modelo realmente abrangente deveria ter condições de explicar não apenas, por exemplo, o papel das anormalidades dos neurotransmissores na depressão, como também o papel da baixa autoestima, dos padrões de pensamento negativo e os dados que corroboram o aumento considerável da incidência de transtornos mentais nos grupos que estão em situação de desvantagem. E, o mais importante, como essas classes de fatores afetam umas às outras? Em parte, essa é uma questão filosófica: de que modo os fatores sociais influenciam a biologia ou como substâncias químicas podem mudar suas emoções? Para usarmos mais uma vez a formulação do próprio Engel, de que modo fatores psicológicos como a autoestima ou o padrão de pensamento negativo de uma pessoa poderiam "interagir com os fatores somáticos existentes para alterar a suscetibilidade e, assim, influenciar o momento da eclosão, a gravidade e o curso de uma doença?" Como sua renda e o número de amigos que ela tem poderiam afetar a neuroquímica ou a atividade elétrica do cérebro? Do mesmo modo, para inverter a lógica, como as influências neuroquímicas ou a suscetibilidade genética poderiam alterar a resposta de uma pessoa aos eventos negativos de sua vida? Como uma classe de fenômeno filosófico (um evento, uma ocorrência) pode influenciar toda uma outra classe de fenômeno filosófico (um processo biológico)? E como os pensamentos e as crenças, que constituem outra classe de fenômeno filosófico, poderiam afetar qualquer uma delas? Sabemos que isso acontece todos os dias. Não são só as pesquisas (como afirmou Engel) que respaldam essa conclusão; a experiência do dia a dia também a corrobora. Nossos pensamentos são afetados pelos fatos. Nosso cérebro deve reagir às circunstâncias, e a biologia é um fator importante em nossa constituição psicológica. Isso é óbvio; acontece o tempo todo. Mas como funciona? Qual é o mecanismo?

O MODELO DA VULNERABILIDADE AO ESTRESSE

Um dos debates mais polêmicos sobre saúde mental diz respeito à natureza da "esquizofrenia". Como ocorre com quase todos os problemas de saúde mental, a maioria dos pesquisadores e clínicos acredita que os problemas que costumam levar ao diagnóstico de "esquizofrenia" decorrem de uma combinação entre vulnerabilidades cerebrais (herdadas ou adquiridas) e eventos da vida. A vulnerabilidade genética a fenômenos psicóticos parece ser multifatorial, causada pela interação de vários genes. Por outro lado, há vários fatores ambientais estressantes – desde o uso de drogas ilícitas à adversidade social e relacionamentos pessoais estressantes – que também parecem ser importantes. Por isso, muitos clínicos e pesquisadores adotam o modelo da "vulnerabilidade ao estresse" (ou diátese ao estresse), originalmente desenvolvido por Joseph Zubin e Bonnie Spring em 1977.[6]

Em um site concebido pelo National Health Service do Reino Unido para ajudar pessoas que apresentam problemas psicóticos,[7] afirma-se que, de acordo com o modelo da vulnerabilidade ao estresse, "[...] as diferenças na biologia e nos processos de raciocínio indicam que cada um tem níveis individuais de vulnerabilidade – um limiar. As pessoas podem ver-se forçadas a transpor seu limiar e reagir psicoticamente quando seus recursos para lidar com o estresse se esgotam". Portanto, aparentemente o modelo da vulnerabilidade ao estresse aborda a questão da interação entre diferentes tipos de eventos descrevendo alguns como "vulnerabilidades" e alguns como "estressores". Essa abordagem, porém, ainda tem certos problemas. Primeiro, reiterando a posição de John Read diante do modelo biopsicossocial, críticos como Mary Boyle frisaram que o modelo da vulnerabilidade ao estresse, comumente interpretado como sugestivo de uma vulnerabilidade biológica ou genética fundamental na esquizofrenia, apenas nos traz de volta à doença biológica.[8] Ela até argumenta que o modelo pode ter sido concebido como uma forma de defesa contra possíveis ameaças a modelos biológicos da "esquizofrenia" e que sua força provém em parte do fato de ser deliberadamente vago. O termo "vulnerabilidade" é um tanto difícil de definir e distinguir do termo "estressor". Por exemplo, a utilização de uma droga ilícita é um fator de vulnerabilidade (no sentido de afetar o cérebro ou a cognição, tornando o indivíduo mais vulnerável a eventos subsequentes) ou um estressor? Essa utilização representa um evento estressante perigoso que pode interagir com um cérebro vulnerável? Embora os fatores genéticos possam ser vulnerabilidades inequívocas, qualquer outro problema associado aos problemas de saúde mental é espantosamente difícil de classificar, seja como vulnerabilidade ou como estressor, e muitas vezes é relacionado como ambas as coisas! Além disso, a forma como vulnerabilidades e estressores interagem é um tanto obscura. Alguns pesquisadores parecem presumir que eles se complementem: começa-se com uma certa vulnerabilidade, e o estresse a acentua até que se atinja um limiar. Outros pesquisadores acreditam que o estresse na verdade altere os próprios fatores de vulnerabilidade: por exemplo, o isolamento social ou as experiências de abuso poderiam efetivamente alterar o funcionamento do cérebro, levando a uma espiral de consequências negativas do estresse.

O modelo da vulnerabilidade ao estresse tem seu interesse. Ele é um "dispositivo heurístico" (taquigrafia ou analogia) útil, que dá aos clínicos e ao público em geral uma estrutura para compreender como o imenso número de fatores potencialmente importantes poderiam combinar-se para causar problemas e, com efeito, o que pode ser feito para ajudar. Sua vantagem não deve ser minimizada: os benefícios de uma estrutura simples podem ser enormes, já que permitem a discussão sensata de diversos problemas estressantes, como eventos de vida traumáticos, uso de álcool e drogas e condições de vida estressantes (ou seja, baixo *status* socioeconômico, altos níveis de conflito familiar). Além disso, esse modelo oferece às pessoas uma estrutura que delimita o âmbito da conversa sobre as diferenças individuais. Os pesquisadores alegam que o modelo da vulnerabilidade ao estresse estimulou pesquisas coerentes sobre os problemas de saúde mental e, em especial, sobre os estressores sociais. Os clínicos sugerem que o modelo ajuda os profissionais da área de saúde mental, os membros da família e os próprios clientes a desenvolverem intervenções terapêuticas e a planejar a assistência com base na abordagem sistemática de potenciais vulnerabilidades e estressores.

Sem dúvida, o modelo da vulnerabilidade ao estresse é simplista, e Alison Brabban recorreu à analogia com um balde, o "balde de Brabban".[9] A ideia é a seguinte: a água que cai no balde e transborda representa os problemas de saúde mental. O tamanho do balde reflete a vulnerabilidade da pessoa: quanto menor for o balde, mais vulnerável ela será (pois os baldes pequenos transbordam mais rápido). A água que cai dentro do balde reflete o estresse: quanto mais água, mais estresse. Embora o conceito da analogia de Brabban seja interessante, sua clareza evidencia a simplicidade do modelo.

UMA NOVA EXPLICAÇÃO: O MODELO DOS PROCESSOS PSICOLÓGICOS MEDIADORES

Em 2005, publiquei um breve artigo na *Harvard Review of Psychiatry*.[10] Pelos motivos que acabo de delimitar, argumentei que precisávamos de uma explicação mais rigorosa e coerente do papel dos fatores psicológicos na saúde mental. Argumentei que, embora o modelo biopsicossocial implique que os fatores biológicos, psicológicos e sociais sejam parceiros em pé de igualdade, na verdade o caminho final comum no desenvolvimento dos transtornos mentais é a disrupção dos processos psicológicos. No modelo que depois denominei "modelo dos processos psicológicos mediadores", sugeri que os fatores biológicos e sociais, juntamente com as experiências individuais de cada um, levam ao transtorno mental por meio de seus efeitos conjugados sobre esses processos psicológicos. Esse modelo reúne vários dos pontos que abordei antes neste livro.

Quase todo mundo sugere que são vários e simultâneos os fatores que contribuem para o desenvolvimento dos problemas de saúde mental. Nesses casos, os cientistas costumam usar a técnica estatística da "regressão múltipla" para testar o grau de contribuição de cada fator (ou, para os estatísticos, "variável") para o resultado. No caso da saúde mental, podemos imaginar uma hipotética análise de regressão múltipla que preveja a saúde mental a partir dos componentes biológicos, psicológicos e sociais do modelo biopsicossocial. Na Figura 3.1, temos um modelo simplificado dessas relações.

Com a inclusão dos fatores biológicos, dos fatores sociais e dos eventos da vida que predizem a saúde mental, essa abordagem se aproxima do modelo biopsicossocial, mas praticamente ignora os fatores psicológicos. Na Figura 3.2, temos um possível aperfeiçoamento desse modelo.

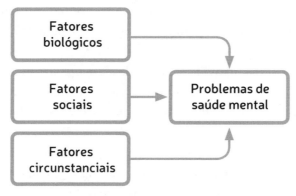

Figura 3.1 Representação simplista de um modelo biopsicossocial.

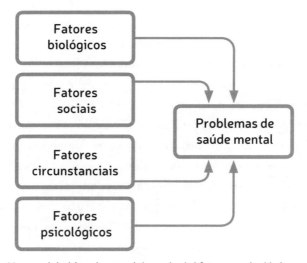

Figura 3.2 Um modelo biopsicossocial que inclui fatores psicológicos.

Entretanto, mesmo essa representação aperfeiçoada é inadequada, em parte porque considera as diferentes variáveis como semelhantes em tipo ou natureza, o que sem dúvida não é verdade. Os fatores ambientais (sejam sociais ou circunstanciais) e genéticos ou biológicos sempre estão relacionados de modo dinâmico uns com os outros — é essa relação dinâmica que está no cerne da evolução por meio da seleção natural — e o mesmo se aplica à relação entre os fatores ambientais, biológicos e psicológicos. Como vimos antes, há indícios consideráveis da existência de um elemento genético em muitos problemas de saúde mental, sobretudo naqueles que costumam levar a um diagnóstico de "esquizofrenia". Os fenômenos psicóticos, e em especial as alucinações, foram vinculados a um fenômeno chamado lateralização cerebral.

O cérebro humano divide-se de modo claro em dois hemisférios ligeiramente diferentes em sua estrutura física, já que não são exatamente simétricos. Há muita discussão sobre as assim chamadas "tarefas do hemisfério direito" e "tarefas do hemisfério esquerdo", contrapondo arte e criatividade a lógica e aptidão matemática, por exemplo. Boa parte dessa discussão é fantasiosa, mas está claro que muitas atividades cognitivas importantes (embora menos glamorosas) são lateralizadas, isto é, controladas mais por um que por outro hemisfério cerebral. A natureza dessa lateralização cerebral – o grau de envolvimento de cada hemisfério em qualquer dada função – é complexa. Os processos linguísticos consomem grande parte do funcionamento cerebral, e muitas áreas do cérebro, em ambos os hemisférios, estão envolvidas. Por exemplo, gramática e vocabulário parecem ser funções lateralizadas (pelo menos em termos gerais) no hemisfério esquerdo da maioria das pessoas. Por outro lado, entonação e sotaque parecem ser funções localizadas no hemisfério direito. Essa complexa lateralização é algo natural, que faz parte do bom funcionamento cerebral. Vários pesquisadores sugerem que as pessoas que ouvem vozes têm maior probabilidade de ter hemisférios cerebrais mal lateralizados e, em particular, que as áreas da linguagem em seus cérebros são menos lateralizadas. Sem dúvida, acredita-se que anormalidades bioquímicas, neuroanatômicas e, fundamentalmente, genéticas provoquem a má lateralização do processamento da linguagem e, por conseguinte – porém não certo – os problemas associados ao diagnóstico de esquizofrenia.

A história da lateralização cerebral e das alucinações funciona como uma ilustração da relação entre os problemas biológicos e psicológicos. Uma tarefa-chave do processamento neural da linguagem deve ser a identificação e a localização das experiências perceptuais e, sem dúvida, essa função cabe ao cérebro. Poderíamos nos perguntar que funções da linguagem poderiam ser relevantes para a experiência da alucinação. Há um amplo consenso quanto ao fato de que as alucinações auditivas provêm de cognições atribuídas de modo incorreto (em geral, pensamentos tácitos ou, em certos casos, murmurados e não reconhecidos) que o indivíduo não reconhece como geradas internamente e, assim, atribui a fontes externas. Os psicólogos se referem ao processo por meio do qual as pessoas determinam de onde provém uma determinada experiência ("Eu pensei ou ouvi isso?") como "monitoramento da fonte". Não se trata de uma capacidade que as pessoas tenham ou não, mas sim de um processo que opera de variados modos em diversas circunstâncias para diferentes pessoas. Existem diversos fatores (ruído ambiental, estresse emocional etc.) que podem afetar as competências de monitoramento da fonte. Se houver uma falha parcial na lateralização nas áreas do cérebro que são relevantes para o processamento da linguagem, é provável que se relacione à experiência da alucinação por causa de seu efeito sobre o monitoramento da fonte. Com efeito, é bem provável que outros fatores biológicos (como drogas ilícitas, medicação, doença) atuem da mesma forma.

Isso significa que problemas biológicos – fatores biológicos que têm impacto sobre as estruturas cerebrais relacionadas ao monitoramento da fonte – levam a problemas de discriminação entre vozes (ouvidas) e outras formas de cognição (pensadas ou lembradas) porque interrompem ou perturbam um processo psicológico, o monitoramento da fonte. O caminho final, inescapável, para a audição de vozes incorpóreas é um processo psicológico: a resposta à pergunta "Ouvi ou imaginei isso?". Aqui, os fatores biológicos são muito importantes porque podem afetar nossa capacidade de efetuar essa discriminação. Eles podem dificultar sua possibilidade de distinguir se uma voz é real ou não, já que o mecanismo que usamos para executar esse processo psicológico é o cérebro, e o cérebro é um órgão biológico. O mesmo vale para a relação entre os fatores sociais ou ambientais e tanto para a saúde mental quanto para as alucinações. O monitoramento da fonte também é afetado ou influenciado por fatores como ruído, estresse, eventos traumáticos e até pelos tipos de fenômenos que complicam as definições de biológico ou ambiental, como as drogas ilícitas. Quando o ruído ou o estresse levam a alucinações, o fazem porque afetam a capacidade do cérebro de executar a mesma função. Quando as pessoas têm alucinações após eventos traumáticos, parece aceitável considerar que fatores emocionais se aliem a pensamentos negativos automáticos e invasivos (que, aliás, são muito comuns em tais situações) para que esses pensamentos sejam interpretados de forma equivocada como vozes. Tanto os fatores biológicos quanto os ambientais influem nos transtornos mentais por meio de seu impacto sobre os processos psicológicos.

Esse tipo de análise não se limita a alucinações. Como já vimos, as anormalidades no metabolismo da serotonina têm implicação na depressão. Vejamos um exemplo: o aminoácido triptofano é um precursor dietético da serotonina (o organismo fabrica serotonina a partir do triptofano). Se você adotar uma dieta redutora de triptofano, pode provocar o efeito colateral de diminuir os níveis de serotonina e induzir a depressão (experiência bastante desagradável). Portanto, convém repetir: os fatores biológicos têm consequências psicológicas. A serotonina, por sua vez, tem implicação nos mecanismos neurológicos que respaldam diversos processos importantes de avaliação. Curiosamente, embora um baixo nível de serotonina possa ser muito nocivo para nós, seu papel na depressão é complexo. Primeiro, quando as pessoas estão felizes, seus níveis de serotonina parecem elevar-se, algo que constitui o inverso da relação normal de causa e efeito na psiquiatria. E o mais importante é que a serotonina parece ser um neurotransmissor essencial no processamento de informações sobre o *status* social, a impulsividade, a recompensa e a punição. Todas essas questões e, em particular o *status* social, são essenciais à forma como as pessoas veem a si mesmas, seu mundo e seu futuro: a tríade cognitiva negativa do modelo cognitivo da depressão. Portanto, o sistema biológico triptofano--serotonina de fato está implicado na depressão, mas é um pouco simplista dizer que "depressão é pouca serotonina". Se os baixos níveis de serotonina não tivessem nenhum efeito sobre os processos psicológicos, as pessoas não viveriam as consequências como depressão. Da mesma maneira, se outros fatores (como eventos negativos da vida) tivessem efeito igual — alterar a forma como as pessoas veem a si mesmas, seu mundo e seu futuro —, o rebaixamento do humor seria uma consequência natural. Em outras palavras, o que importa é o efeito que todos esses diferentes fatores exercem sobre a psicologia: portanto, os fatores biológicos parecem afetar a saúde mental por meio de processos psicológicos.

Isso também vale para os fatores sociais e ambientais. A vida na pobreza e na carência social de fato pode levar a problemas como a depressão, mas viver em um ambiente tão adverso também pode levar ao desencanto, à desesperança e à aprendizagem da impotência, à constatação de que pouco ou nada pode ser feito para melhorar a situação e de que seus atos não têm nenhum efeito ou finalidade. A depressão é a consequência direta dessa disrupção de processos psicológicos e, por fim, o mesmo se aplica a determinadas experiências ou circunstâncias de vida. Sofrer agressões dos pais sem dúvida levaria a problemas, mas os psicólogos diriam que a associação entre a causa (agressão) e o efeito (transtorno mental) é, mais uma vez, mediada pela disrupção de processos psicológicos. No caso de abuso sexual, emocional ou físico, é provável que a experiência afete o modo como as crianças (e, mais tarde, os adultos) se veem, como veem as pessoas em suas vidas, seus próprios atos e suas consequências e a forma como os relacionamentos e o convívio social devem reger-se.

De todos esses argumentos, resta a conclusão de que o bem-estar e a saúde mental são fenômenos essencialmente psicológicos e os fatores biológicos, sociais e circunstanciais atuam de modo causal para afetar a ambos interrompendo ou perturbando os processos psicológicos. Tanto a natureza quanto a educação são importantes, e nossa psicologia é produto do inato e do adquirido, mas ela é um fenômeno que tem, em si, força explanatória. Em 2005, sugeri que esse papel-chave da psicologia encontra sua melhor expressão em um diagrama como o da Figura 3.3.

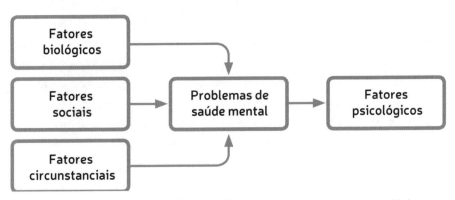

Figura 3.3 Um modelo "psicobiossocial" que apresenta os fatores psicológicos em sua devida relação com os fatores biológicos, sociais e circunstanciais.

Ele é uma reformulação robusta, incisiva e psicológica do modelo biopsicossocial. Iniciei este capítulo com uma discussão de variantes do modelo biopsicossocial geral e expliquei que uma multiplicidade de fatores biológicos, sociais e psicológicos contribui para a saúde mental. Sugeri também que afirmar que esses fatores simplesmente se reúnem, ou são lançados no balde de Brabban, pode ser uma analogia útil, mas não uma explicação científica fiel. Creio que a maneira sensata de explicar essas relações é sugerir que os fatores biológicos, sociais e circunstanciais afetam a saúde mental por meio de sua influência sobre processos psicológicos fundamentais.

Esse modelo é incisivo no sentido de dar prioridade especial aos fatores psicológicos. Ele sugere que saúde mental e bem-estar mental são, antes de qualquer outra coisa, uma questão psicológica. Isso quer dizer que os fatores psicológicos sempre estão implicados nos problemas de saúde mental. Em outras palavras, os fatores psicológicos são o "caminho final comum" para o desenvolvimento dos problemas de saúde mental. Essa é uma afirmação que a alguns pode parecer um pouco arrogante, mas saúde mental, seja qual for o seu significado, envolve o comportamento, os pensamentos e as emoções de seres humanos. A psicologia, por definição, é o estudo dos comportamentos, pensamentos e emoções do ser humano. Os fatores psicológicos que discutimos aqui são os processos que controlam esses comportamentos, pensamentos e emoções.

É importante ressaltar que entre os "fatores psicológicos" a que me refiro nesse modelo inclui-se uma vasta gama de processos bastante básicos, muitos dos quais podem ser relativamente inconscientes. Por conseguinte, o impacto dos fatores sociais ou biológicos sobre esses processos psicológicos muitas vezes ocorre sem nenhuma percepção consciente da pessoa (com efeito, desde os dias de Sigmund Freud, sabemos que muitas influências sobre a psicologia são inconscientes). Isso vale também para os fatores sociais ou biológicos. Assim, alguém em cujo cérebro as áreas da linguagem não sejam tão bem lateralizadas em razão de sua herança genética talvez tenha dificuldade em monitorar a fonte ou origem dos eventos mentais. Essa herança poderia estar relacionada àquele padrão de estabelecimento de conexões criativas e pessoalmente salientes entre eventos que discutimos antes, no contexto da pesquisa de Jim van Os. Exposição a altos níveis de estresse, drogas ilícitas e ingestão excessiva de cafeína também podem ser fatores. Nessas circunstâncias, conforme já vimos, a pessoa pode estar sujeita a alucinações auditivas — ou seja, a confundir processos mentais internos com vozes externas – e dificilmente se disporá a pensar de outro modo em algum sentido consciente. Na verdade, talvez parte do problema seja o fato de esses processos geralmente se furtarem à atenção consciente. Nosso sistema de processamento de informações não foi desenvolvido para ser consciente. No dia a dia, muito pouca gente estará consciente a ponto de pensar ativamente "Isso é um pensamento; Isso é um pensamento; Isso é a voz de alguém, não fui eu que pensei isso; Isso é um pensamento". Tudo isso se processa de modo automático e inconsciente. Porém o processamento – o processo de monitoramento da fonte, a decisão que determina se a experiência é uma voz ou um pensamento – está ocorrendo, e é ele que sofre a influência sutil da má lateralização cerebral, do estresse, das drogas etc.

É muito difícil ver como esses fatores poderiam levar a alucinações sem afetar os processos psicológicos. Em uma alucinação, o "xis" da questão é que a pessoa chega à conclusão (automática, inconsciente) de que a experiência é "parecida com uma voz" quando, na verdade, não há nenhuma voz externa. Caso se sugerisse que os fatores biológicos poderiam levar a alucinações sem afetar alguma forma de processo psicológico, seria essencialmente o mesmo que dizer que não há envolvimento de nenhum processamento mental na chegada a essa conclusão, algo que é difícil imaginar. E o que é ainda mais interessante: afirmar que não há envolvimento de nenhum processo psicológico é análogo a afirmar que não há envolvimento do cérebro (já que é para isso que ele serve). E, então, ficaria bem difícil imaginar como a biologia baseada no cérebro poderia estar envolvida.

A ideia de que os fatores biológicos afetam nossa saúde mental por meio de seu efeito sobre processos psicológicos é inteiramente compatível com o grande avanço da pesquisa neurológica. No Capítulo 1, discuti o trabalho de Jim van Os e seus colegas sobre a interação entre o ambiente e os fatores genéticos. Eles argumentaram que essa interação se associa a problemas psicóticos por meio do efeito sobre a maneira como as crianças desenvolvem "representações do mundo social" ou "representações mentais do mundo social". A formação de representações do mundo social é uma questão psicológica por excelência. A pesquisa de Silbersweig e colegas sugere igualmente que a depressão, os ataques de pânico e as alucinações estão sem dúvida associados a determinados processos cerebrais e até que os problemas neurológicos associados a esses processos podem levar a problemas. Porém esses achados também apontam claramente para o papel dos processos psicológicos: "avaliação de estímulos autorrelatados", "hipervigilância contra ameaças" ou "geração de uma representação interna da realidade". Para esses neurocientistas, é importante identificar como as anormalidades neurológicas que têm associações com problemas de saúde mental podem exercer seus efeitos. Eles fazem isso por meio de referência aos processos psicológicos que, por sua vez, foram associados a problemas de saúde mental. Assim, no caso da ansiedade, os pesquisadores discutem coisas como o modo como a amígdala se associa à hipersensibilidade a estímulos viscerais e sensoriais sutis ou inconscientes, ou seja, responde com mais intensidade a sinais sutis de ameaça. Todos os processos psicológicos – ou, pelo menos, todos os processos psicológicos do mundo material que se prestam ao escrutínio científico – devem envolver algum embasamento na neurologia, mas o processamento psicológico das informações continua sendo a parte-chave do quebra-cabeças.

Do mesmo modo, poderíamos pensar em uma pessoa que cresce em um ambiente de carência social, exposta a eventos traumáticos ou estressantes, cuja herança genética pode envolver sutis anomalias no metabolismo da serotonina. Em tais circunstâncias, é possível que as pessoas também tendam a achar que seus atos terão pouco efeito, a imaginar-se incompetentes e a considerar as experiências cotidianas muito pouco gratificantes e, assim, a natureza "psicológica" dos processos talvez fique mais óbvia. É mais comum pensarmos em otimismo e expectativas, não importa se nos culpamos pelas coisas ruins que acontecem ou se afirmamos que nossa autoestima é "psicológica", embora parte do papel de um psicólogo clínico seja ajudar as pessoas a conscientizar-se mais desses vínculos. Isso nos ajuda a entender como a depressão pode ter em processos psicológicos um "caminho final comum". Na verdade, é muito difícil imaginar como os fatores biológicos ou sociais poderiam levar a problemas de saúde mental sem deflagrar processos psicológicos.

Por certo é verdade que as pessoas muitas vezes têm problemas como letargia ou agitação – esses são problemas físicos conhecidos que podem afetar nosso humor. Um exemplo é a anemia, comum nas mulheres após o parto. Embora possa provocar uma considerável letargia, ela pode ser tratada de maneira relativamente fácil com suplemento de ferro em comprimidos. Porém o interessante nesse fenômeno é a existência de uma diferença qualitativa entre os efeitos físicos de problemas físicos (como letargia) e as consequências psicológicas (como depressão) desses processos biológicos quando começam a afetar o modo como a pessoa está entendendo seu mundo, o que pensa de sua capacidade de lidar com a vida familiar ou como se preocupa com a saúde, por exemplo. Quando fatores biológicos o deprimem, é porque os processos psicológicos que você usa para fazer juízos foram afetados e o que pensa sobre si mesmo, o mundo e o futuro se alterou.

SOMOS MODELADOS POR NOSSOS PENSAMENTOS

Nossos pensamentos, emoções, comportamentos e, portanto, nossa saúde mental são em grande parte determinados pela forma como interpretamos e compreendemos o mundo, algo que não se limita a processos cognitivos conscientes. Ao longo dos anos, psicólogos e psiquiatras têm discutido o que, nesse contexto, chamaríamos de disrupções ou perturbações de outros tipos de processos psicológicos. O fenômeno da "aprendizagem da impotência" foi mencionado antes, quando discuti o impacto da carência social e dos eventos negativos da vida sobre nosso otimismo e nossa motivação, e está estreitamente associado a explicações psicológicas da depressão. Recentemente, aspectos cognitivos, como as explicações das possíveis razões da ocorrência de eventos negativos e as crenças otimistas em relação ao futuro de uma pessoa, foram acrescentados ao modelo da aprendizagem da impotência. Originalmente, esse modelo era um fenômeno puramente comportamental, baseado no comportamento de ratos e cães colocados diante de uma punição inescapável, e nada tinha que ver com crenças ou pensamentos. Isso não o impede de ser uma explicação psicológica, já que há muitas áreas extremamente respeitáveis da psicologia que não se baseiam em pensamentos, atitudes, crenças nem no restante da panóplia da psicologia cognitiva (embora, por motivos óbvios, não seja muito provável que essas discussões cheguem às páginas dos livros de autoajuda, ou psicologia popular, voltados para as massas). Os modelos puramente comportamentais da depressão têm uma longa e distinta história, sendo até hoje muito respeitados.

As intervenções comportamentais são muito utilizadas na assistência à saúde mental. Às pessoas que têm depressão ou rebaixamento do humor, costuma-se recomendar a programação de atividades. O conceito é muito simples: um terapeuta ou enfermeiro trabalha com o cliente para ter uma ideia mais precisa do que ele faz todos os dias. Muitas vezes, descobrimos que os deprimidos estão fazendo muito pouco com seu tempo. Talvez pareça um pouco simplista, mas quando está vivendo muitos eventos negativos, você precisa de alguns eventos positivos para gerar emoções saudáveis. Trata-se de um círculo vicioso, pois quem está deprimido em geral não tem vontade de fazer exercícios, sair, procurar os amigos, nada disso. Por isso, o terapeuta ou enfermeiro sugere uma "programação de atividades", que consiste em trabalhar ao lado do cliente para planejar o que ele poderia fazer durante a semana, no intuito de aumentar seu número de atividades positivas. Em geral, os modelos comportamentais da depressão que se baseiam na frequência de eventos negativos e positivos agora estão mais desenvolvidos devido à incorporação de elementos cognitivos (as crenças e os pensamentos da pessoa), mas ainda são totalmente psicológicos.

As abordagens comportamentais oferecem boas explicações para muitas formas de ansiedade, e muitas vezes é possível mitigar de forma efetiva os problemas de ansiedade por meio da intervenção comportamental. Apesar de hoje em dia os modelos cognitivos serem mais comuns que os puramente comportamentais, as intervenções comportamentais continuam sendo muito cotadas. Muitas vezes, é possível ajudar pessoas com fobias diversas por meio da exposição gradativa: elas são estimuladas (ou ensinadas) a usar técnicas de relaxamento e, depois, auxiliadas no enfrentamento de uma hierarquia gradualmente ascendente de situações temidas. Um exemplo desse tipo de progressão poderia começar com a foto de uma aranha em um livro e passar para uma aranha de plástico, uma aranha real morta, uma aranha viva presa em um frasco, uma aranha pequena na mão do terapeuta, uma aranha grande presa em um frasco, uma aranha pequena na mão do cliente, uma aranha grande na mão do terapeuta e, por fim, uma aranha grande na mão do cliente. Em geral, os terapeutas empregam um misto de abordagens comportamentais às quais vão incorporando elementos cognitivos, como a discussão dos pensamentos e medos conscientes do cliente, mas a questão é que os processos psicológicos não precisam ser conscientes.

As abordagens psicodinâmicas e psicanalíticas também têm uma distinta história, tendo influído bastante na psiquiatria e na psicologia modernas. Elas têm sua própria linguagem, que não trata de pensamentos, desejos nem crenças, mas sim de "relações objetais", "pulsões" etc. Porém esses ainda são processos psicológicos que podem ser perturbados ou interrompidos como quaisquer outros. Os psicoterapeutas em geral descrevem a depressão, por exemplo, como a raiva voltada para dentro. É difícil imaginar como explicar um suposto "transtorno de personalidade" sem invocar a psicologia. Mas, embora muitas explicações psicodinâmicas simplesmente não usem a terminologia da psicologia cognitiva, continuamos falando da disrupção de processos psicológicos.

A ideia de "interpretar e compreender o mundo" é um conceito amplo, mas parece claro que a questão mais importante na saúde mental é – nas palavras de Aaron Beck – nossa tríade cognitiva negativa de pensamentos sobre nós mesmos, o mundo e o futuro. Embora todos os animais tenham alguma espécie de compreensão de seu mundo, os seres humanos parecem ser os únicos tanto na manipulação de representações abstratas do mundo quanto na capacidade de autopercepção. Por isso, as mais importantes – e com certeza as mais interessantes – questões psicológicas são as crenças e os pensamentos que são ao menos parcialmente acessíveis à consciência. O que achamos de nós mesmos, de nossas capacidades e de nossos pontos fortes e fracos, o que esperamos – ou receamos – do futuro e nossas crenças sobre a natureza do mundo, principalmente do mundo social, são cruciais para nossa saúde mental.

TESTANDO A IDEIA

No fim, as ideias científicas só são úteis quando podem ser testadas – e quando passam no teste. Deveria haver um conjunto relativamente direto de relações entre os fatores biológicos, os fatores sociais e circunstanciais, os fatores psicológicos, de um lado, e a saúde mental e o bem-estar, do outro. Com a ajuda da BBC e juntamente com meus colegas Sara Tai, Matthias

Schwanneaur e Eleanor Pontin, tive a oportunidade de testar essas ideias fazendo um experimento *on-line* de saúde mental no site LabUK da BBC.

Mais de 40 mil pessoas participaram desse experimento, que investigava como os principais fatores do modelo (fatores biológicos, sociais e circunstanciais, processos psicológicos e tanto os problemas de saúde mental quanto o bem-estar) se relacionam entre si. Tenho a firme convicção de que as publicações científicas que adotam o sistema de análise interpares são o lugar certo para dissecar e investigar experimentos científicos; portanto, não entrarei nos detalhes desse experimento aqui. Claro, reconfortou-me muito o fato de a análise estatística (extraordinariamente complexa) ter respaldado de modo substancial a minha teoria. Todos os fatores-chave que julgávamos importantes para nossa saúde mental e nosso bem-estar de fato eram significativos.[11] Porém o mais importante é que a melhor maneira de explicar a interrelação desses fatores colocava fatores psicológicos (como reagimos a desafios e como explicamos eventos negativos da vida) na mediação do processo (veja a Figura 3.3).

A APRENDIZAGEM ENVOLVE MECANISMOS PSICOLÓGICOS

Somos modelados pelo pensamento, e nossos pensamentos são modelados pelos fatos. Os avanços da psicologia – em especial da psicologia cognitiva – nos últimos vinte anos demonstram com mais clareza que nossos pensamentos, emoções e comportamentos (e, portanto, nossa saúde mental) são, em boa medida, determinados pela forma como interpretamos e compreendemos o mundo, algo que, por sua vez, é em grande parte determinado por nossas experiências e pela forma como fomos criados. Esses fatores biológicos, sociais e circunstanciais afetam nossa saúde mental por meio do efeito que exercem sobre os processos psicológicos.

Essa ideia relativamente simples é a essência da psicologia clínica enquanto profissão e é – ou talvez deveria ser – a base da psicoterapia. Como profissão, a psicologia clínica cresceu rápido. Ela não existia antes do século XX e ainda era uma profissão restrita em 1989, quando um relatório recomendou que, até o ano 2000, houvesse pelo menos 4 mil "psicólogos da área de assistência médica" empregados no NHS. Em 2011, existiam no Reino Unido quase 10 mil psicólogos clínicos e por volta de 6 mil psicólogos em outras especialidades da profissão (como psicologia forense, psicologia da orientação e psicologia da saúde). Acho que não é por acaso que esse crescimento da profissão tenha ocorrido em paralelo aos avanços da ciência cognitiva descritos neste livro. Os psicólogos clínicos orgulham-se de aplicar a teoria psicológica que estudaram na graduação ao trabalho na clínica. Talvez o fato de essa aplicação ter sido tão bem-sucedida seja um sinal do sucesso dos avanços científicos e da melhor compreensão tanto das formas como as pessoas entendem o mundo quanto de como, às vezes, essas formas podem levar a dificuldades de saúde mental.

As abordagens tradicionais da terapia psicológica podem vez ou outra ressentir-se de adotar o pressuposto de que a terapia é (ou deveria ser) o mesmo que medicação. Nós em geral falamos como se discutir "terapia para depressão" fosse conceitualmente a mesma coisa que "antidepressivos para depressão", mas as ideias apresentadas aqui sugerem uma abordagem bem diferente. Já que o bem-estar mental das pessoas depende (ao menos em grande parte) de sua estrutura de compreensão e do que pensam sobre si mesmas, os outros, o mundo e o futuro, ajudá-las a pensar de maneira diferente sobre essas coisas pode ser útil e deve constituir a base da terapia. Não devemos tratar enfermidades, mas sim ajudar as pessoas a pensar efetiva e apropriadamente sobre as coisas importantes da vida. Como discutirei adiante, essas ideias não dependem de distinções diagnósticas (que mencionarei em outro capítulo) e não se aplicam apenas a determinadas pessoas. Não há uma "psicologia anormal", assim como não há uma "física anormal". As leis da física têm aplicação universal, mas ocasionalmente podem explicar tragédias. As leis da psicologia são de igual modo universais e podem explicar tanto o bem-estar quanto o sofrimento.

AS NOVAS LEIS DA PSICOLOGIA

A psicologia é uma disciplina científica. Isso significa (pelo menos para mim) que os psicólogos devem criar hipóteses sobre o funcionamento da nossa mente e, depois, partir para testá-las. A maioria das disciplinas científicas tem "leis": por exemplo, existem as Leis da Termodinâmica (que muitos criacionistas parecem interpretar mal), as Leis de Newton, como "A toda ação corresponde uma reação igual e oposta" (fenômeno que enseja vários vídeos de gente dando tiros de espingarda sem pensar no coice, como se vê no YouTube), e as leis da atração gravitacional. A psicologia tem muito poucas "leis": provavelmente a única "lei" da qual a maioria dos psicólogos se lembra é a Lei do Efeito. Como já mencionei, ela é muito importante e reza que, se a uma ação seguir-se uma consequência positiva reforçadora, é *mais* provável que ela se repita, ao passo que, se a uma ação seguir-se uma consequência negativa punitiva, é *menos* provável que ela se repita. Essa lei contribuiu para determinar uma vasta gama de políticas e práticas, desde as de educação infantil e educação em geral até as da justiça criminal. Mas acredito que agora podemos resumir todas essas ideias em duas novas leis da psicologia:

Lei 1. Nossos pensamentos, emoções e comportamentos (e, portanto, nosso bem-estar e nossa saúde mental) são, em grande parte, determinados pela forma como compreendemos o mundo.

Lei 2. Nossa forma de compreender o mundo é, em grande parte, determinada por nossas experiências e nossa criação.

Capítulo 4

Pensando diferente:
o diagnóstico

HÁ ALGUNS ANOS, ERIKA SETZU, eu e alguns colegas da Universidade de Liverpool conduzimos uma pesquisa simples sobre problemas graves de saúde mental. Pedimos a pessoas que já haviam vivido, ou estavam vivendo naquele momento, grande sofrimento e aflição e tinham sido internadas em unidades de atendimento psiquiátrico emergencial que nos contassem o que entendiam das circunstâncias de sua internação. Uma das entrevistas transcorreu da seguinte maneira:

ERIKA: "Você sabe por que os problemas começaram?"

ENTREVISTADO: "Não, não sei ao certo. Eu tinha fumado maconha antes de minha primeira internação e achei que alguém poderia ter posto algum ácido nela. E também tive uma infância difícil. Sofri abuso físico e emocional, e violência sexual também. Para mim, isso é algo muito difícil de entender."

Pouco tempo depois, a entrevista continuou:

ENTREVISTADO: "Comecei a ouvir vozes, mas não eram vozes legais, eram horríveis."

ERIKA: "Você reconheceu essas vozes?"

ENTREVISTADO: Era o homem que abusou de mim... Eu conheci esse cara que era operário, operário da construção, sabe? E ele disse que ia me dar um emprego, mas era tudo mentira, ele queria me enganar. Ele me levou para a casa dele, trancou a porta e fez sexo comigo... E, depois, outras vozes também. Eu fui para o... hospital, e os enfermeiros foram todos muito bons comigo."

ERIKA: "Quando foi para o hospital, o que eles disseram que estava errado com você?"

ENTREVISTADO: "Esquizofrenia, esquizofrenia paranoide."

ERIKA: "Qual a sua opinião sobre isso?"

ENTREVISTADO: "Como assim?"

ERIKA: "Você acha que é isso que você tem?"

ENTREVISTADO: "Sim, é o que eu tenho."[1]

Não acho que alguém tenha feito nada errado aqui (excetuando aqueles que o agrediram física, emocional e sexualmente). Acho que o entrevistado agiu de forma correta e apropriada ao procurar ajuda médica e não tenho a menor dúvida de que ele foi bem tratado. Na verdade, acho mesmo que a internação hospitalar e até a medicação podem ter sido bem úteis. Sabemos, e seria tolice negar, que as pessoas às vezes estão tão atormentadas pelas consequências do abuso – como recordações pós-traumáticas em forma de *flashbacks* – e por alucinações auditivas que não é justo apenas deixá-las entregues a seus próprios recursos. Embora possa provocar estresse e sofrimento, a internação em hospitais psiquiátricos às vezes é necessária, e não sou contra a medicação psiquiátrica, desde que usada com propriedade. Quando as pessoas estão sofrendo muito, a medicação pode ser um alívio, sobretudo se voltada para os mecanismos neurológicos que subjazem aos problemas de monitoramento da fonte que contribuem para a experiência de alucinações. Porém descrever as experiências desse homem como "esquizofrenia paranoide" é perder de vista o que realmente importa. A precisão técnica do diagnóstico de "esquizofrenia paranoide", no âmbito dos sistemas diagnósticos padrão, é provavelmente a mais apropriada. Mas o que ele descreve é humanamente compreensível e, por isso, não precisa ser rotulado dessa forma. Sua história é de abuso físico, emocional e sexual na infância, uso eventual de drogas e de agressões traumáticas, sexuais, na idade adulta. Ele descreve como a voz do último estuprador reapareceu como alucinações acompanhadas de outras vozes que ele, nesse contexto, aparentemente vincula à infância traumatizada que teve. Além disso, esse relato parece ter muita força explanatória e, por isso, é estranho que se insinue que, de algum modo, a "doença" da "esquizofrenia paranoide" provocou essas vozes (ainda mais porque ninguém sabe o que provoca esquizofrenia paranoide).

O filósofo grego Platão certa vez sugeriu que a ciência natural era a arte de "destrinchar a natureza em suas articulações". Com isso, queria dizer que, para identificar e classificar os fenômenos – aves, animais, plantas e insetos, minerais, elementos e forças – do mundo natural, precisamos efetuar os "cortes" (as divisões que separam distintas categorias) nos "melhores" lugares (os naturais), onde eles implicam distinções reais.

Em muitos campos da ciência, como geologia, botânica e biologia, em particular, isso significa uma ênfase na classificação. No caso da psiquiatria, em sua tenra infância no século XIX, a classificação médica baseada em princípios científicos acenava com benefícios potenciais reais. Os primeiros psiquiatras viam-se diante dos mesmos desafios que os atuais: grandes números de pacientes muito sofridos, cheios de problemas complexos, de difícil demarcação, em um padrão de grande carência social. Um dos primeiros e mais influentes psiquiatras foi Emil Kraepelin, que em 1919 tentou reclassificar o confuso leque de problemas mentais em dois males mais amplos: "*dementia praecox*" (termo latino para perda da inteligência antes do início da velhice, posteriormente substituído por "esquizofrenia") e "psicose maníaco-depressiva".[2]

Hoje, sem dúvida, temos um legado significativo de diagnósticos psiquiátricos, mas ainda precisamos enfrentar um desafio básico. Esse desafio provém diretamente de Platão: se a ciência natural depende de "destrinchar a natureza em suas articulações", onde se situam essas "articulações?" Na verdade, existe alguma "articulação?" Será que é possível tomar esse tipo de decisão categórica no campo da saúde mental?

Creio que esses debates tenham sido resumidos de um modo bastante elegante em um memorável editorial do *The Times* de 22 de julho de 1854:

Nada pode ser definido de forma mais tênue que a linha que separa a sanidade da insanidade. Médicos e advogados têm-se exasperado na busca de definições em um caso no qual elas são impossíveis. Nesse terreno, até o momento ainda não se deu ao mundo alguma fórmula que não possa ser reduzida a pó em cinco minutos por qualquer lógico. Se demasiado estreita, a definição torna-se inútil; se demasiado ampla, toda a raça humana ficará presa na rede. Rigorosamente falando, somos todos loucos quando damos lugar à paixão, ao preconceito, à crueldade, à vaidade; mas se todos os passionais, preconceituosos, cruéis e vaidosos deste mundo tiverem que ser trancafiados como lunáticos, quem vai guardar as chaves do manicômio?[5]

Acho que aqui há três pontos-chave. Primeiro, que o diagnóstico categórico no campo da saúde mental é pouco confiável e inválido (algo a que retornarei neste capítulo). Como sugere esse editorial, não temos condições de concordar, de modo confiável e válido, quanto à presença ou ausência da loucura, da "linha que separa a sanidade da insanidade". Isso nos leva direto ao segundo ponto: parece haver um *continuum* nessas questões. Sem dúvida, algumas pessoas têm enormes problemas, mas estamos discutindo a vasta gama de sofrimentos humanos abarcados pela depressão, pela ansiedade e pela psicose, entre outros. Em todas essas experiências, existe nitidamente um *continuum*: algumas pessoas são um pouco ansiosas, ao passo que outras são tão fragilizadas por obsessões e rituais compulsivos que dificultam em muito a própria vida. Todos nós podemos ter experiências perceptuais inusitadas de vez em quando, mas algumas pessoas são atormentadas por uma psicose contínua. Todos nós podemos "entrar na fossa" de vez em quando. Só que, em algumas pessoas, o rebaixamento do humor é tamanho que elas chegam a pensar em suicídio. Loucura e sanidade são mais extremos diferentes de espectros comuns que estados diferentes. A loucura fica no extremo de um *continuum* – aquele estado delicioso e utópico no qual somos inteiramente livres da paixão, do preconceito, da crueldade e da vaidade que estão no outro. No entanto, o autor desse editorial expressou também outro ponto fascinante e fundamental, a saber: os problemas que levam à loucura são aspectos da psicologia normal. Assim, ele sugere – a meu ver, com razão – que loucura ou insanidade emanam da paixão, do preconceito, da crueldade e da vaidade. Ou seja, fenômenos psicológicos normais podem afetar nosso raciocínio a ponto de fazer-nos confundir a linha que separa a sanidade da insanidade. Após mais de vinte anos de experiência no estudo e na pesquisa da saúde mental, ajudando clientes com problemas os mais variados e trabalhando na vanguarda da saúde mental no século XXI, acho que isso está certo. Por mais que possa ser um tanto alarmante pensar que aquilo que às vezes chamamos de loucura seja apenas um aspecto da psicologia normal.

À primeira vista, há boas razões para tentarmos classificar e descrever os problemas psicológicos. Se fosse válida e confiável, a classificação dos transtornos mentais nos permitiria a compreensão das causas e das origens, assim como da natureza, desses transtornos. Se pudéssemos identificar de modo válido e confiável um grupo de pessoas que tivesse um determinado transtorno, a investigação de seu *status* médico ou sua história de vida poderia revelar uma determinada anormalidade cerebral, um determinado desequilíbrio bioquímico, um determinado conjunto de experiências de vida ou um determinado padrão de raciocínio que explicasse as origens do transtorno em questão. Já que essa abordagem geral deu certo em outras especialidades da medicina, faz sentido presumir que poderia aplicar-se à psiquiatria.

A classificação válida e confiável seria útil também para os pesquisadores, pois lhes permitiria descrever com precisão o seu objeto de estudo. A replicabilidade é essencial na ciência: é necessário que qualquer um que leia os relatos que os cientistas fazem de seu trabalho possa entender o que eles fizeram e reproduzir seu experimento. Os sistemas de classificação diagnóstica precisos permitiriam que os pesquisadores de saúde mental definissem seu objeto de modo apropriado e sugerissem uma terminologia comum: com essa linguagem compartilhada, os pesquisadores poderiam comunicar de modo significativo seus achados.

É importante que os médicos psiquiatras, em especial, definam de modo claro os males e doenças que vão tratar. Caso seja possível fazer um diagnóstico válido e confiável, deve-se em seguida aplicar o tratamento apropriado. Se partirmos do princípio de que os diagnósticos são válidos, os tratamentos devem ser eficazes. Além disso, está claro que muita gente quer mesmo que o médico lhe apresente um diagnóstico. O fato de as pessoas aparentemente se reconfortarem com diagnósticos que em geral não passam de uma repetição muito breve – em latim – do problema que elas levaram ao médico constitui um fenômeno meio estranho. Assim, alguém pode procurar o médico queixando-se de queda acentuada do cabelo e ouvir que tem "alopecia inespecífica". Pode, inclusive, ouvir que essa alopecia tem "relação com o estresse", sem que se discuta o que "estresse" pode significar nesse contexto. O paciente vai ao médico e lhe diz que seu cabelo está caindo muito, o médico traduz isso em "alopecia" e o paciente, de algum modo, se sente tranquilizado com o diagnóstico. Parece sintomático que os diagnósticos geralmente sejam em grego ou latim, que são as línguas da tradição, da autoridade sapiente, da antiguidade e do clero, e têm muito peso simbólico.

Sem dúvida, isso é mais que apenas um diagnóstico para o indivíduo em questão. O tom de voz e os comportamentos não verbais sinalizam que o médico escutou e, até certo ponto, entendeu os problemas. A linguagem técnica, ligeiramente obscura, indica que o médico é um especialista na área e transmite segurança. Tudo isso pode estar mal colocado, claro, mas devemos lembrar que a nomeação de alguma coisa é um importante evento psicológico. Dar um nome ao seu sofrimento atende a uma função. Porém, a despeito desses potenciais benefícios, o exame frio e desapaixonado dos dados sugere que talvez seja difícil fazer diagnósticos válidos e confiáveis de problemas psicológicos.

COMO SÃO CLASSIFICADOS OS TRANSTORNOS PSICOLÓGICOS?

Classificação diagnóstica: o modelo da doença

A classificação dos problemas de saúde mental e dos problemas psicológicos está tão fortemente vinculada ao diagnóstico médico da doença física, e a subespecialidade médica da psiquiatria é tão prevalente, que o diagnóstico e a classificação das doenças mentais tradicionalmente transcorre de modo semelhante ao diagnóstico das doenças físicas. Os problemas são vistos como sintomas de uma doença, e uma determinada combinação de "sintomas" é vista como indício de uma determinada doença mental subjacente, a qual se presume ser a causa dos sintomas identificados. Existem dois sistemas internacionais de classificação e diagnóstico de problemas de saúde mental.

A CLASSIFICAÇÃO-PADRÃO INTERNACIONAL DE DOENÇAS, LESÕES E CAUSAS DE ÓBITO DA ORGANIZAÇÃO MUNDIAL DA SAÚDE E O MANUAL DIAGNÓSTICO E ESTATÍSTICO DE TRANSTORNOS MENTAIS DA AMERICAN PSYCHIATRIC ASSOCIATION

Em 1948, uma das primeiras medidas da então recém-criada Organização Mundial da Saúde foi publicar uma lista abrangente das doenças e enfermidades do mundo. Naturalmente, a Classificação-Padrão Internacional de Doenças, Lesões e Causas de Óbito (CID) incluiu condições psicológicas e psiquiátricas (garantindo de modo efetivo que esse tipo de quadro fosse considerado responsabilidade da medicina) e, mais uma vez naturalmente, as classificou e categorizou. Pelos motivos que explicarei a seguir, esse documento foi amplamente revisto ao longo dos anos, e hoje estamos usando a CID-10, sua décima e mais recente revisão.[4] Ela é, pelo menos tecnicamente, o sistema de classificação padrão internacional, recomendado para fins administrativos e epidemiológicos, e constitui a base dos procedimentos estatísticos do National Health Service do Reino Unido.

No período pós-guerra houve a publicação do *Diagnostic and Statistical Manual* (DSM)[5] da American Psychiatric Association, que descrevia o sistema de classificação baseado no esquema administrativo usado pelo exército dos Estados Unidos na Segunda Guerra Mundial. Desde então, a CID e o DSM têm sido usados paralelamente, e ainda resta uma considerável superposição entre os dois sistemas. Com o tempo, assim como ocorreu com a CID, o DSM foi revisado e reeditado, sendo a atual edição a quinta, DSM-5. Naturalmente, a franquia DSM é muito usada nos Estados Unidos, já que é recomendada para fins epidemiológicos e estatísticos, bem como de classificação de pesquisas, e porque a maioria dos pesquisadores quer publicar seus resultados em revistas de língua inglesa, de preferência nos Estados Unidos. Além disso, mesmo na Europa, tornou-se praxe entre os pesquisadores usar os critérios do DSM-IV. Com a enorme controvérsia suscitada por essas abordagens diagnósticas,[6] resta saber se o DSM-5 terá igual prevalência.

Duas definições da depressão

Um bom exemplo tanto da superposição quanto das diferenças entre a CID-10 e o DSM-5 está em seus critérios para o diagnóstico da depressão. As diretrizes da CID-10 apresentam primeiro uma lista de "sintomas típicos", como rebaixamento do humor, perda de interesse e de prazer, redução da energia, e uma lista de "outros sintomas comuns", entre eles redução da concentração e da atenção, rebaixamento da autoestima e da autoconfiança, ideias de culpa e demérito, visões tristes e pessimistas do futuro, ideias e atos autolesivos ou suicidas, problemas do sono e diminuição do apetite. A CID-10 fornece critérios adicionais para o diagnóstico de episódios depressivos "leves", "moderados" e "graves". No caso de um "episódio depressivo grave", todos os três "sintomas típicos" devem estar presentes, além de pelo menos quatro "outros sintomas", alguns dos quais devem ser de forte intensidade. O episódio depressivo deve em geral durar pelo menos duas semanas, mas se os sintomas forem particularmente graves e sua eclosão, muito rápida, justifica-se o diagnóstico mesmo antes de duas semanas. Se a pessoa se apresentar a um profissional competente da área de assistência médica (não é preciso ser médico para fazer um diagnóstico) e relatar esses problemas, se consideraria apropriado o diagnóstico de "episódio depressivo grave". Abaixo, relacionamos os critérios da CID-10 que configuram um "episódio depressivo".

EPISÓDIO DEPRESSIVO – CID-10

O número e a gravidade dos sintomas permitem determinar três graus de um episódio depressivo: leve, moderado e grave.

No episódio depressivo grave, todos os três sintomas "típicos" (veja abaixo) devem estar presentes, além de pelo menos quatro outros sintomas, alguns dos quais devem ser de forte intensidade. No episódio depressivo leve, pelo menos dois dos sintomas "típicos" devem estar presentes, embora nenhum deles em "grau acentuado". No episódio depressivo moderado, deve haver a presença de dois desses sintomas-chave em "grau marcante". O episódio depressivo em geral deve durar pelo menos duas semanas, mas se os sintomas forem particularmente graves e sua eclosão, muito rápida, justifica-se o diagnóstico após menos de duas semanas.

SINTOMAS TÍPICOS
Nos episódios depressivos típicos, o paciente em geral sofre com
1   humor deprimido,
2   perda de interesse e de prazer,
3   redução da energia.

OUTROS SINTOMAS COMUNS SÃO:
(a) diminuição da capacidade de concentração;
(b) diminuição da autoestima e da autoconfiança;
(c) ideias de culpabilidade e de indignidade, mesmo nas formas leves;
(d) visões tristes e pessimistas do futuro;
(e) ideias e atos autolesivos ou suicidas;
(f) problemas do sono;
(g) diminuição do apetite.

As diretrizes diagnósticas do DSM-5 são mais complexas, mais detalhadas e mais prescritivas. Para um diagnóstico de "episódio depressivo maior", o DSM-5 relaciona nove sintomas-chave: (i) humor deprimido na maior parte do dia, quase todos os dias; (ii) acentuada diminuição do interesse ou prazer em todas, ou quase todas, as atividades na maior parte do dia, quase todos os dias; (iii) perda ou ganho significativo de peso sem estar fazendo dieta (p. ex., mudança de mais de 5% do peso corporal em um mês), ou redução ou aumento do apetite quase todos os dias; (iv) insônia ou hipersonia quase diária; (v) agitação ou retardo psicomotor quase todos os dias; (vi) fadiga ou perda de energia quase todos os dias; (vii) sentimentos de inutilidade ou culpa excessiva ou inapropriada quase todos os dias; (viii) capacidade diminuída para pensar ou se concentrar, ou indecisão quase todos os dias e (ix) pensamentos recorrentes de morte (não somente medo de morrer), ideação suicida recorrente sem um plano específico, tentativa de suicídio ou plano específico para cometer suicídio. Para receber um diagnóstico de "episódio depressivo maior", é necessária a presença de cinco (ou mais) desses sintomas durante o mesmo período de duas semanas e também que isso represente uma mudança em relação ao funcionamento anterior. Pelo menos um dos sintomas presentes deve ser humor deprimido ou perda de interesse ou prazer. Além disso, o DSM-5 tem vários critérios adicionais: os sintomas não devem atender aos critérios de outros transtornos cujo diagnóstico seja mais apropriado, não devem ser atribuíveis aos efeitos de uma substância (drogas ou medicamentos) nem devem constituir os efeitos físicos de uma condição médica. Um fator muito importante é que os problemas identificados devem causar sofrimento clinicamente significativo ou prejuízo no funcionamento social, profissional ou em outras áreas importantes da vida do indivíduo.

O exame mais detido das duas definições é revelador. Embora ambas apontem mais ou menos para a mesma direção, sem dúvida seria possível que uma pessoa atendesse aos critérios da CID-10 para receber um diagnóstico de depressão, mas não aos critérios do DSM-5, pois estes são um pouco mais restritivos. Por exemplo, um homem que visitasse seu médico de família e lhe dissesse, com toda a honestidade, que se sentia desanimado, sem muita energia e sem interesse nem prazer nas coisas havia três semanas, se qualificaria, conforme a CID-10, para o diagnóstico de "episódio depressivo". Porém, se ele dissesse ao médico que não havia perdido peso, estava dormindo bem, não ficara agitado, não havia se sentido particularmente inútil nem culpado, que sua capacidade de concentração estava mais ou menos normal e que não tinha pensado em suicídio, não se qualificaria para o diagnóstico de "episódio depressivo maior" do DSM-5.

O fato de os diagnósticos da CID e do DSM diferirem constitui uma fonte de constrangimento para as autoridades psiquiátricas. Na verdade, uma das principais razões da revisão do DSM-IV era facilitar a "correlação" entre os dois sistemas. Isso é constrangedor porque, se há uma doença objetiva que se possa chamar de "depressão", seria estranho que sua existência fosse determinada por fatores sociais, pouco importa se você segue a tradição norte-americana ou a europeia. Eu continuo confuso pelo fato de existirem dois diferentes sistemas diagnósticos e um mecanismo para tradução de códigos do DSM em códigos da CID. Parece-me desnecessário ter dois sistemas, já que é possível "traduzi-los" desse modo. Será que pressões comerciais e profissionais levam os profissionais da área de saúde mental a criar e atualizar sistemas diagnósticos?

Foram feitas muitas mudanças específicas quando houve a atualização da franquia do DSM-IV para o DSM-5. Uma mudança particularmente polêmica – que foi tema de um editorial crítico da *The Lancet* – foi a decisão de abandonar um determinado critério de exclusão. Na quarta edição, era impossível diagnosticar, em termos técnicos, um "episódio depressivo maior" se "os sintomas [encontrassem] melhor explicação no luto" – esse requisito foi abandonado no DSM-5.

Muitos comentaristas consideraram o fato preocupante porque manuais como o DSM-5 são destinados ao diagnóstico de doenças mentais. Constitui motivo de preocupação a possibilidade de uma pessoa que sofre a perda de um ente querido ser diagnosticada com um episódio depressivo maior. A questão é complexa porque, primeiro, a CID-10 não tem essa exclusão e isso de certa forma aproxima os dois manuais. Porém, como o diagnóstico do DSM-IV incluía o luto como critério de exclusão, se alguém que apresentasse rebaixamento do humor e dificuldade para dormir, mas tivesse sofrido a perda recente de um ente querido, o diagnóstico de "episódio depressivo maior" seria oficialmente impróprio. Isso é importante porque as empresas farmacêuticas estão demonstrando interesse em "tratar" o luto. Uma nova droga chamada Wellbutrin, que tem sido receitada sem muito sucesso para uma série de problemas (desde auxiliar no abandono do tabagismo ao tratamento da síndrome pré-menstrual), foi recentemente testada como tratamento específico para o rebaixamento do humor em casos de luto. A facilidade da transição do diagnóstico ao tratamento médico é perturbadora.[7]

Esse padrão geral se repete em muitos diferentes diagnósticos nos dois sistemas classificatórios. Os critérios para o diagnóstico da esquizofrenia, por exemplo, também são diferentes no DSM-5 e na CID-10. Essas diferenças poderiam ser relativamente pequenas, como a menção de "eco de pensamento, inserção ou bloqueio de pensamento e irradiação de pensamento" na CID-10 sem paralelo no DSM-5 e uma diferença no uso de frases como "alucinações persistentes" e "alucinações". No entanto, essas diferenças importam porque determinam se deve ou não ser oferecido um tratamento e se o paciente deve ou não ser rotulado como "doente mental" ou como aparentemente "são". Abaixo, relacionamos os critérios da CID-10 para o diagnóstico da "esquizofrenia".

ESQUIZOFRENIA – CID-10

Chega-se a um diagnóstico de esquizofrenia se o paciente apresentar claramente pelo menos um dos sintomas listados nos itens de (a) a (d) abaixo (e, em geral, dois ou mais se menos nitidamente), ou sintomas de pelo menos dois dos grupos de (e) a (h). Eles devem estar presentes de modo claro durante a maior parte do tempo em um período de um mês ou mais.

(a) eco de pensamento, inserção ou bloqueio de pensamento e irradiação de pensamento;

(b) delírios de controle, influência ou passividade, relacionados sem dúvida a movimentos do corpo ou membros ou pensamentos, ações ou sensações específicos; percepção delirante;

(c) vozes alucinatórias em comentário contínuo sobre o comportamento do paciente ou discutindo-o entre si, ou outros tipos de vozes alucinatórias vindas de alguma parte do corpo;

(d) delírios persistentes de outros tipos, culturalmente inapropriados e completamente impossíveis, tais como identidade religiosa ou política, poderes e habilidades sobre-humanos (p. ex., capacidade de controlar o tempo ou de entrar em comunicação com seres alienígenas);

(e) alucinações persistentes de qualquer modalidade, quando acompanhadas de delírios (que podem ser fugazes ou meio formados) sem conteúdo afetivo claro ou de ideias supervalorizadas persistentes, ou que ocorram todos os dias durante semanas ou meses a fio;

(f) neologismos, quebras ou interpolação no curso do pensamento que resultam em incoerência ou fala irrelevante;

(g) comportamento catatônico, tal como excitação, postura inadequada ou flexibilidade cérea, negativismo, mutismo e estupor;

(h) sintomas "negativos" como apatia marcante, escassez de fala e embotamento ou incongruência de respostas emocionais que em geral acarretam isolamento social e rebaixamento do desempenho social (deve estar claro que esses não se devem a depressão nem medicação neuroléptica);

(i) uma mudança significativa e consistente na qualidade geral de alguns dos aspectos do comportamento pessoal, manifestado como perda de interesse, falta de objetivo, ociosidade, atitude introspectiva e retraimento social.

CONFIABILIDADE E VALIDADE DOS DIAGNÓSTICOS – CONFIABILIDADE

Em termos científicos, a classificação e o diagnóstico das doenças mentais poderiam ser apropriados se fossem tanto válidos quanto confiáveis. Nesse contexto, confiável significa que duas pessoas vão concordar na escolha do diagnóstico a usar ou chegar à mesma decisão se o processo do diagnóstico for repetido. Há várias coisas que podem levar as pessoas a fazer diagnósticos pouco confiáveis: os *psiquiatras* (ou quem quer que esteja fazendo o diagnóstico) podem comportar-se de formas diferentes, o *exame clínico* pode ser diferente a cada vez e as pessoas cujos problemas estão sendo avaliados podem ser diferentes (elas podem mencionar coisas diferentes, comportar-se de outra maneira ou seus problemas podem até mudar com o tempo). No caso dos sistemas diagnósticos formais, o que é importante é a possibilidade de erro ou irreprodutibilidade se houver diferentes regras de combinação de sintomas ou diferentes sistemas de nomeação e estilos de relato, por exemplo em diferentes países.

Segundo pesquisadores que analisaram essas questões nas décadas de 1950 e 1960, os clínicos tendiam a concordar com os diagnósticos com menos frequência do que seria desejável, mesmo quando estavam diante de categorias muito amplas de transtornos (como na distinção entre depressão e ansiedade).[8] Além disso, como vimos ao examinar os critérios específicos para depressão, os diagnósticos podem ser muito específicos e, na verdade, distinguir entre diferentes tipos de depressão e diferentes tipos de ansiedade. Quando examinada, a confiabilidade dessas classificações mais precisas revelou-se (mais uma vez, há muitos anos) muito baixa. Mais preocupante é o fato de os coeficientes de confiabilidade dos diagnósticos feitos com base na franquia do DSM estarem, ao que tudo indica, caindo a um ritmo estável ao longo do tempo e piorando progressivamente a cada nova edição.[9] Ao que parece, alguns diagnósticos são mais confiáveis que outros, e os psiquiátricos não são necessariamente menos confiáveis que certos diagnósticos físicos ou médicos. Talvez os médicos só estejam certos quanto à causa da morte em 66% das vezes quando se comparam seus julgamentos com os resultados de necropsias, e às vezes até os diagnósticos de tonsilite são menos confiáveis que os de esquizofrenia, por exemplo.

Claro, a diferença é que há exames patológicos — necropsias, histologia, exames biológicos de laboratório — para a maioria dos diagnósticos biomédicos, ao passo que não existem exames de laboratório para os problemas de saúde mental.[10]

Foi justamente por causa dessas dificuldades iniciais com diagnósticos pouco confiáveis que se dedicou tanto esforço à melhoria de sua coerência e sistematicidade. Essa é a principal razão das sucessivas atualizações tanto da CID quanto do DSM. Embora haja inúmeros motivos para cada revisão, uma das maiores motivações foi a necessidade de tornar os diagnósticos confiáveis. A análise científica das fontes e causas da falta de confiabilidade foi, em parte, responsável por orientar essas revisões. Um importante projeto de pesquisa que analisava o diagnóstico psiquiátrico nos Estados Unidos e no Reino Unido revelou que os norte-americanos tinham muito mais probabilidade de ser diagnosticados com esquizofrenia que os britânicos, embora a proporção se invertesse no caso da psicose maníaco-depressiva. Tomaram-se medidas consideráveis para limitar a definição de cada sintoma e esclarecer as regras para agrupá-los em diagnósticos e, até certo ponto, o esforço valeu a pena. Quando os critérios específicos para os dois transtornos foram estabelecidos e os clínicos foram treinados para usá-los, a confiabilidade melhorou de modo considerável. Agora, depois dessas revisões (que já constam das novas edições do DSM e da CID), os Estados Unidos e o Reino Unido têm taxas de uso do diagnóstico de esquizofrenia bem parecidas.

A concordância entre os psiquiatras e, na verdade, todos os que fizerem diagnósticos também pode aumentar se eles usarem não apenas regras de classificação específicas como também guias padronizados para as entrevistas. Na área de saúde mental, os critérios consistem em descrições de comportamentos, pensamentos e emoções. Em quase todos os casos, eles não podem ser verificados de modo independente e são juízos subjetivos: determinar até que ponto o "rebaixamento de humor" de alguém constitui um problema que pode "causar sofrimento clinicamente significativo ou prejuízo no funcionamento social, profissional ou em outras áreas importantes da vida do indivíduo" é, em parte, uma questão de julgamento. Por isso, a adoção de um roteiro padronizado de entrevista pode aumentar de maneira considerável a confiabilidade: a pessoa responde a perguntas padronizadas sobre os sintomas diagnósticos, e as respostas são submetidas a critérios cuidadosamente elaborados para determinar os sintomas diagnósticos. Isso significa que os diagnósticos terão maior probabilidade de ser confiáveis, já que diferentes entrevistadores continuarão tendendo a chegar ao mesmo diagnóstico tomando como base as respostas a uma mesma entrevista.

Os diagnósticos tendem a ser estatisticamente confiáveis em projetos de pesquisa, que costumam adotar entrevistas padronizadas e a seguir à risca os critérios diagnósticos. Porém, o sucesso desses esforços foi limitado na prática clínica normal, na qual o diagnóstico continua sendo muito pouco confiável. Isso se deve em parte ao fato de os clínicos aparentemente não usarem esses roteiros padronizados de entrevista com muita frequência e tenderem a abordar de maneira idiossincrática as regras para suas decisões diagnósticas.

CONFIABILIDADE E VALIDADE DOS DIAGNÓSTICOS – VALIDADE

Além de confiáveis, as classificações diagnósticas também devem ser válidas, ou seja, ser cientificamente significativas e representar "coisas" reais. Sem dúvida, a confiabilidade e a validade estão estreitamente relacionadas: se não há concordância quanto a um diagnóstico ou se a mesma pessoa recebe diferentes diagnósticos em diferentes momentos ou de diferentes médicos, não é possível que as diferentes alternativas sejam todas "verdadeiras".

Para examinar esses princípios com mais clareza, vamos considerar uma "doença" imaginária, a Síndrome de Kinderman, diagnosticável com base nos seguintes "sintomas": cabelo castanho ralo, sotaque do sudeste da Inglaterra e orelhas de abano. Esse diagnóstico poderia ser bem confiável porque a avaliação de uma determinada pessoa (digamos que se chame Peter) provavelmente será positiva para os critérios diagnósticos da Síndrome de Kinderman toda vez que ela for entrevistada (dificilmente haverá mudança na cor do cabelo e no formato das orelhas). É provável que dois diferentes avaliadores concordem quanto à presença ou ausência dos "sintomas" e, se houver alguma dúvida, será possível estabelecer critérios bastante rigorosos que especifiquem exatamente em que consiste "sotaque do sudeste da Inglaterra" ou "orelhas de abano". Poderíamos definir até o tom exato de "castanho" a que nos referimos (algo que pode ser muito útil à medida que o candidato vai envelhecendo e ficando mais grisalho). O nível de confiabilidade da "síndrome" poderia ser satisfatório: poderíamos facilmente comparar pessoas com base nos critérios e definir se eles tinham sido atendidos ou não.

Porém isso é válido? Por acaso existe alguma síndrome que possa ser identificada por esses critérios? A ideia da possível existência de uma "Síndrome de Kinderman" não se justifica somente porque podemos, primeiro, enumerar uma série de critérios e, em seguida, concordar com toda a confiabilidade quanto ao fato de estarem presentes ou não. Sem dúvida, não existe nenhuma doença real ou válida que se chame Síndrome de Kinderman, e o fato de podermos inventá-la e até diagnosticá-la com segurança não a torna válida.

É perfeitamente possível inventar diagnósticos inválidos. Já o fizemos antes, embora seja justo dizer que o diagnóstico nunca se firmou de fato na imaginação dos psiquiatras. No século XIX, o médico norte-americano Samuel Cartwright propôs, a sério, o diagnóstico da "drapetomania",[11] explicação pseudomédica da tendência supostamente inexplicável dos escravos de fugir de seus captores. Segundo Cartwright, esse desejo de liberdade era sintoma de uma doença mental, a drapetomania (a palavra grega *drapetes* significa "escravo fugido"). Em um artigo intitulado "Diseases and peculiarities of the negro race" [Doença e Peculiaridades da Raça Negra], Cartwright sugeriu que a drapetomania decorria do fato de as pessoas tratarem seus escravos como iguais ou com crueldade. Conforme seu argumento, a Bíblia afirmava que os escravos deveriam ser submissos a seus senhores e, portanto, era loucura desejar fugir. Cartwright defendeu também a adoção de "medidas preventivas", entre as quais "chicotear os escravos para expulsar deles os demônios" quando demonstrassem tristeza. Sem dúvida, esse diagnóstico é inválido – a drapetomania não é uma "doença". Então, qual a validade de outros diagnósticos psiquiátricos? Inventamos outros conceitos inválidos? Alguns alvos fáceis apresentam-se de imediato.

DOENTE OU ADOLESCENTE?

O DSM-5 inclui – o que parece incrível – uma categoria diagnóstica chamada "transtorno de oposição desafiante", supostamente apropriada para crianças. Os critérios para o transtorno de oposição desafiante (TOD) resumem-se como "um padrão global de desobediência, desafio e comportamento hostil que dura pelo menos seis meses". Entre os critérios mais detalhados incluem-se: desafiar acintosamente ou recusar-se a obedecer a regras ou pedidos de adultos, incomodar deliberadamente outras pessoas, culpar terceiros por seus erros ou mau comportamento e demonstrar raiva e ressentimento. Estes são agrupados em três tipos no DSM-5: humor raivoso/irritável, comportamento questionador/contestador e índole vingativa.

Como pai, reconheço que os filhos podem ser difíceis, talvez infelizes e, às vezes, vingativos. Não pretendo diminuir a importância das situações em que filhos e pais estão muito infelizes e estou convicto de que tais situações podem ter consequências terríveis para ambos. Entretanto, os "critérios diagnósticos" para configuração do TOD parecem exigir que muitas crianças normais (na verdade, meus dois filhos) sejam rotuladas como portadoras de um "transtorno". Eles implicam não só que essas questões são problemas; implicam também que são "sintomas de doença mental". Não gosto que meus filhos teimem, recusem-se a obedecer a meus pedidos ou ajam movidos pela vingança, mas será que o fato de minha filha ser mal-comportada quer dizer que ela seja doente mental?

Esses argumentos em torno da validade aplicam-se também à controversa questão do "transtorno de personalidade". Em geral, os transtornos de personalidade são definidos como "padrões mal-adaptativos inflexíveis e persistentes que constituem meios imaturos e impróprios de lidar com o estresse ou de resolver problemas". Entre os exemplos de transtornos de personalidade incluem-se: transtorno da personalidade antissocial, transtorno da personalidade paranoide, transtorno da personalidade narcisista, transtorno da personalidade esquizoide etc. O transtorno da personalidade antissocial é particularmente interessante no contexto da validade dos diagnósticos dos transtornos mentais, não só por ilustrar a estranha circularidade dessas ideias, como também porque o governo do Reino Unido vinculou a esse conceito todo um programa, o Dangerous and Severe Personality Disorder Programme [Programa para Transtornos Graves e Perigosos de Personalidade], destinado a conter os infratores mais perigosos. As pessoas comportam-se mal porque sofrem do "transtorno da personalidade antissocial" ou recebem o rótulo do "transtorno da personalidade antissocial" porque se comportam mal?

OS RÓTULOS EXPLICAM OU APENAS ROTULAM?

Em muitos aspectos, o "transtorno da personalidade antissocial" ilustra a natureza básica e essencial do diagnóstico. Muitas vezes se presume que os diagnósticos sejam reflexo de entidades causais reais, que na verdade exista uma "coisa" chamada "depressão" que faz você se retrair, ficar triste e letárgico (se a tiver). A diferença entre isso e a alternativa lógica é muito importante: as pessoas às vezes se retraem, ficam tristes e letárgicas por todo tipo de razão, e fixar a isso o rótulo de "depressão" não tem nenhuma força explanatória.

O "transtorno da personalidade antissocial" diz respeito a um padrão de atos antissociais como agressões, mentiras, falsidade etc. Sem dúvida, essas coisas — os incidentes em si — são inequivocamente "reais", e suas consequências são significativas. É bem possível que as pessoas que agem assim tendam a comportar-se dessa forma a vida inteira (embora esse ponto já seja um pouco mais controverso). A ideia de que é possível inventar um "transtorno" como o "da personalidade antissocial" não deve ser tomada como indício da existência fora da pessoa de uma "coisa" real que a torne antissocial.

O rótulo nada mais é que isso: uma descrição abreviada. As pessoas não agem mal *porque* têm "transtorno da personalidade antissocial"; não é o "transtorno" que causa o comportamento. O "transtorno" é apenas o rótulo de um comportamento que tem outras causas (perfeitamente compreensíveis). As pessoas são rotuladas assim porque esse rótulo aparentemente serve a alguma função, mas bem pode ser enganoso e inválido. A seguir, relacionamos os critérios diagnósticos do DSM-5 para configuração do "transtorno da personalidade antissocial".

CRITÉRIOS DIAGNÓSTICOS DO DSM-5 PARA CONFIGURAÇÃO DO TRANSTORNO DA PERSONALIDADE ANTISSOCIAL

O transtorno da personalidade antissocial caracteriza-se pela falta de consideração pelos padrões morais ou legais da cultura local. Há uma acentuada incapacidade de conviver com outras pessoas ou de respeitar as regras sociais. As pessoas que apresentam esse transtorno às vezes são chamadas de psicopatas ou sociopatas.

A. Prejuízos significativos no funcionamento da personalidade em duas ou mais das quatro seguintes áreas:
1. De igual modo
   a. Egocentrismo; autoestima decorrente do prazer, poder ou ganho pessoal ou
   b. Metas baseadas na gratificação pessoal; contravenção legal e incapacidade de obedecer às regras normais do comportamento social.

e

2. De igual modo
   a. Falta de interesse pelos sentimentos, necessidades ou sofrimentos alheios; falta de remorso ou
   b. Incapacidade de estabelecer relacionamentos íntimos recíprocos, uso de exploração, falsidade, coação, domínio ou intimidação para controlar as pessoas.

B. Traços de personalidade "patológicos" nos seguintes domínios:
1. Antagonismo, caracterizado por:
   a. Manipulação,
   b. Falsidade,
   c. Insensibilidade,
   d. Hostilidade,

2. Desinibição, caracterizada por:
   a. Irresponsabilidade,
   b. Impulsividade,
   c. Exposição a riscos.

C. Esses problemas são relativamente estáveis ao longo do tempo e verificam-se sistematicamente em todas as situações.

D. Esses problemas não são considerados normais para a idade e o contexto social da pessoa.

E. Esses problemas não decorrem do uso de drogas nem de uma condição médica.

F. A pessoa tem pelo menos 18 anos de idade.

SOBRE O SER SÃO EM LUGARES INSANOS

A elaboração de um diagnóstico psiquiátrico sugere que os comportamentos e problemas – os "sintomas" – são diferentes dos da vida normal. Muita gente considera que o "diagnóstico" de problemas que em essência constituem comportamentos normais é um golpe na validade do conceito.

Um experimento de grande repercussão que sinaliza – pelo menos, para alguns – a falta de validade da abordagem diagnóstica foi conduzido em 1973 por David Rosenhan.[12] Em um estudo publicado com o título de "On being sane in insane places" [Sobre Ser São em Lugares Insanos], Rosenhan combinou com outras oito pessoas comuns, oriundas de meios convencionais, que se apresentassem a psiquiatras em hospitais norte-americanos. Em todos os casos, essas pessoas se queixaram de ouvir vozes desencarnadas que diziam "vazio", "oco" ou "baque". Rosenhan pediu a seus cúmplices que, excetuada a queixa desse angustiante "sintoma" (que, sem dúvida, é um dos critérios convencionais para o diagnóstico de esquizofrenia), respondessem com informações verídicas a todas as perguntas da entrevista.

Todos os oito "pseudopacientes" (entre os quais, estava o próprio Rosenhan) foram internados, e a maioria foi diagnosticada como esquizofrênica. Após a internação, eles se comportaram de modo normal: passavam o tempo lendo, escrevendo e explorando seu novo ambiente. Porém o cenário e o fato de terem recebido um diagnóstico de transtorno mental afetou, ao que tudo indica, a forma como seus comportamentos foram relatados e interpretados. A equipe anotou que um dos pacientes estava sentindo "ansiedade" quando o avistou andando de um lado para o outro pelos corredores. E, ao observar um dos pseudopacientes escrevendo, registrou que o "paciente adota comportamento escritural". A questão aqui é que isso rotula de modo sutil o "comportamento escritural" como estranho e, assim, confirma de algum modo o diagnóstico de transtorno mental.

Após a internação hospitalar, os pseudopacientes relataram ter deixado de ouvir vozes. Depois de 19 dias em média (em uma faixa que variou de 7 a 52 dias), a equipe convenceu-se de que eles estavam bem o bastante para receber alta. Durante esse tempo, foi-lhes prescrito um total de 2.100 pílulas. Todos os pacientes foram liberados com diagnóstico de esquizofrenia em remissão. Além de detalhar o tratamento muitas vezes inadequado e impróprio que os pseudopacientes receberam, Rosenhan comentou a impressão, compartilhada pelos participantes, de que as únicas pessoas que aparentemente suspeitaram da "realidade" de suas doenças mentais foram outros pacientes, um dos quais afirmou: "Você não é louco; é jornalista ou professor. E está inspecionando o hospital".

Rosenhan descreve então como revelou os achados dessa fase inicial do seu estudo a alguns de seus colegas e anunciou que mais pseudopacientes tentariam ser internados em um determinado hospital-escola durante um período de três meses. Pediu-se a cada membro da equipe que avaliasse se cada novo paciente era um impostor ou um paciente "de verdade". Nesse período, foi admitido um total de 193 pacientes, dos quais 41 foram indicados com alto grau de certeza como impostores por pelo menos um membro da equipe. Na verdade, Rosenhan não tinha enviado nenhum pseudopaciente ao hospital. Todos os pacientes que haviam se apresentado para a entrevista eram pessoas comuns, membros da população geral, cujo sofrimento tinha motivos "autênticos".

A pesquisa de Rosenhan foi, creio que com toda a razão, amplamente divulgada. Ele observou e registrou as condições e práticas dos hospitais psiquiátricos. É relevante, por exemplo, que os membros das equipes tenham gasto apenas 11% do tempo interagindo com os pacientes e que comentários como: "Vamos lá, seus filhos da p_____, levantem da cama" tenham sido relatados como comuns. Apesar da prescrição de 2.100 pílulas, o contato diário com psiquiatras, psicólogos e enfermeiros totalizava apenas sete minutos.

De qualquer modo, a principal alegação do estudo de Rosenhan diz respeito à falta de validade do diagnóstico. Nesse caso, a despeito de algumas alegações feitas em relação ao estudo, os pseudopacientes de fato deram aos psiquiatras o que se poderia ver como motivos razoáveis para agir como agiram. Segundo o DSM-IV, a referência a alucinações auditivas é um sintoma de esquizofrenia. Os psiquiatras acreditam que a esquizofrenia justifica o tratamento hospitalar e a medicação. Sob o preceito do diagnóstico e da classificação, essas abordagens são válidas. Porém não são tão válidas no âmbito do modelo psicológico que estou tentando delinear aqui.

Poderíamos concluir que os psiquiatras e enfermeiros seguiram a lógica de seu sistema, mas que o sistema em si é inválido. Os psicólogos defenderiam uma investigação que determinasse até que ponto alguém poderia sofrer ao ouvir a palavra "baque", o que ela significava para essa pessoa e como a experiência afetava sua vida como um todo e era por ela influenciada. Com base nisso, seria possível tomar uma decisão no sentido de sugerir ajuda, a qual poderia envolver inclusive hospitalização e medicação. No caso dos pseudopacientes de Rosenhan, muitos psicólogos clínicos agora provavelmente lhes propiciariam conforto e explicação.

Não conduzi uma replicação parcial do experimento de Rosenhan, mas participei de um programa recente da série *Horizon*, da BBC, que tratava da mesma questão: "How mad are you?" [O Quão Louco Você É?].[13] Pegamos dez indivíduos normais (mas bastante extrovertidos), cinco dos quais estavam recebendo ajuda para tratar problemas de saúde mental (e haviam sido diagnosticados por psiquiatras muito renomados). Os outros cinco não haviam tido esse tipo de problema. Submetemos essas dez pessoas corajosas a uma série de experiências estressantes: a limpeza do chorume de um curral, uma competição de orientação, um número de *stand-up comedy*, uma competição de *paintball* e uma série de testes psicológicos. O objetivo era levar um painel de especialistas – um psiquiatra (na verdade, o responsável pela elaboração da entrevista psiquiátrica diagnóstica padrão), um psicólogo clínico e um enfermeiro – a analisar o desempenho desses indivíduos na execução dessas tarefas (que foram filmadas pela BBC) e tentar classificá-los em dois grupos: os que tinham e os que não tinham problemas de saúde mental e, se possível, identificar os diagnósticos.

Em termos rigorosamente científicos, a confiabilidade dessas decisões – a divisão em dois grupos e os diagnósticos individuais – seria sempre baixa. O painel de especialistas não entrevistou os participantes nem viu as entrevistas com eles, e as perguntas óbvias (como "Você tem rebaixamento do humor na maior parte do dia, quase todos os dias?") não foram feitas. Porém esse não era um experimento científico: seu objetivo era investigar a validade, a relevância, desses diagnósticos. A pergunta era: esses diagnósticos têm alguma influência sobre a experiência da pessoa na vida real?

Nossas experiências "diagnósticas" foram concebidas para a TV. A competição de *paintball* não é um meio-padrão de obter um diagnóstico, mas serve para ilustrar um ponto: os especialistas do painel não conseguiram identificar os indivíduos diagnosticados com problemas de saúde mental e, consequentemente, quem estava recebendo ajuda. Na condição de alguém que sente considerável ansiedade social, mas (ao contrário de um dos participantes) nunca recebeu um diagnóstico de "transtorno" de ansiedade social, senti uma grande admiração por um de meus colegas que se viu diante do desafio de fazer um número de *stand-up comedy*. Claro, alguns se saíram melhor que outros, mas a presença de um diagnóstico de "transtorno" de saúde mental pelo visto fez pouca diferença. O júri de especialistas não conseguiu detectar os participantes que haviam recebido diagnósticos psiquiátricos nem quando observaram as pessoas tentando fazer piadas. Porém mais extraordinário ainda é esse júri não ter conseguido identificar quais dos participantes haviam sido diagnosticados com "transtorno de ansiedade social" depois de vê-los no palco, apresentando-se em público. Qual é o benefício do diagnóstico, então?

VALIDADE TERAPÊUTICA

Muitos de meus colegas da psiquiatria entendem esses argumentos, mas dizem que, apesar das falhas, os diagnósticos são úteis. Ressaltam que eles nos ajudam a comunicar e orientar o tratamento e que sua utilidade está no dom de lançar luz sobre as causas dos sintomas. Por exemplo, um diagnóstico de "malária" sugeriria que o indivíduo foi vítima de uma determinada infecção e até que viajou há pouco tempo para países tropicais. Além disso, ele lhe informa qual o tratamento que talvez ajudará e qual é o prognóstico. Mas, na psiquiatria, previsões desse tipo nunca foram muito bem-sucedidas e, no caso da psicose, têm-se revelado particularmente fracas.

Se um diagnóstico é válido, ele deve indicar o prognóstico. Entretanto, os resultados dos diagnósticos que não os de dificuldade de aprendizagem ou doença neurológica são extremamente variáveis, e todas as tentativas de revisão dos critérios diagnósticos deixaram bastante a desejar.

Os diagnósticos também devem indicar os tratamentos que serão eficazes. Porém parece difícil prever qual o tratamento que beneficiará as pessoas com base no diagnóstico que elas recebem e, muitas vezes, os tratamentos até parecem ter sido recomendados por motivos alheios aos diagnósticos.

O mais importante é que as respostas à medicação, em categorias diagnósticas como "esquizofrenia" e "transtorno bipolar", também são variáveis: é o caso, por exemplo, dos medicamentos conhecidos como "neurolépticos" ou "antipsicóticos", utilizados com frequência como tratamentos específicos para a esquizofrenia. Porém nem todos os que são diagnosticados como esquizofrênicos parecem beneficiar-se de modo significativo, ao passo que algumas pessoas que têm outros diagnósticos (tradicionalmente considerados sem relação com a "esquizofrenia") se beneficiam com esses medicamentos. A eficácia do lítio, droga habitualmente indicada aos diagnosticados como portadores de "transtorno bipolar", é, de igual modo, variável e inespecífica. Em um determinado estudo, os pesquisadores examinaram pessoas diagnosticadas com esquizofrenia ou transtorno bipolar que haviam recebido um neuroléptico, lítio, ambos ou nenhum dos dois. Demonstrou-se que a resposta à droga relacionava-se a problemas específicos, mas não a diagnósticos: delírios e alucinações respondiam ao neuroléptico e oscilações de humor respondiam ao lítio, independentemente do diagnóstico. A abordagem médica tradicional consiste em basear o tratamento no diagnóstico, e boa parte do argumento em favor da abordagem diagnóstica ressalta isso. Já que o diagnóstico psiquiátrico não parece muito útil na orientação do tratamento, o problema aparentemente é fatal.

O diagnóstico também deixa de ajudar quando se trata de prever a violência. Muito poucas pessoas com diagnósticos de doença mental cometem atos violentos, aí incluído o homicídio (premeditado ou não). Porém apenas 5% dos homicídios são cometidos por pacientes psiquiátricos, os quais, em sua maioria, não são perigosos. Além disso, nem diagnósticos específicos como "esquizofrenia" predizem o grau de periculosidade de ninguém. Vale a pena repetir que as categorias diagnósticas são, portanto, de uso muito limitado na previsão do curso ou do desfecho; na verdade, sobretudo quando a questão é prever violência futura, os problemas individuais (como um histórico de comportamento violento) são melhores que os diagnósticos.

VALIDADE ESTATÍSTICA

Outra forma de analisar a validade das categorias diagnósticas envolve o emprego de técnicas estatísticas para investigar se as experiências psicóticas das pessoas de fato se agrupam do modo previsto pela abordagem diagnóstica. Os resultados dessa pesquisa em geral não têm respaldado a validade da distinção das categorias diagnósticas. Os sintomas psicóticos não parecem correlacionar-se uns com os outros de uma maneira que reflita as categorias diagnósticas, por exemplo. Do mesmo modo, a análise por *clustering* – uma técnica estatística que coloca as pessoas em certos grupos com base em determinadas características – demonstrou que os problemas relatados por pacientes psiquiátricos não refletem os grupos diagnósticos comumente reconhecidos. As técnicas estatísticas também destacaram uma considerável superposição entre os diagnosticados com esquizofrenia e os diagnosticados com outros "transtornos", tanto nas análises científicas quanto nos próprios critérios diagnósticos.

Em 2009, uma aluna do doutorado, Gemma Parker, Simon Duff e eu investigamos a validade estatística dos diagnósticos usando uma técnica estatística chamada escalamento multidimensional.[14] Também conhecido como análise do menor espaço, esse é um método extremamente técnico de examinar a correlação entre uma experiência específica (nesse caso, a presença ou ausência de um sintoma em um diagnóstico psiquiátrico) e cada uma das demais experiências de uma determinada amostra. Gemma entrevistou 44 pessoas, todas as quais estavam, naquela época, recebendo ajuda para tratar problemas de saúde mental de diversos tipos. Ela tomou a entrevista-padrão usada para elaboração de diagnósticos psiquiátricos, mas, em vez de usá-la para esse fim, Gemma a desconstruiu, extraindo dela todas as perguntas sem as vincular à elaboração de diagnósticos. Ao fim, foram identificados 65 diferentes sintomas específicos. Sem dúvida, essa não é a forma-padrão de abordar entrevistas psiquiátricas, mas, em vez de usar os sintomas simplesmente para fazer diagnósticos psiquiátricos confiáveis, nossa intenção era determinar a relação existente entre esses sintomas.

Encontramos uma dose considerável de variação e, curiosamente, também uma pessoa que atendia aos critérios para não se encaixar em nenhum diagnóstico reconhecido, apesar de ter respondido "sim" à presença de vários problemas isolados. Por outro lado, encontramos diversas pessoas que não só tinham respondido "sim" à presença de muitos problemas, como também atendiam aos critérios para encaixar-se em mais de um diagnóstico reconhecido. Porém estávamos mais interessados em conhecer a relação entre os diferentes sintomas ou problemas e determinar se eles se agrupavam para compor os diagnósticos reconhecidos de depressão, ansiedade, esquizofrenia etc.

Nossos resultados encontram-se na Figura 4.1. Em vez de categorias diagnósticas discretas, essa abordagem revelou uma distribuição mais ou menos contínua. Essa análise é compatível com outras análises da mesma questão, ou seja, que existe muito menos um agrupamento categórico ou diagnóstico claro e muito mais um *continuum* de problemas. Parece muito mais haver um espectro de dificuldades que vão desde as relativamente mais comuns, mas talvez menos graves, como preocupação e inquietação (porque esses são problemas que muitos de nós temos, como também por certo muita gente que vivencia problemas emocionais), até algumas dificuldades bem menos comuns, mas talvez bem mais graves, como crenças delirantes e pensamento desorganizado.

Figura 4.1 As relações entre sintomas de problemas de saúde mental reveladas na tese doutoral de Gemma Parker.
© Peter Kinderman/Gemma Parker, 2014

A ideia central por trás do diagnóstico é que certos problemas psicológicos se agrupam e que um determinado "transtorno" ou uma "doença" precisa ter características em comum para distinguir-se de outros "transtornos" e "doenças". Com base nos indícios analisados acima, muitos psicólogos acreditam que essas distinções sejam inválidas e que as abordagens diagnósticas dos problemas psicológicos não reflitam "articulações" reais da natureza.

ALTERNATIVAS PSICOLÓGICAS AO DIAGNÓSTICO: A ABORDAGEM QUE SE BASEIA EM UM *CONTINUUM*

Ver a psiquiatria como um ramo da medicina e ver esses tipos de problemas como problemas de "saúde" mental tem uma certa problemática. A abordagem diagnóstica, em particular, tende a reforçar a ideia de que as experiências das pessoas cujos problemas são colocados em categorias diagnósticas como "depressão", "esquizofrenia" e "transtorno bipolar" sejam qualitativamente diferentes da experiência e do comportamento "normais". A pesquisa sobre a invalidade do diagnóstico psiquiátrico sugere que esse pressuposto é falso. Muitas vezes, é muito difícil fazer uma distinção entre experiências "normais" e "anormais" ou psicóticas. Hoje em dia, consideraríamos delirante alguém que acredita estar possuído por um demônio, mas essa teria sido uma crença corriqueira na Idade Média. Para cada pessoa que busca a ajuda de um psiquiatra ou psicólogo porque sofre por ouvir vozes (alucinações auditivas), há cerca de dez que têm experiências parecidas, mas não sofrem por causa delas. Se um psiquiatra ou psicólogo clínico entrevistasse um cristão de orientação pentecostal que relatasse ter ouvido a voz de Deus falar com ele em sua cabeça, teria extrema dificuldade para saber como classificar isso.

Por essa razão, muita gente, sobretudo os psicólogos clínicos, já sugeriu que esse supostos "sintomas" são, na verdade, fenômenos que integram um *continuum* ligado à normalidade e que, quando as coisas se tornam problemas, constituem apenas uma expressão problemática de traços que estão presentes na população geral. Essa ideia não é nova, mas está em conflito com a abordagem diagnóstica tradicional, que vê as "doenças mentais" como qualitativamente afastadas da normalidade.

Poderemos entender melhor essa abordagem baseada em um *continuum* se pensarmos em experiências comuns, como a da ansiedade. Todos nós já sentimos ansiedade em algum momento na vida. Alguns já ficamos aterrorizados ou bastante ansiosos muitas vezes. E muitos de nós já ficamos moderadamente ansiosos com mais frequência. Apenas uma minoria de nós jamais terá picos de ansiedade como os que se verificam em uma série de ataques de pânico: essas coisas que os manuais reconhecem como justificativas para um diagnóstico de "transtorno" de ansiedade.

Continua: como entender outras pessoas e concentrar sua atenção

Quase todos os problemas de saúde mental parecem situar-se em *continua*. Em muitos casos, os processos psicológicos envolvidos podem levar a círculos viciosos. Desse modo, quando alguém se deprime, pode facilmente retrair-se e fatigar-se, o que reduz sua capacidade de encontrar prazer e gratificação na vida e, assim, o humor deprimido piora. Quando alguém encontra alívio para a ansiedade em rituais obsessivos, a consequente liberação da preocupação pode funcionar como reforço, acarretando mais problemas obsessivo-compulsivos significativos. No entanto, a presença (muito comum) desses ciclos não invalida o modelo da saúde mental baseado em um *continuum*.

Na verdade, o fato de as questões subjacentes que explicam um grande número de problemas de saúde mental se basearem na psicologia comum torna esses *continua* inevitáveis. Dois bons exemplos de *continua* na área dos problemas de saúde mental são os controversos diagnósticos do autismo, ou Síndrome de Asperger, e do transtorno do déficit de atenção com hiperatividade (TDAH). Muitas crianças têm dificuldade de aprender, de prestar atenção na escola, de concentrar-se e de regular as emoções. Como pai de dois filhos, parece-me óbvio que, até certo ponto, todas as crianças lutam com esses problemas. Às vezes, eles constituem parte dos fatores de irritação normais da infância (eu ficaria um pouco preocupado se meus filhos conseguissem concentrar-se das 9 às 17 horas na escola com atenção digna de um lince; ninguém espera que as crianças sejam assim; elas costumam distrair-se do que estão fazendo quando veem esquilos ou coisas brilhantes). Às vezes, as crianças causam grandes problemas e preocupações aos pais ou professores e podem se comportar de um modo absolutamente problemático. Não causa surpresa o fato de que tudo isso tenda a associar-se a outros problemas e dificuldades. Porém, como sugerem Sami Timimi (que, a propósito, é um psiquiatra especializado em crianças e adolescentes) e Jonathan Leo, a ideia de que o TDAH seja um "distúrbio" ou, pior ainda, uma "doença" é, no mínimo, discutível.[15] Embora precisemos entender como e por que as crianças conseguem regular as emoções e concentrar a atenção e precisemos também estudar a neurociência disso, assim como seus aspectos sociais e culturais, faz muito mais sentido vermos a regulação da emoção e da concentração da atenção – e, portanto, o "TDAH" – como inserido em *continua*.

Embora parecido, o argumento do autismo tem ligeiras diferenças. Por um lado, temos transtornos específicos como o "autismo" e a "Síndrome de Asperger", mas muita gente sabe que agora os profissionais falam em termos de "transtornos do espectro do autismo". Ao longo dos últimos anos, o escopo desses diagnósticos cresceu de maneira considerável, deixando de referir-se a um caso muito obscuro que, ao que parece, afetava apenas muito poucas pessoas com problemas significativos para tornar-se um grupo diagnóstico de uso bastante difundido. Repetindo, os problemas cobertos por esses rótulos são significativos e podem causar grandes dificuldades às pessoas que os têm. Os problemas do espectro autístico dizem respeito à "cognição social", à capacidade que a pessoa tem de entender outras pessoas, os relacionamentos e, principalmente, o que os outros estão pensando e sentindo. Como discutimos antes, essa cognição social é um elemento-chave de nossos processos de raciocínio no dia a dia, o que implica que os problemas nessa área constituem questões importantes.

Além disso, ele sugere uma questão-chave: que a cognição social faz parte da psicologia do dia a dia. O tempo todo, nós procuramos compreender o comportamento das pessoas e inferir o que elas estão pretendendo, pensando e sentindo. Não causa surpresa o fato de vez ou outra termos problemas nessa área, nem que algumas pessoas tenham mais problemas que as outras, tendo em vista que nossas origens são diferentes, nossos ambientes são diferentes e os eventos de nossas vidas são diferentes. Sami Timimi e muitos outros discutiram os pontos fortes e fracos da abordagem psiquiátrica convencional do autismo.[16] Não resta dúvida sobre a importância de ajudar as pessoas que têm problemas significativos e, por isso, vale a pena orientar de forma adequada os profissionais para que possam identificar esses problemas. Também é muito importante entender que esses problemas são parte de um vasto *continuum* de compreensão social e emocional. Um dos maiores pesquisadores dos problemas do espectro autístico chegou até a sugerir que a incapacidade de entender a vida emocional interior de outras pessoas poderia ser vista como uma forma extrema de masculinidade.[17] Não sei se estou inteiramente de acordo com isso, mas faz muito mais sentido pensar em termos de *continua* de problemas que de diagnósticos categóricos. Do mesmo modo, é importante atentar para os processos psicológicos subjacentes presentes em todas as pessoas, em vez de presumir que só alguns de nós tenham uma forma anormal de pensar.

As assim chamadas experiências "anormais" podem ocorrer com pessoas saudáveis, perfeitamente funcionais, e experiências como depressão e ansiedade são muito comuns. Não há nenhuma razão especial para a sugestão de que os graves problemas que justificam um diagnóstico de "episódio depressivo maior" sejam mais que uma forma grave das experiências normais. Isso não quer dizer que essas experiências não sejam dignas de ajuda, mas sim que elas podem ser "normais". Uma abordagem assim questionaria se rótulos como "psicologia anormal" e, por certo, "doença mental" podem ter alguma utilidade.

Na verdade, quando discutimos problemas que exigem intervenções, mas que se situam em *continua*, é necessário refletirmos se eles fazem parte da compreensível variabilidade humana, se requerem uma solução ou se constituem um transtorno reconhecível. Na medicina, além de identificar processos patológicos mais convencionais como infecções, os médicos costumam "diagnosticar" condições como pressão arterial alta (hipertensão) e obesidade. E há boas razões para isso, já que as pessoas podem morrer por causa de fatores decorrentes do estilo de vida que são controláveis. Sem dúvida, essas coisas situam-se em *continua*, mas, por razões de ordem prática, vale a pena identificar pontos de corte nos quais tais problemas – pressão arterial e índice de massa corporal (IMC) – podem vir a ter maiores consequências e quando devemos intervir. Se "diagnosticar" a hipertensão é aceitável, por que estou preocupado com o "diagnóstico" do "TDAH?"

ISSO IMPORTA?

É importante que nossa abordagem do diagnóstico seja adequada ao fim a que se destina. Essas questões importam porque é necessário entendermos por que as pessoas têm problemas. Não me parece adequado dizer que alguém apresente rebaixamento do humor porque está sofrendo de depressão. Isso não contribui para nossa compreensão do problema porque confunde um rótulo com uma explicação. Portanto, simplesmente sugerir que alguém está sofrendo de esquizofrenia não nos ajuda em nada a entender por que essa pessoa está ouvindo vozes. "Esquizofrenia" é apenas um rótulo que damos a uma seleção de problemas, entre eles as alucinações. Sugerir que isso constitui algum tipo de explicação é preguiça de pensar. Do mesmo modo, é importante entendermos por que uma criança poderia ter problemas com a regulação das emoções ou da atenção, assim como é importante entendermos por que dizer que essa criança "tem TDAH" como diagnóstico não é muito útil. Portanto, importa que coloquemos o diagnóstico em sua devida perspectiva para que possamos identificar explicações reais, em vez de explicações ilusórias.

Na área de saúde mental, os diagnósticos têm implicações muito sérias para as pessoas. Certa feita, fui convidado a dar uma opinião psicológica sobre um jovem que ocupava um cargo de grande responsabilidade no serviço público. Em uma reunião de rotina com seu chefe, ele havia comentado *en passant* o fato de ter sido encaminhado para um psicólogo educacional quando estava na escola e mencionou o TDAH. Essa revelação poderia ter tido consequências importantes para o rapaz. Pediram-me uma opinião profissional em relação a duas perguntas: primeiro, ao entrar para o serviço público, o jovem havia passado por um exame de saúde ocupacional e declarado não ter nenhum problema de saúde mental, portanto, teria ele mentido sobre seu histórico médico? Segundo, isso seria motivo para acreditar que ele seria incapaz de desempenhar suas funções? Minha conclusão, a propósito, foi responder "não" a ambas perguntas, mas isso mostra como o diagnóstico – e não a experiência – de uma doença mental pode ter impacto sobre sua vida. É muito triste que o estigma e a discriminação contra as pessoas que têm problemas de saúde mental sejam comuns. Apesar de deplorável, isso mostra que o diagnóstico – rotular alguém como doente mental – é uma questão muito séria.

E o mais importante: o uso inquestionado de termos diagnósticos influi sobre nossa compreensão desses problemas e sobre o que fazemos com eles. Pelo que eu saiba, não existem tratamentos médicos para o autismo, mas, quando eu digo que alguém tem dificuldade de entender o que os outros estão pensando e sentindo, parece sensato oferecer alguma forma de educação ou treinamento. Quando digo que alguém "sofre de autismo", logo se pensa em tratamentos médicos. Quando digo que alguém tem rebaixamento do humor e da autoestima, parece sensato sugerir uma terapia (mais sensato que dizer que essa pessoa "está sofrendo de depressão"). O diagnóstico de depressão parece implicar a necessidade de uma prescrição de antidepressivos. O diagnóstico de TDAH implica que a criança deve tomar Ritalin. O diagnóstico de "esquizofrenia" implica que a pessoa deve tomar antipsicóticos. O diagnóstico importa, sim.

PSICOLOGIA NORMAL, E NÃO "ANORMAL"

As leis da física são universais e, vez ou outra, podem explicar tragédias. Faço um longo trajeto diariamente para ir ao trabalho e, de vez em quando, vejo acidentes na estrada. Os investigadores analisam em detalhes os possíveis fatores causais (por razões de ordem legal ou para fins securitários). Boa parte dessa análise envolve a física: coeficientes de fricção entre a borracha dos pneus e o asfalto, força centrífuga, pressão e levantamento aerodinâmicos etc. Sem dúvida, as leis da física podem ajudar os investigadores a entender por que os veículos colidem. Talvez eles queiram saber por que um carro tende a perder tração: quais eram o peso e a velocidade do carro, qual era o raio da curva, quais eram as pressões, as condições e a marca dos pneus, se o tempo estava seco ou chuvoso e como era a superfície da estrada. Porém não há uma "física anormal": Não há um ramo da física que se aplique a batidas de carros e outro ramo da física que se aplique à "vida normal". Não partimos do princípio de que existe um "coeficiente de fricção anormal" e um "coeficiente de fricção normal". Em vez disso, procuramos entender de modo sensato como a fricção funciona e usar esse conhecimento para projetar estradas mais seguras.

As leis da psicologia são igualmente universais e podem explicar tanto o bem-estar quanto o sofrimento. Em psicologia também não existe uma psicologia "normal" e uma psicologia "anormal"; só psicologia. Todos estamos entendendo nossa vida e usando os mesmos processos para construir essa compreensão: nós aprendemos com base nas contingências do reforço.

Construímos estruturas de compreensão do mundo mais ou menos úteis e as usamos para prever o futuro e orientar nossos atos, mas, sem dúvida, cometemos erros. Entretanto, não existe uma psicologia "normal" e uma psicologia "anormal"; todos estamos entendendo o mundo.

Até experiências semelhantes às psicóticas ou mesmo experiências psicóticas são comuns na população geral: muita gente tem crenças moderadas mas relativamente insólitas (como a da abdução por alienígenas), de vez em quando ouve coisas ou tem experiências perceptuais estranhas. O estado de extrema suspeição que se conhece como "paranoia" faz parte de um *continuum* ligado a suspeitas que todos temos vez ou outra. Nesse particular, as pessoas diferem: todos nós conhecemos gente com a qual precisamos ter muito cuidado com o que dizemos ou fazemos para não sermos mal interpretados. Por sua vez, as situações variam em sua tendência a provocar suspeitas. Todos já vivemos situações em que faz sentido ficar hiperalerta e, nelas, é fácil ter medo até das coisas mais inocentes.

Por exemplo, pesquisas de rotina costumam revelar que 10% a 15% das pessoas já tiveram uma alucinação em algum momento na vida. Estudos recentes mostram que experiências "semelhantes às psicóticas" são cinquenta vezes mais predominantes que o conceito médico, mais estreito, da "esquizofrenia". Já está comprovado que circunstâncias extremas, como a privação sensorial ou a privação do sono, provocam diversas perturbações, entre as quais paranoia e alucinações. Existem pessoas que têm experiências "estranhas" (como visões, alucinações auditivas e experiências espirituais profundas) e as considera espiritualmente enriquecedoras.

Há uma imensa diversidade naquilo que se considera expressão apropriada de sofrimento em diferentes culturas. Há divergência de opiniões quanto ao fato de determinadas experiências deverem ser vistas como sinais de "doença mental", como normais (crenças religiosas e espirituais e crenças sobre a possessão do espírito) ou até como "dotes espirituais" que, até certo ponto, devem ser reverenciados (como no caso dos xamãs). Esses achados sugerem que, embora os "sintomas" psicóticos possam ser extremamente aflitivos e incapacitantes para certas pessoas, também é possível ter experiências incomuns que não sejam necessariamente perigosas e possam até ser enriquecedoras.

A ABORDAGEM DIMENSIONAL

Uma das consequências do reconhecimento de que fenômenos que podem ser aflitivos e constituir critérios diagnósticos de "transtornos mentais" se situam em *continua* é a possibilidade de prescindirmos da categorização e, em vez dela, usarmos uma abordagem "dimensional". Em vez de classificar as experiências das pessoas em categorias, poderíamos descrevê-las com base no grau em que elas estão vivenciando, relatando ou demonstrando diversos problemas. Essa descrição seria feita quanto ao grau em que as pessoas se preocupam ou se interessam por determinadas coisas, e não no fato de elas se encaixarem nessa ou naquela categoria.

Um exemplo de como isso poderia funcionar seria uma descrição baseada no grau do rebaixamento de humor e da ansiedade ou na frequência e na intensidade do sofrimento causado por alucinações auditivas (ouvir vozes) da pessoa. Recentes pesquisas psiquiátricas indicam que a abordagem dimensional das experiências psicóticas poderia ser mais útil que um sistema categórico para a compreensão e o planejamento da assistência.

A ABORDAGEM FENOMENOLÓGICA

Muitos pesquisadores já disseram que é possível superar os problemas de diagnóstico voltando o foco para experiências e comportamentos específicos (ou seja, na terminologia médica, sintomas). Na Grã-Bretanha, em particular, conseguiu-se ultimamente um considerável progresso na compreensão de determinados mecanismos psicológicos que podem levar a crenças insólitas, alucinações e dificuldades de comunicação.

Isso é diferente da abordagem sintoma-diagnóstico. A abordagem diagnóstica baseia-se em um modelo médico e no pressuposto de que os problemas observados se agrupam e, na verdade, constituem "sintomas" de uma doença subjacente. A abordagem fenomenológica não parte desse tipo de pressuposto e não se baseia em um modelo médico. Ela não presume que ouvir vozes, por exemplo, seja "sintoma" de "esquizofrenia", propondo-se apenas a entender o fenômeno da audição de vozes.

Nessa visão do mundo e da natureza humana, não há nenhuma necessidade de invocar a ideia de anormalidade: As pessoas estão apenas entendendo seu mundo. Diz-se que Napoleão teria indagado a Laplace, cientista francês do século XVIII, por que este não fizera nenhuma menção a Deus em seu livro sobre mecânica celeste, *Cosmological physics* [Cosmologia Física]: "Monsieur Laplace, soube que escreveu um enorme livro sobre o sistema do universo e nem uma só vez mencionou seu criador", ao que Laplace replicou: "Eu não precisava dessa hipótese". Quando se trata da ideia de diagnóstico, os psicólogos não precisam da hipótese da existência de uma "doença" subjacente. Todos estamos apenas entendendo nosso mundo, desenvolvendo estruturas de compreensão do mundo que são variáveis, complexas e emocionalmente carregadas. Às vezes, essas estruturas de compreensão provocam sofrimento e, nesses casos, as pessoas precisam de ajuda, mas isso sem dúvida não é o mesmo que usar um diagnóstico categórico.

A ideia de apenas descrever e listar os problemas das pessoas parece a alguns demasiado simplista. É comum que essa abordagem fenomenológica simples (promovida por Richard Bentall, entre outros) seja criticada como insuficiente para o planejamento da assistência. Argumenta-se que precisamos de diagnósticos tanto para fins estatísticos quanto para orientar a assistência individual. Porém eu acho que cada problema pode ser apenas descrito e avaliado. É mais fácil definir e medir os problemas um por um do que fazer diagnósticos válidos e confiáveis. Esses diagnósticos não parecem ser particularmente úteis para o planejamento da assistência e, claro, se essas categorias diagnósticas forem inválidas, como tudo leva a crer, qualquer planejamento relacionado à população, seja para fins estatísticos ou epidemiológicos, será igualmente pouco confiável e inválida. Estudar os problemas de modo individual constitui uma abordagem bem mais apropriada.

Precisamos de uma revisão total de nossa forma de pensar sobre o sofrimento psicológico. Isso significa reconhecer que esse sofrimento é uma parte normal, e não anormal, da vida humana porque os seres humanos reagem a circunstâncias difíceis angustiando-se. Portanto, todo sistema que usarmos para identificar, descrever e responder ao sofrimento deve empregar linguagem e processos que se coadunem com isso, o que implica reconhecer que não há "cortes" fáceis entre experiência "normal" e "transtorno" e, por conseguinte, rejeitar a abordagem diagnóstica e o "modelo de doença".

A psicologia depende da identificação e da descrição objetiva dos comportamentos, pensamentos e emoções do ser humano. A psicologia acadêmica, do mesmo modo que as profissões aplicadas, como a psicologia clínica, depende disso. Essa definição objetiva e funcional dos fenômenos não precisa sugerir que os problemas se agrupam em "síndromes" nem pressupor a presença de um "transtorno", um "distúrbio" ou uma "doença" subjacente. A simples identificação de fenômenos específicos é suficiente tanto para os pesquisadores quanto para os clínicos. Certamente é verdade que os psicólogos devem empenhar-se em garantir que todos usem definições idênticas, sobretudo em nível internacional. É relativamente fácil elaborar uma lista simples de problemas que sejam definidos de modo confiável e válido: por exemplo, humor deprimido, alucinações auditivas e pensamentos invasivos. Mais uma vez, vale a pena ressaltar que consenso internacional quanto às definições específicas de cada fenômeno não é o mesmo que o diagnóstico psiquiátrico atual. Não há nenhuma razão para presumir que esses fenômenos se agrupem para formar "doenças", e não há nenhuma pressuposição de que haja alguma "doença" ou patologia subjacente.

FORMULAÇÕES PSICOLÓGICAS

Para entender e explicar as experiências das pessoas, e para planejar a assistência, precisamos fazer um pouco mais que simplesmente listar problemas (ou listar problemas e classificá-los em dimensões). Na verdade, isso é reconhecido pelos psiquiatras, que entendem de igual modo que as pessoas – pacientes – precisam receber mais que um mero diagnóstico. Para os psicólogos clínicos, isso significa elaborar "formulações" psicológicas.

As formulações psicológicas descrevem as dificuldades e explicam por que as pessoas as estão vivenciando. Em geral, elas consistem de uma lista de problemas e suas possíveis razões psicológicas. A lista de problemas é uma descrição das próprias experiências ou dos problemas das pessoas. Entre os exemplos, incluem-se: rebaixamento do humor e falta de motivação, audição de vozes, problemas de desempenho no trabalho, paranoia etc. Os psicólogos clínicos sugerem, com a ajuda de seus clientes, ideias sobre o que pode ter levado ao desenvolvimento desses problemas. Por isso, as formulações são muito individuais, talhadas para cada pessoa e relevantes para seus problemas específicos.

Em geral, a formulação examina eventos formativos fundamentais na vida de uma pessoa e como essa pessoa os interpretou e reagiu a eles. A formulação tende a mudar à medida que psicólogo e cliente vão conhecendo melhor o problema: ela constitui uma espécie de "melhor palpite" sobre o problema que, com o tempo, deve ser testada. O processo de elaboração de uma formulação é colaborativo. Psicólogo e cliente trabalham juntos para construir um quadro do problema e uma teoria conjunta quanto à sua causa e ao que poderia ajudar. Entre as características-chave da formulação, incluem-se um resumo dos problemas nucleares do cliente e um plano de intervenção consequente. Eles baseiam-se em hipóteses derivadas da teoria psicológica e visam a explicar o desenvolvimento e a persistência das dificuldades do cliente: portanto, sugestões de como essas dificuldades se relacionam umas com as outras e um plano de intervenção consequente. Tudo está sujeito a revisão e reformulação. Assim, as formulações psicológicas de casos são complexas, e os psicólogos clínicos recorrem a uma grande variedade de teorias psicológicas, todas elas amparadas em pesquisas científicas. Embora a formulação de cada caso não lance mão de todas essas pesquisas, cada pessoa pode ter uma série de dificuldades psicológicas inter-relacionadas e, por isso, o treinamento é essencial.

Os psicólogos clínicos elaboram formulações de problemas que envolvem indivíduos, casais e famílias. Às vezes, eles podem elaborar formulações para equipes multidisciplinares que abordem problemas compartilhados por elas. Também é possível elaborar formulações referentes a indivíduos ou grupos e compartilhá-las com outras agências e serviços, como enfermarias hospitalares, abrigos, escolas, centros de acolhimento, tribunais etc. Em tais circunstâncias, há uma série de interesses, prioridades e preocupações que precisam ser levadas em conta em cada formulação. Os psicólogos precisam ter em mente as necessidades de todas as partes envolvidas, o que nem sempre é tarefa fácil.

Para os psicólogos, é importante não perder de vista o contexto mais amplo do bem-estar. As pessoas têm diferentes valores, crenças religiosas e espirituais e crenças sobre a saúde e a saúde mental, e as formulações devem incorporar tudo isso. Sabemos que os membros de grupos étnicos negros ou minoritários estão, em particular, sujeitos a problemas de saúde mental, mas têm menor probabilidade de ser encaminhados a serviços de assistência psicológica. Os refugiados e requerentes de asilo são particularmente vulneráveis ao desenvolvimento de problemas de saúde mental em decorrência de suas experiências difíceis e traumáticas. As diferenças de idioma podem criar uma barreira adicional à comunicação do sofrimento, e também pode haver variação cultural no modo como o sofrimento é expresso. As abordagens psicológicas ocidentais e, portanto, as formas ocidentais de terapia costumam enfatizar o papel da independência e da autonomia na boa saúde mental, ao passo que as culturas não ocidentais tendem a concentrar-se mais nas ideias de espiritualidade e comunhão, tendendo a priorizar as necessidades da família, e não as do indivíduo. As formulações psicológicas culturalmente apropriadas devem incorporar todas essas questões.

Sem dúvida, as formulações não são perfeitas: assim como ocorre com um diagnóstico, elaborar e divulgar uma formulação para um cliente pode representar uma forte intervenção. Compartilho o ponto de vista de meus colegas psicólogos, e também de minha associação profissional, de que a formulação é uma ferramenta muito positiva, mas sei que a reação dos clientes ao recebimento de uma formulação é complexa. Apesar de relatar que julgam as formulações úteis, estimulantes e tranquilizadoras e que elas aumentam sua confiança no psicólogo, os clientes também podem considerá-las (às vezes, ao mesmo tempo) desoladoras, inquietantes, intimidantes, opressivas e preocupantes. As formulações são explicações complexas das origens de problemas graves, muitas vezes decorrentes de eventos traumáticos, e da reação de cada um a esses eventos. Assim como o processo do diagnóstico está sujeito a vieses e ocasionalmente pode levar à fragilização, à desesperança e a outras consequências negativas, a formulação psicológica pode ser usada de modo insensível ou debilitante. As formulações psicológicas, creio eu, apresentam equilíbrio suficiente para ser preferíveis aos diagnósticos e, como já vimos, o diagnóstico pode ser pouco confiável e inválido, porém às vezes o nível de concordância entre as formulações de dois psicólogos também é, quando muito, moderado.

A formulação é fundamental no treinamento e na prática de psicólogos clínicos, mas também é utilizada por psicólogos forenses e psicólogos da saúde, da educação, da orientação e do esporte e do exercício. No Reino Unido, ela faz parte também do currículo da psiquiatria. Porém existem algumas diferenças significativas entre as formulações psiquiátricas e as formulações psicológicas. Na maioria dos casos, a formulação psiquiátrica começa com um diagnóstico, que representa uma descrição dos diversos fatores biológicos, psicológicos e sociais envolvidos no desenvolvimento do transtorno diagnosticado. Porém, Richard Bentall e outros já sugeriram que, se uma formulação psiquiátrica – uma descrição dos diversos fatores que levam a um diagnóstico – for bem conduzida, o diagnóstico psiquiátrico em si torna-se redundante. Isso não quer dizer que devamos abandonar os diagnósticos. Já que tanta gente os considera úteis, convém respeitar e incorporar essa perspectiva. Nesses casos, muitos psicólogos tendem a explicar como o diagnóstico pode ser usado ("quando as pessoas têm esses tipos de problemas, às vezes julgamos útil usar o diagnóstico de 'episódio depressivo maior', que descreve, em termos técnicos, os tipos de problemas que você descreveu") e a explicar por que o diagnóstico pode ser considerado útil ("ele implica que você poderá aposentar-se por motivos de saúde e constitui um meio útil de explicar suas dificuldades a seus amigos e familiares"). O processo de elaboração de uma formulação em conjunto com o cliente oferece uma oportunidade de discutir formas alternativas, psicológicas, de ver suas dificuldades.

Por definição, as formulações psicológicas devem incluir os processos psicológicos que explicam e justificam a origem dos problemas, o que implica um foco no modo como as pessoas compreendem seu mundo. Nas palavras do Health and Care Professions Council (HCPC) [Conselho de Profissionais de Saúde e Assistência Social] (a entidade reguladora dos psicólogos no Reino Unido), isso significa que os psicólogos clínicos devem "entender os modelos psicológicos em sua relação com a forma como os fatores biológicos, sociológicos e circunstanciais, ou relativos aos eventos da vida, influem sobre os processos psicológicos no sentido de afetar o bem--estar psicológico". Em nenhum sentido se trata de depreciar a abordagem dos psiquiatras; o fato de seu foco ser ligeiramente diferente é necessário e bem-vindo.

Embora algumas pessoas considerem um nome ou rótulo diagnóstico útil, nossa tese é que essa utilidade provém do fato de elas saberem que seus problemas são reconhecidos (em ambas as acepções da palavra), entendidos, validados, explicados (e explicáveis) e podem ser aliviados. Mas, infelizmente, muitas vezes os clientes descobrem que o diagnóstico oferece apenas uma promessa espúria de tais benefícios. Como duas pessoas que têm um diagnóstico de "esquizofrenia" ou "transtorno de personalidade", por exemplo, podem não ter sequer dois sintomas em comum, é difícil ver que benefício comunicativo é atingido com o uso desses diagnósticos. Por certo, uma descrição dos verdadeiros problemas de uma pessoa propiciaria mais informação e teria mais valor comunicativo que um rótulo diagnóstico.

> **Capítulo 5**

Pensando diferente:
o bem-estar

UMA DAS CARACTERÍSTICAS ÚNICAS do reino budista himalaico do Butão é sua decisão de adotar a "Felicidade Interna Bruta (FIB)" como meta governamental explícita.[1] Voltar o foco de modo explícito para o bem-estar (ou "felicidade") é uma tendência em alta mundo afora. No capítulo anterior, eu disse que uma abordagem genuinamente psicológica da compreensão das pessoas e da saúde mental rejeitaria as abordagens diagnósticas simplístas e se voltaria para a identificação e o tratamento dos principais problemas psicológicos por trás do sofrimento, além de sugerir opções de intervenção. Neste capítulo, passarei à sugestão de que focar na promoção do bem-estar, em vez de no tratamento da doença, pode ser o caminho a seguir: essa ideia é compatível não apenas com a ciência psicológica que discuto neste livro, como também com as melhores tradições de assistência médica, além de contar com o respaldo de economistas que conquistaram o prêmio Nobel.

O BEM-ESTAR NO MUNDO REAL

Sou psicólogo clínico do National Health Service do Reino Unido. A simples descrição de uma de minhas clientes poderia ilustrar o que o bem-estar significa, por que o foco nele poderia ser mais útil do que discutir doenças (e, por certo, mais relevante que discutir sanidade e insanidade) e como pensar assim seria bastante radical.

Rosemary é uma mulher de 52 anos que me foi encaminhada por um psiquiatra local para ajudá-la com sua ansiedade e depressão. Apesar de Rosemary ter, de fato, depressão e ansiedade, na verdade esses termos não descrevem por inteiro seus problemas. Embora, aqui, eu deseje mais descrever as atuais circunstâncias de Rosemary que sugerir uma formulação de caso, vale a pena explicar de modo sucinto o contexto em que seus problemas se inserem. Rosemary se descreve como uma pessoa que sempre teve propensão à ansiedade e à insegurança. Ela dá pistas de que isso possa estar ligado ao perfeccionismo do pai, traço que, ao que parece, o tornava muito autossuficiente e bastante propenso a detectar (e apontar) os erros e fraquezas alheios. Rosemary teve alguns problemas emocionais na adolescência, mas saiu-se relativamente bem na vida adulta, tendo administrado um negócio bem-sucedido e acabado em um casamento muito seguro sob o ponto de vista financeiro. Porém, aos quarenta e tantos anos, ela resolveu mudar de profissão e foi para a universidade estudar arquitetura. Quando começava sua jornada acadêmica, descobriu que estava nos estágios iniciais de lúpus eritematoso sistêmico (um quadro médico potencialmente grave que, a propósito, pode associar-se ao rebaixamento do humor). Depois disso, o humor de Rosemary começou a decair rapidamente, tornando-a cada vez mais propensa a ruminações ansiosas.

Sem dúvida, a ansiedade e a depressão de Rosemary, assim como sua constituição psicológica de uma forma geral, têm grande importância. Na verdade, como psicólogo clínico, eu acredito que a psicologia de Rosemary é a chave para transformar sua vida; ela poderia ter uma ótima qualidade de vida se mudasse algumas de suas maneiras de se ver e de ver o mundo e o futuro. Porém, a mera referência a seus problemas de saúde mental – ansiedade e depressão – tende a minimizar o impacto que suas dificuldades tiveram em sua vida de um modo mais geral. Recentemente, Rosemary e o marido resolveram separar-se: o processo foi amigável (com efeito, seu ex-marido é muito compreensivo), mas teve impacto significativo na qualidade de vida dela. Embora a visão psicológica que Rosemary tinha da vida acima de qualquer dúvida tenha afetado seu casamento, não é de modo algum aceitável considerar o divórcio um elemento componente da depressão. Rosemary saiu da luxuosa mansão em que morava e agora vive em uma casa modesta, em uma área bem mais pobre da cidade. Além do divórcio, Rosemary perdeu contato com muitos dos amigos, alguns dos quais eram amigos principalmente de seu ex-marido. No momento, está desempregada e pleiteia benefícios do estado, pois desistiu de seu negócio para entrar na universidade e não trabalhou mais que duas semanas desde que foi diagnosticada com lúpus. Isso a angustia, pois ela acredita que as pessoas devem levar uma vida produtiva. Também em outras áreas, a qualidade de vida de Rosemary – seu bem-estar – foi ameaçada e, ao que tudo indica, em decorrência da combinação dos efeitos da ansiedade, do rebaixamento do humor e de uma esclerose múltipla, ela tem dificuldade de atenção, concentração e memória. Além disso, sobram-lhe outros pequenos, mas irritantes, problemas de saúde. Seu dia a dia tem muitas restrições, embora ela cuide de sua forma física – ainda frequenta uma academia de ginástica – e vá à missa pelo menos uma vez por semana (dá muito valor a essa parte de sua vida).

Esse tipo de história não é nada raro, em particular na área da assistência à saúde mental. Não é particularmente difícil de explicar nem de entender e presta-se à ilustração de dois pontos-chave. Primeiro, o diagnóstico de um problema de saúde mental (no caso de Rosemary, ansiedade e depressão) ou, na verdade, o foco nos problemas de saúde mental em geral deixa de lado o que importa. De fato, a vida de Rosemary é marcada pela ansiedade e pelo rebaixamento do humor e, como já afirmei, na qualidade de psicólogo clínico, tenho certeza de que suas dificuldades decorrem de sua estrutura psicológica de compreensão do mundo. Uma mudança nessa perspectiva psicológica poderia transformar de maneira radical sua vida. Em termos simples, identificar o pensamento negativo que sustém a depressão e a ansiedade de Rosemary e oferecer-lhe ajuda para questionar e mudar esse modo de pensar constituiriam um curso produtivo. No entanto, dizer que seus problemas são causados apenas por "ansiedade e depressão" é, sem dúvida, inadequado, e seria insensato sugerir que esses problemas desapareceriam se ela fizesse uma boa terapia. Sim, é possível que uma Rosemary mais positiva, motivada, otimista, enérgica e confiante fosse mais capaz de promover mudanças significativas em sua vida, mas todas essas mudanças ainda teriam que ser feitas, e são muitas.

Essa história mostra também como o bem-estar pode ser pensado sob vários domínios – saúde mental, saúde física, segurança financeira, relacionamentos etc., sem esquecer, é claro, a vida espiritual. Como demonstrarei abaixo, abordar essa ideia mais ampla de bem-estar poderia levar a mudanças bastante radicais na maneira como a assistência é prestada. Portanto, além de ajudar Rosemary a lidar com a ansiedade e a depressão, teríamos de reconhecer que, para dar uma guinada na própria vida, ela precisa de ajuda em outras áreas. Mesmo que o "tratamento" de sua ansiedade e sua depressão fosse bem-sucedido, ela bem poderia continuar solitária, mal instalada, desempregada e com problemas de saúde física. Não estou dizendo que Rosemary não conseguiria lidar com esses e outros problemas se estivesse psicologicamente mais confiante e satisfeita. Na verdade, acho e espero que ela vai conseguir, mas esses diferentes aspectos de sua vida continuarão representando questões importantes e reais, mesmo que os problemas de saúde mental sejam abordados.

A abordagem do bem-estar não minimiza a importância dos problemas convencionais de saúde mental, mas reconhece e aceita o fato de que existem outros aspectos de nossa vida que também são importantes: relacionamentos, emprego, moradia, saúde física, segurança financeira, meio ambiente etc. Psicólogos, estatísticos e economistas estão elaborando meios de definir e até medir esse conceito complexo, porém importante.

A ORGANIZAÇÃO MUNDIAL DA SAÚDE E OUTRAS DEFINIÇÕES DO BEM-ESTAR MENTAL

Em 1945, as Nações Unidas ergueram-se do caos e da devastação da Segunda Guerra Mundial. O termo "Nações Unidas", que de início tinha sido usado para descrever a aliança que derrotou o nazismo, foi então usado para dar nome à organização internacional, ONU, que substituiu a Liga das Nações, criada depois da Primeira Guerra. Sua missão era manter a paz internacional e promover a cooperação para a solução de problemas econômicos, sociais e humanitários internacionais. E, logo em seguida, criou uma parte essencial de sua missão: a Organização Mundial da Saúde (OMS).

Os responsáveis pela preparação da base legal da nova entidade internacional eram confiantes e visionários. Assim, a Carta de Fundação da Organização Mundial da Saúde descreveu em 1948 a saúde como "um estado de completo bem-estar físico, mental e social, e não somente

ausência de doenças ou enfermidades".[2] Essa é uma frase de grande repercussão, e vale a pena refletir sobre suas implicações. Os médicos – os que
praticam a medicina – sempre prezaram um elemento de sua profissão que
vai além do simples tratamento do paciente e da doença.

Tenho a sorte de trabalhar diariamente com especialistas em saúde
pública de Liverpool, e parte do orgulho cívico dessa cidade inclui o legado
do doutor William Duncan. Como a maioria dos médicos da sociedade
vitoriana, Duncan vinha de um meio privilegiado. Depois de formar-se em
medicina em 1829 e trabalhar como médico de família em uma área em
que viviam membros da classe operária de Liverpool, ele se interessou pela
saúde dos pobres e começou a pesquisar as condições de vida de seus pacientes. E ficou chocado com a pobreza que encontrou e com a clara relação
entre as condições habitacionais e o surto de doenças como cólera, catapora
e tifo. O doutor Duncan deu início a uma campanha vitalícia pela melhoria das condições de vida e, com o engenheiro municipal de Liverpool,
James Newlands, começou a atacar os problemas que via, o que contribuiu
para sua nomeação como o primeiro Secretário de Saúde do município e
para a aprovação da Lei de Saneamento de Liverpool em 1846.[3]

Os especialistas em saúde pública cuidam de nossos riscos de desenvolver doenças como diabetes e doença coronariana, muitas vezes em decorrência da obesidade ou maus hábitos alimentares. Embora muitos médicos
– felizmente – ofereçam intervenções médicas para tratar essas doenças,
os médicos de família e de saúde pública cada vez mais prestam serviços
que previnem a doença e promovem a saúde. Sem dúvida, essa promoção
proativa da saúde é parte integral da medicina: o General Medical Council
e os Royal Colleges de medicina do Reino Unido (o Royal College of General Practitioners, o Royal College of Physicians etc.) ressaltam a importância da promoção tanto da saúde quanto do tratamento da doença. Na
Universidade de Liverpool, minha colega, a professora Margaret White-
head, é responsável por chefiar um centro de colaboração da Organização
Mundial da Saúde para Pesquisa de Políticas Voltadas para os Determinantes
Sociais da Saúde, com foco especial na contribuição das desigualdades econômicas e sociais para a má saúde nas comunidades carentes.

A questão é que, na saúde física pelo menos tanto quanto nas áreas da
psiquiatria e da psicologia, os médicos estão adotando o conceito de saúde

e bem-estar. A aspiração da Organização Mundial da Saúde a uma saúde que seja como "um estado de completo bem-estar físico, mental e social, e não somente ausência de doenças ou enfermidades" e o endosso que os médicos sanitaristas deram a essa abordagem parecem consolidados. Sem dúvida, é isso que desejamos de nossos médicos e de todos os profissionais da área de saúde.

Aproximando-se mais do tema deste livro, a Organização Mundial da Saúde foi mais longe e, em 2001, definiu a saúde mental como "um estado de bem-estar no qual o indivíduo é capaz de usar suas próprias habilidades, recuperar-se do estresse rotineiro, ser produtivo e contribuir com a sua comunidade".[4]

Essa maravilhosa abordagem da saúde mental é também sutilmente radical. E é possível conciliar as abordagens tradicionais da psiquiatria com essas ideias ambiciosas. Se, de fato, a saúde mental for um estado de bem--estar no qual as pessoas possam dar sua contribuição à sociedade, poderemos imaginar uma situação na qual o conceito do tratamento ostensivo da doença mental seja considerado positivo. Poderemos argumentar que, tendo em vista a impossibilidade de contribuir se estivermos doentes, a contribuição do psiquiatra (ou do psicólogo clínico) seria tratar essa doença. Porém, creio que uma abordagem tão simples quanto essa — diagnosticar doenças, tratá-las e depois liberar o cliente para "contribuir com a sua comunidade" — falha no objetivo primordial da medicina de saúde pública, mesmo antes de considerar uma abordagem mais psicológica da saúde mental.

Assim como na saúde física, em que a função do médico é agora promover proativamente a saúde, e não só tratar as doenças, deve ser na psiquiatria. O papel da psiquiatria volta-se cada vez mais para a promoção da saúde mental positiva, inclusive promovendo o bem-estar mental positivo, em vez de apenas tratar as doenças quando elas são diagnosticadas. Lançada em 2011, a estratégia de saúde mental do atual governo do Reino Unido reflete bem esses temas, ressaltando a amplitude e a prevalência dos problemas de saúde mental na população geral, já que talvez uma a cada quatro pessoas tenha problemas psicológicos ao longo da vida. E, como deveria fazer qualquer estratégia governamental, essa frisa o custo dos problemas de saúde mental para a economia: pelo menos £ 77 bilhões e talvez até £ 105 bilhões por ano. Essa estratégia afirma que um milhão de pessoas recebe benefício por incapacidade no Reino Unido (sendo que 40% delas se afastam do trabalho devido a problemas psicológicos ou emocionais), e estima-se que um terço das consultas a médicos de família se deva a problemas de saúde mental e que esses problemas constituem a maior parte da "carga de doenças" da saúde pública. Por fim, ela discute os níveis alarmantemente mais altos de mortalidade precoce (mortes prematuras) entre aqueles que têm problemas de saúde mental. Resumindo, é uma estratégia que coloca a saúde mental em uma perspectiva de saúde pública.[5]

A Comissão Europeia dá um passo além ao afirmar que "[...] é a saúde mental que abre aos cidadãos as portas da realização intelectual e emocional, bem como da integração na escola, no trabalho e na sociedade. É ela que contribui para a prosperidade, a solidariedade e a justiça social das nossas sociedades".[6] O interessante é que a Comissão Europeia também sugere que "a condição mental de cada um é determinada por uma multiplicidade de fatores, nomeadamente biológicos (por exemplo, genética e sexo), individuais (por exemplo, antecedentes pessoais), familiares e sociais (por exemplo, enquadramento social) e econômicos e ambientais (por exemplo, *status* social e condições de vida)". Além da consonância com pontos levantados antes, essa abordagem sem dúvida vincula conceitos de saúde mental a aspectos muito mais amplos do bem-estar, o que vem se tornando um elemento-chave da política governamental.

CAPITAL MENTAL E BEM-ESTAR MENTAL

Em 2008, o Government Office for Science do Reino Unido, encabeçado por seu consultor científico chefe, Sir David King, e seu sucessor, Sir John Beddington, sancionaram o Foresight Project on Mental Capital and Wellbeing.[7] O ambicioso objetivo desse projeto era revisar as melhores provas científicas disponíveis das influências sobre nosso desenvolvimento e bem-estar mentais desde a concepção até a morte. O relatório investigava como se poderia melhorar o bem-estar por meio de políticas de instâncias governamentais chave, educadores, profissionais e empregadores da área de assistência médica, nossas famílias e comunidades e nossos ambientes físicos. O relatório tentava analisar e recomendar possíveis intervenções. O objetivo era aconselhar o governo e o setor privado no intuito de se atingir futuramente o melhor grau de desenvolvimento e bem-estar mentais possível para toda a população do Reino Unido. Os autores conseguiram recrutar mais de 400 dos principais especialistas científicos internacionais para colaborar na elaboração do relatório e na revisão dos achados e recomendações. Esses especialistas vinham de diversas disciplinas acadêmicas, entre as quais a neurociência, a psicologia e a psiquiatria, a economia, a genética, as ciências sociais e a educação.

O Foresight Report definiu "capital mental" como "a totalidade dos recursos cognitivos e emocionais do indivíduo, entre os quais sua capacidade cognitiva, flexibilidade e eficácia na aprendizagem, inteligência emocional (ou seja, empatia e cognição social) e resiliência diante do estresse. A extensão desses recursos reflete seus dotes básicos (genes e programação biológica inicial) e suas experiências e educação, que se processam ao longo de toda a vida". Os autores também definiram "bem-estar mental" como "um estado dinâmico no qual o indivíduo tem condições de desenvolver seu potencial, trabalhar com produtividade e criatividade, estabelecer relações sólidas e positivas com os demais e contribuir para sua comunidade. Ele é reforçado quando o indivíduo é capaz de cumprir seus objetivos pessoais e sociais e atingir um senso de propósito na sociedade".

Esses preceitos são bastante diferentes daqueles cuja ênfase recai na doença mental. No entanto, eles são totalmente compatíveis com a abordagem psicológica do bem-estar mental. Por isso, vale a pena pensar em como as coisas poderiam ser diferentes se nós baseássemos os serviços em um *ethos* de bem-estar, e não de doença.

A ECONOMIA DO BEM-ESTAR

Como os autores e os sancionadores do Foresight Report deixaram claro, essas discussões não são ideias "sentimentalistas", pois existem argumentos econômicos sólidos por trás do movimento do bem-estar. Já faz algumas décadas que os economistas Joseph Stiglitz e Amayarta Sen, premiados com o Nobel, vêm defendendo que a promoção do bem-estar deve ser uma meta explícita dos governos, como no Butão. É relativamente comum vermos noticiários de fim de noite concluírem sua pauta com uma revisão do desempenho econômico. A recessão, palavra temida quando se comenta o desempenho econômico de um país, é definida como dois trimestres consecutivos de queda no Produto Interno Bruto (PIB). A sigla, de *status* emblemático na economia popular, reflete o valor de mercado de todos os bens e serviços produzidos em um país em um determinado período. O PIB *per capita* (ou seja, o PIB dividido por todos os membros da população) muitas vezes é considerado um indicador do padrão de vida de um país e, como tal, é importante.

Como explicarei abaixo, existem várias maneiras de avaliar ou medir o bem-estar. No nível mais básico, a expectativa de vida média dos cidadãos de um determinado país dá uma indicação simples de pelo menos um aspecto do bem-estar. Porém existem imensas disparidades não só entre diferentes países como também entre diferentes pessoas em um determinado país. A riqueza de um país é relevante: os países muito pobres, como o Burundi, têm uma expectativa de vida média ao nascer de apenas 43,2 anos. Conforme alguns indicadores, Serra Leoa é ainda mais pobre que o Burundi, e sua expectativa de vida média ao nascer é de apenas 42,8 anos. Os países da Europa Ocidental – como o Reino Unido – têm uma expectativa de vida média ao nascer de cerca de 80 anos.[8] Não resta dúvida de que é ruim ser pobre. Esses achados se repetem quando se examinam diversas medidas de satisfação geral. O "Happy Planet Index" [Índice do Planeta Feliz], compilado pela New Economics Foundation [Fundação Nova Economia], sugere que a qualidade de vida, a satisfação geral e o bem-estar subjetivo das pessoas em geral são piores nos países mais pobres.[9]

Isso prova que o PIB – a riqueza econômica dos países – faz diferença, sim, e que aqueles que vivem em países muito pobres tendem, em termos relativos, a ter baixos níveis de expectativa de vida, saúde e satisfação geral. Na verdade, não há uma relação direta, de um para um. No livro *The Spirit Level*, Richard Wilkinson e Kate Pickett argumentam que, depois que os países atingem um certo nível de desempenho econômico, uma enorme variedade de dificuldades sociais parece estar muito mais estreitamente ligada à *igualdade* econômica que ao desempenho econômico médio.[10] Eles analisaram várias nações bem-sucedidas, industrializadas (as nações do "G20"), usando um índice que mede o grau de desigualdade dessas sociedades. E compararam a proporção da renda entre os 20% mais ricos e os 20% mais pobres da população. Para dar um exemplo, no Reino

Unido, os 20% mais ricos da população são sete vezes mais ricos que os 20% mais pobres. No Japão, os 20% mais ricos da população são apenas quatro vezes mais ricos que os 20% mais pobres, de modo que lá há menos desigualdade. Wilkinson e Pickett descobriram que, em uma série de medidas como saúde física, obesidade, uso de drogas, educação, violência e criminalidade, e saúde mental, quanto maior a diferença entre os ricos e os pobres, pior parece ser o desempenho do país. Eles concluíram que as sociedades em que há mais igualdade quase sempre apresentam melhor desempenho. Embora Wilkinson e Pickett tenham recebido algumas críticas, considero suas análises convincentes.

Entretanto, Sen, Stiglitz[11] e muitos outros têm uma opinião um pouco diferente. Para eles, todas essas discussões indicam que ter como único propósito maximizar o PIB não é, *por si só*, suficiente para um bom governo. Em um certo sentido, isso se resume à questão da finalidade de um governo. Riqueza, PIB, é importante porque permite às sociedades propiciar condições básicas de vida, mas essa riqueza pode e deve ser usada para aumentar o bem-estar dos cidadãos, e não apenas ser acumulada como se isso fosse um objetivo válido em si mesmo.

Aceitar essa lógica é muito radical porque ela pode mudar aspectos fundamentais do propósito das políticas governamentais. E pode mudar também minha própria profissão, a psicologia clínica, de maneiras igualmente fundamentais.

A MEDIÇÃO DO BEM-ESTAR

Caso os governos pretendam incorporar tais considerações em seu planejamento e, sobretudo, conceber e autorizar serviços com base nisso, é necessário medir o conceito. No próximo capítulo, analisaremos com mais detalhes em que consiste o bem-estar, o que implica considerar como as pessoas podem melhorar seu bem-estar e quais as medidas que poderiam ser adotadas para promover a felicidade. Além disso, também analisaremos mais detidamente as sugestões para mensuração do bem-estar. David Cameron, primeiro-ministro do Reino Unido, tem dado muito apoio a um projeto de duração relativamente longa do Office for National Statistics [Gabinete de Estatísticas Nacionais], cujo objetivo é desenvolver sua qualificação na medição do bem-estar nacional. Na minha opinião, isso constitui um avanço muito bem-vindo. Estamos começando essa medição, que representa o primeiro passo para que os governos valorizem o que de fato importa.[12]

Sem dúvida, o bem-estar representa coisas diferentes para pessoas diferentes. Portanto, além de resolver questões estatísticas e psicométricas relativas à medição, nosso Office for National Statistics terá muito trabalho para chegar a um consenso. O princípio geral é o seguinte: o Office for National Statistics deve organizar um índice nacional de bem-estar, o qual deve abarcar um número relativamente vasto de estatísticas que, juntas, levem em conta a seleção relativamente vasta dos itens que determinam nossa satisfação com a vida. O bem-estar (portanto, o que é importante para nós, como seres humanos) abarca uma grande variedade de questões. Assim, sabemos que os relacionamentos são componentes essenciais do bem-estar, e estes assumem muitas formas: relacionamentos sociais com amigos, relacionamentos com nossos pais e nossos filhos, relacionamentos amorosos ou íntimos e relacionamentos com colegas de trabalho. No entanto, é evidente que nossa saúde mental é igualmente importante na determinação de nosso bem-estar; as pessoas dificilmente relatarão um alto nível de bem-estar se estiverem apresentando problemas de saúde mental. Do mesmo modo, nossa saúde física também é importante. Saindo um pouco das áreas tradicionais da saúde, outros importantes componentes do bem-estar são a segurança física – estarmos a salvo da criminalidade e do temor ao crime – e a qualidade e a segurança de nossas condições de habitação – dificilmente seremos felizes se não tivermos onde morar, se vivermos em habitações de má qualidade ou tivermos pouca segurança em nossas casas. Como veremos no próximo capítulo, o mesmo se aplica à natureza e à qualidade do emprego, bem como ao acesso e à fruição de oportunidades de esporte e lazer e de arte e cultura. Para que se leve o bem-estar verdadeiramente em conta, é preciso incluir também algumas ideias mais esotéricas. Para algumas pessoas, a espiritualidade e a vida religiosa são muito importantes e, por isso, elas representam sem dúvida um importante componente do bem-estar. Entre esses importantes aspectos do bem-estar incluem-se ainda a participação política democrática e a sensação de "sentido e propósito" na vida, e isso constitui um desafio tanto para os psicólogos quanto para os políticos. Tive a oportunidade de fazer apresentações sobre o bem-estar em várias partes do mundo e, a julgar pela reação do público em lugares como Islamabad e Istambul, tenho a impressão de que a participação democrática é um elemento essencial da vida moderna, por mais delicado que seja o tema do ponto de vista político. Em movimentos políticos recentes, como a Primavera Árabe, pudemos ver quanto essa participação é importante.

O desafio do Office for National Statistics é coletar estatísticas confiáveis e válidas para mensurar todos esses fatores. Alguns talvez sejam menos controversos: na área da saúde física, talvez seja relativamente fácil sugerir algumas estatísticas-chave que nos mostrem se o bem-estar da nação está aumentando ou diminuindo. A incidência de doenças-chave – pelo menos aquelas que, talvez ao contrário da saúde mental, possam ser diagnosticadas de modo válido e confiável – é importante. Assim, poderíamos contar incidências de derrame cerebral, doença cardíaca, doenças infecciosas, falência renal etc. E talvez o mais interessante fosse observarmos o índice de massa corporal (IMC), medida amplamente usada na verificação de sobrepeso e subpeso. O tempo todo nos dizem quanto a obesidade ou mesmo o sobrepeso prejudicam nossa saúde em muitos aspectos, assim como nos lembram que os níveis de sobrepeso e obesidade vêm aumentando na Europa Ocidental e nos países desenvolvidos. Se o bem-estar inclui a saúde física, e se a saúde física pudesse ser (parcialmente) mensurada de modo válido e confiável pelo IMC, este poderia integrar um possível índice de bem-estar. Sem dúvida, é importante lembrar que nenhuma dessas estatísticas pode, sozinha, representar o bem-estar. Ninguém está sugerindo que o IMC seja bem-estar, mas sim que tais medidas poderiam contribuir para a mensuração e a descrição de uma parte do bem-estar.

Também em outras áreas, estamos buscando estatísticas válidas e confiáveis que meçam cada domínio do bem-estar (e essas o Office for National Statistics pode coletar). Nossa saúde mental é um importante domínio do bem-estar. Mas, infelizmente, a medição válida e confiável na área da saúde mental é um pouco mais difícil. Como vimos, os psicólogos tendem a ser muito céticos em relação ao valor dos diagnósticos psiquiátricos, o que significa que algumas das abordagens que poderiam ser usadas na saúde física – contar o número de pessoas que têm um determinado diagnóstico e concluir que uma queda na prevalência foi positiva para o bem-estar, por exemplo – talvez sejam inválidas. Na área da saúde mental, temos um problema extra, pois tanto as atitudes públicas quanto as atitudes profissionais diante de problemas como depressão estão mudando, e nós talvez estejamos mais dispostos a discutir essas questões e, portanto, mais dispostos a reconhecê-las. Paradoxalmente, um aumento, por exemplo, na aparente incidência da depressão pode não significar que as pessoas estejam ficando mais deprimidas (ou que mais pessoas estejam ficando deprimidas); ele pode significar apenas que as pessoas em geral estão mais dispostas a discutir a depressão. É, no mínimo, provável que possamos pensar em medidas melhores do bem-estar mental, talvez por meio de questionários criados para esse fim ou estatísticas mais confiáveis, como as taxas de suicídio.

Do mesmo modo, outras considerações complexas e bem parecidas aplicam-se a outros domínios. Se a qualidade de nossos relacionamentos for importante para nosso bem-estar, qualquer mensuração do bem-estar ao que tudo indica deve incluir alguma forma de avaliação numérica dessa questão, mas até indicadores aparentemente confiáveis, como as taxas de violência doméstica, são problemáticos. À medida que nos tornamos mais civilizados, podemos reconhecer e registrar a presença de questões importantes que talvez tenhamos ignorado no passado, e isso poderia levar a um quadro totalmente errado do bem-estar nacional – na realidade, as coisas estão melhorando, mas isso poderia ser interpretado de modo equivocado como "a violência doméstica está aumentando". Sem dúvida, é tarefa do Office for National Statistics garantir que tais indicadores sejam válidos, confiáveis e relevantes. No momento em que escrevo, o Office for National Statistics está elaborando esses indicadores. Entre os domínios atualmente usados incluem-se: bem-estar subjetivo, nossos relacionamentos, saúde, trabalho e atividades de lazer, finanças pessoais, educação e habilidades, participação democrática, economia nacional e meio ambiente.

Na verdade, o fato de podermos classificar países com base no "Índice do Planeta Feliz", na "Felicidade Interna Bruta" ou em um índice nacional de bem-estar significa que estamos falando de um espectro do bem-estar ou, melhor, de um conjunto de espectros do bem-estar em várias áreas. Todas essas diferentes formas de mensurar o bem-estar baseiam-se na ideia de graus de satisfação na vida, qualidade de vida ou bem-estar.

Portanto, quando vemos a dimensão da saúde mental, ou a ideia estreitamente relacionada de bem-estar subjetivo, fica mais claro que estamos falando de um espectro do bem-estar psicológico, e não de uma distinção entre "são" e "doente".

POLÍTICAS BASEADAS NO BEM-ESTAR

A New Economics Foundation, um laboratório de ideias que há algum tempo vem chamando a atenção para a necessidade de um maior foco na medição do bem-estar, sugeriu como poderiam ser as políticas governamentais baseadas no bem-estar.[13] Segundo a fundação, essas são ideias transformadoras e ambiciosas que exigem cooperação entre políticos, acadêmicos, empregadores e uma vasta gama de funcionários públicos para dar certo. Segundo a New Economics Foundation, uma das primeiras etapas seria garantir que os governos de toda a Europa (e, ao que tudo indica, de outros países) concordassem em adotar esses tipos de medidas. Sem dúvida, isso exigiria o envolvimento de uma rede de especialistas em estatística, economia, sociologia e psicologia que orientasse como desenvolver indicadores de bem-estar e como usá-los na prática. Isso implica pensar na riqueza sob a ótica do PIB, mas também de políticas governamentais que promovam a qualidade de vida, a justiça social e a sustentabilidade do meio ambiente. É claro que a New Economics Foundation espera que os cidadãos europeus possam levantar questões que indiquem como as políticas de seus candidatos poderiam respaldar seu bem-estar na hora de votar por seus representantes políticos.

Podemos ver como as políticas teriam, ou poderiam ter, impacto em cada domínio do bem-estar. Como vimos antes neste livro e neste mesmo capítulo, em parte as políticas e estratégias de saúde mental são responsabilidade dos políticos. O impacto de diferentes políticas de saúde mental se exerceria de diferentes maneiras. De modo mais geral, podemos ver como as decisões sobre o financiamento e a organização dos serviços de saúde mental terá impacto nesse domínio do bem-estar. No Reino Unido, devido ao *status* singular do National Health Service, problemas políticos ou de elaboração de políticas se aplicam a nossa saúde física, as decisões tomadas pelos políticos afetam o serviço de saúde e isso, por sua vez, afeta nossa saúde física e nosso bem-estar. Na área dos relacionamentos, uma vasta gama de políticas e decisões sujeitas a influências políticas afeta nosso bem-estar e, portanto, pode sofrer mudanças. Leis sobre o divórcio, leis sobre o casamento entre pessoas do mesmo sexo, acordos pré-nupciais, guarda de filhos, leis previdenciárias, normas previdenciárias e regras para a prática da jornada de trabalho flexível influenciam os relacionamentos e são atribuídos aos formuladores de políticas. O papel do governo na educação e nas práticas de emprego sem dúvida é complexo, porém a maior parte da educação é financiada pelo Estado, e uma grande variedade de políticas e leis pode alterar de maneira significativa a abrangência e a qualidade (e a equidade) da educação. As leis trabalhistas são uma parte muito significativa do sistema legal, e as regras tributárias, as normas previdenciárias e as decisões de investimento do governo, assim como, em um nível mais fundamental, a saúde da economia, determinam a qualidade de nosso emprego e, portanto, nosso bem-estar. A maioria dos governos da Europa ocidental tem menos influência sobre os aspectos espirituais da vida, mas as questões referentes à arte, à cultura e ao lazer na verdade sofrem influência dos governos, ao passo que a criminalidade e a justiça criminal são temas atribuídos aos legisladores.

A PSICOLOGIA CLÍNICA E O BEM-ESTAR

Em 1989, uma auditoria do trabalho de psicólogos clínicos e de outros especialistas aplicados no Reino Unido concluiu que o país precisava de 4 mil psicólogos aplicados em tempo integral e que, para tanto, precisaríamos formá-los a uma taxa de pelo menos 200 por ano. Agora, existem no Reino Unido cerca de 17 mil psicólogos aplicados, e só o NHS financia a formação de 650 psicólogos clínicos a cada ano. Hoje em dia, os psicólogos clínicos trabalham em diversas especialidades: assistência perinatal e assistência a gestantes, além da assistência à saúde mental da criança e do adolescente.

Os psicólogos trabalham na prestação de atenção (ou assistência) básica, e não de cuidados de saúde primários, aos pacientes porque esse tipo de cuidado é reservado aos médicos. Eles podem trabalhar com portadores de

HIV, usuários de drogas e assistência à saúde de idosos. Claro, muitos psicólogos trabalham com a saúde mental de adultos, com pessoas que têm toda sorte de problemas de saúde mental, de ansiedade social a psicose, passando por depressão grave. A maioria das recomendações clínicas do National Institute for Health and Clinical Excellence [Instituto Nacional de Saúde e Excelência Clínica] (NICE) preconiza a utilização de terapias psicológicas nas quais os psicólogos clínicos se especializam.

A adoção de uma abordagem baseada no bem-estar poderia ter consequências importantes para o trabalho dos psicólogos. A psicologia clínica é uma profissão cujas origens estão na saúde mental, e é provável que os problemas de saúde mental continuem sendo o principal foco do nosso trabalho. Sem dúvida, os psicólogos clínicos são especialistas em terapias psicológicas, de modo que é provável que continuemos oferecendo terapias individuais. A meu ver, é provável que o foco permaneça na terapia cognitivo-comportamental (TCC); outros psicólogos clínicos preferirão outras abordagens. Além de propiciar terapia, há muitos anos os psicólogos clínicos vêm defendendo serviços socialmente mais responsáveis, mais plenamente holísticos. Na prática, isso significaria muito mais trabalho em todos os domínios do bem-estar que estamos identificando aqui, exigindo a participação de consultores trabalhistas do Jobcentre Plus (agência de trabalho e previdência administrada pelo governo) e de outros serviços de saúde ocupacional e psicologia ocupacional para ajudar as pessoas a reduzir o estresse no ambiente de trabalho, minimizar a probabilidade de absentismo em decorrência de problemas emocionais e maximizar a produtividade. Implicaria trabalhar com escolas e professores para ajudar as crianças a aprender, mas também para ajudar crianças, professores e pais a lidar melhor com dificuldades emocionais. Esperaríamos ver psicólogos clínicos colaborando mais de perto com os serviços de saúde física, amparando pacientes com doenças físicas graves, ajudando-os a adaptar-se a doenças e lesões, ajudando-os a reabilitar-se e maximizando a probabilidade de que as pessoas adotem as medidas necessárias para tornar-se mais saudáveis e bem-dispostas. Veríamos psicólogos clínicos trabalhando em serviços comunitários ligados a esporte e lazer, organizações de caridade, serviços municipais, em todos os domínios do bem-estar, enfim.

Para isso, nossos empregadores precisam entender e apoiar essa iniciativa. No Reino Unido, a maioria dos psicólogos clínicos trabalha em empresas afiliadas ao NHS. Talvez seja lamentável que nossa história de estreita associação a serviços de saúde mental e nossa indubitável experiência em terapias psicológicas individuais acabem contribuindo para que os psicólogos clínicos muitas vezes sejam valorizados profissionalmente se (e talvez quando) atendem a clientes individualmente, mas em geral sejam muito pouco estimulados a dedicar-se a essas ambições mais vastas. Porém, como espero ter deixado claro acima, nossos colegas de profissão compartilham plenamente dessas aspirações. Há muitos anos, médicos clínicos, médicos sanitaristas e médicos do trabalho consideram sua função promover a saúde (em vez de apenas tratar a doença), promover o bem-estar e aprimorar a saúde pública.

Para a minha profissão, o foco no bem-estar implica analisar nossos vínculos com os demais grupos de psicólogos aplicados. Uma visão real do bem-estar integra o interesse dos psicólogos clínicos pela saúde mental ao interesse dos psicólogos ocupacionais no trabalho, ao interesse dos psicólogos educacionais na educação, ao interesse dos psicólogos da saúde, dos psicólogos forenses e assim por diante. Todos esses grupos profissionais fazem, em essência, a mesma coisa: aplicar seu conhecimento da teoria psicológica à abordagem de problemas sociais e à promoção do bem-estar. Portanto, este é menos um apelo aos psicólogos clínicos, enquanto grupo muito específico, para que estendam suas ambições à vida como um todo que um apelo aos psicólogos aplicados para que se unam no intuito de aplicar sua perícia e seu conhecimento de modo coerente em todos esses domínios do bem-estar. E isso, por sua vez, talvez exija que analisemos nossa formação. Embora a formação dos psicólogos clínicos já tenha um currículo bastante vasto e completo, talvez seja preciso desenvolvê-lo para abarcar essas ideias. Em um artigo de 2002, sugeri que, para aprimorar – para desenvolver – a formação e o profissionalismo dos psicólogos clínicos e de outros psicólogos aplicados, talvez a solução fosse promover uma maior integração nessa formação.[14] Para isso, reuniríamos os psicólogos de todas as especialidades da psicologia (do trabalho, clínica, da saúde, da educação, forense) em um currículo genérico no primeiro de nossos três anos de doutorado, o qual se iria afunilando até a formação especializada no terceiro ano. A vantagem dessa abordagem é que ainda teríamos uma formação especializada, ou seja, cada um seria psicólogo clínico, ocupacional etc., em vez de ter a designação vaga e demasiado genérica de "psicólogo aplicado". Cada um teria, em sua formação, trilhado um caminho que envolve um grau muito maior de exposição integrada a outras abordagens da psicologia aplicada.

UM MODELO PSICOLÓGICO DO BEM-ESTAR

Em capítulo anterior, propus um modelo psicológico da saúde mental criado a partir da ideia de que nossos pensamentos, emoções e comportamentos (e, portanto, nossa saúde mental) são, em boa medida, determinados pela forma como interpretamos e compreendemos o mundo, algo que, por sua vez, é em grande parte determinado por nossas experiências e nossa criação, e que fatores biológicos, sociais e circunstanciais afetam nossa saúde mental por meio do efeito que exercem sobre os processos psicológicos.

Para estender esse modelo ao bem-estar de modo mais geral, é preciso reconhecermos o impacto direto de fatores práticos, sociais, econômicos e até políticos em nosso bem-estar. Quando você sente dor, isso obviamente afeta o domínio da saúde física de seu bem-estar e dificulta-lhe sentir-se feliz e satisfeito; é difícil sentir bem-estar. Se você é pobre e vê seus filhos em situação de desvantagem em relação aos colegas, é difícil ficar satisfeito. Apesar de algumas das frases impressionantes das autobiografias dos políticos, se você vive sob o jugo de uma ditadura opressiva, é provável que a liberdade seja mais que apenas um estado de espírito. Estou convicto da contribuição da psicologia e confio na força de uma perspectiva psicológica.

Como já disse em outro capítulo, uma abordagem psicológica da saúde mental e do bem-estar não se encaixa facilmente em um modelo diagnóstico. Já que nosso bem-estar depende do funcionamento saudável de processos psicológicos-chave e, o que é importante, de nosso modo de compreender o mundo, nada mais sensato que colocarmos essa compreensão no contexto da "pessoa como um todo". Ou seja, em vez de ver a saúde mental como um problema que deve ser diagnosticado separadamente de considerações sociais, familiares e econômicas mais amplas – para ser diagnosticado (para voltar ao argumento de Platão: "destrinchar a natureza em suas articulações") –, deveríamos pressupor que o bem-estar incorpore essas questões psicológicas. Para entender os problemas emocionais e promover a boa saúde mental, precisamos entender as questões psicológicas pertinentes a cada um desses domínios-chave do bem-estar. É importante que as variáveis que prognosticam o bem-estar não sejam diferentes das que prognosticam a doença: não pode haver dois modelos, um modelo psicológico que explique os problemas de saúde mental e outro que explique o resto da vida "normal". Isso remonta à ideia do não diagnóstico: não há nenhuma psicologia anormal que se contraponha à psicologia normal (e, portanto, não deve haver livros com o termo "psicologia anormal" no título).

O modelo que apresento aqui sem dúvida se aplica a uma grande variedade de problemas sociais. Quero dizer que disrupção ou disfunção de processos psicológicos é o caminho final comum para o desenvolvimento tanto de transtornos mentais quanto de problemas sociais. Essa perspectiva psicológica é plenamente aplicável a problemas sociais como criminalidade, comportamento antissocial, exclusão social, uso de drogas etc. O trajeto do "transtorno mental" ao "problema social" parece perfeitamente plausível se aceitarmos que o transtorno mental deve deixar de ser considerado semelhante a um processo patológico.

A maioria dos críticos poderia sugerir quase instintivamente que a maioria dos problemas sociais tem causas sociais, embora alguns digam que esses problemas podem se dever a fatores biológicos ou físicos. Seja como for, se os fatores biológicos de fato tiverem impacto na criminalidade e em outros problemas sociais, o modelo psicológico que estou propondo aqui sugere que isso se deve ao modo como eles perturbam processos psicológicos relevantes. Como no caso do transtorno mental, a mesma abordagem geral aplica-se aos fatores sociais e às circunstâncias de vida. Não há dúvida de que essas duas amplas classes de agentes causais estão implicadas no desenvolvimento de problemas sociais. Obviamente, nem todos os que estão expostos a fatores causais como a carência social se tornam infratores da lei, usuários de drogas ou vítimas de algum outro tipo de problema social. Meu modelo sugere que essas diferenças individuais se explicam pelos diferentes modos como esses fatores afetam os processos psicológicos mediadores relevantes. Não é de surpreender que o desencanto e a sensação de pouco poder fazer, de que nada que você faça importa muito, se associem a carência social e abuso, por um lado, e a problemas sociais como criminalidade, uso de drogas e comportamento antissocial, e depressão e outros transtornos mentais, por outro. Essa análise, no entanto, levanta a questão dos mecanismos psicológicos que de fato se associam aos tipos de problemas sociais aqui discutidos. Esse não é o lugar para expô-los em detalhes, mas é justo dizer que um número considerável de problemas psicológicos – em geral problemas "difíceis" como cognição, memória, atenção, concentração, QI e capacidade de resolução de problemas – foi associado a desafios sociais decisivos. Os criminologistas e analistas sociais discutem problemas como anomia ou alienação social, falhas de parentalidade, disciplina, dificuldades de apego e modelos de conduta no sentido da aprendizagem das consequências do comportamento. Outros comentam os possíveis problemas que certos jovens irritantes parecem ter no que diz respeito ao adiamento de gratificação, resolução de problemas, cognição social e controle de emoções. Há pouco, em relação à saúde mental, os esquemas cognitivos que regem os relacionamentos e o convívio social foram vistos como mecanismos psicológicos mediadores fundamentais. Esse princípio vai além, abrangendo a rede de relacionamentos coletivamente chamados de capital social. Com efeito, ele sugere como esse capital social é construído em termos psicológicos e como se podem desenvolver comunidades funcionais.

Um modelo autêntico de abordagem psicológica pode trazer implicações jurídicas também. Na maioria das jurisdições, é importante determinar se alguém estava impossibilitado, no momento de uma infração, de entender o que estava fazendo ou de saber se isso era errado. No Reino Unido, isso é julgado com base na presença de uma "doença da mente". Em um modelo psicológico, a questão de determinar se essa pessoa sabe a diferença entre o certo e o errado é inteiramente justificada, mas a questão relevante não é a da "doença da mente", mas sim determinar se a capacidade que essa pessoa tem de entender a diferença entre o certo e o errado foi perturbada de maneira considerável pelas fontes de influência acima mencionadas. Nesse particular, a lei sempre exigiu um limiar muito alto, presumindo que as pessoas sejam dotadas de "razão suficiente para responsabilizar-se" por seus atos. Porém, do ponto de vista psicológico, os tribunais deveriam levar em conta a possibilidade de diminuição da responsabilidade avaliando até que ponto os processos psicológicos normais (relevantes para o delito em questão) não teriam sido interrompidos ou perturbados. No momento do delito, não estaria essa pessoa gravemente comprometida com sua lucidez e sua capacidade de exercer seu juízo normal?

MORAL

Por que as pessoas agem de forma moral ou imoral? O que nos torna bons ou maus? Será a imoralidade indício de um transtorno de personalidade, uma doença, uma falha biológica ou mesmo genética? Ou, repetindo, a forma como aprendemos a compreender o mundo orienta e modela nosso comportamento?

A Declaração de Independência dos Estados Unidos, de 1776, já foi considerada o documento mais importante da história da humanidade.[15] Sua frase mais conhecida: "Consideramos verdades evidentes por si mesmas que todos os homens nascem iguais [...]", ressoa até hoje. Apenas treze anos após a assinatura da Declaração de Independência dos Estados Unidos, a Declaração Francesa dos Direitos do Homem e do Cidadão afirmou que "Os homens nascem e permanecem livres e iguais em direitos".[16] O artigo 1 da Declaração Universal dos Direitos Humanos das Nações Unidas confirma que "Todos os homens nascem livres e iguais em dignidade e direitos. São dotados de razão e consciência e devem agir em relação uns aos outros com espírito de fraternidade".[17]

O principal autor da Declaração de Independência dos Estados Unidos e, portanto, presumivelmente dedicado de corpo e alma à verdade evidente por si mesma de que "todos os homens nascem iguais" foi Thomas Jefferson, dono de uma fazenda de fumo e proprietário de centenas de escravos durante toda a sua vida.[18] Parece bizarro, mas um senhor de escravos estava pronto a incitar a rebelião armada em nome da igualdade e da liberdade universais. A escravidão parece vomitar esses paradoxos, provavelmente por causa dos imensos lucros financeiros obtidos com a crueldade sistematizada, como vimos no diagnóstico sádico e conveniente de drapetomania.

O principal autor da Declaração de Independência dos Estados Unidos podia ter escravos e, ao mesmo tempo, escrever que "todos os homens nascem iguais". Isso quer dizer que Thomas Jefferson tinha algum déficit neurológico que o impedisse de ver a hipocrisia que havia em afirmar que todos os homens nascem iguais e "possuir" escravos? Ou será que isso reflete um padrão de raciocínio mais comum, compartilhado por muita gente na época, decorrente dos processos sociais normais que respaldam e mantêm nossas crenças a respeito do mundo? Thomas Jefferson seria louco, deficiente, perverso, confuso, inadequado ou filho de sua época?

Por que fazemos maldades? Em agosto de 2011, uma série de tumultos e distúrbios civis eclodiu no Reino Unido. O gatilho inicial, ao que tudo indica, foi uma marcha de protesto contra um homicídio cometido por policiais. Porém, após esse primeiro protesto, surgiram outras manifestações que se espalharam rapidamente por diversas áreas de Londres e atingiram Birmingham, Manchester e outras cidades. Nas noites de 6 a 10 de agosto, houve muitos tumultos, saques e incêndios. Mais de 3 mil pessoas foram detidas e mais de mil, acusadas de infrações penais. Cinco mortes foram atribuídas aos tumultos e 168 policiais e dez bombeiros ficaram feridos. Estima-se que os tumultos tenham causado mais de £ 200 milhões em danos ao patrimônio.

Essas cenas de perturbação da ordem pública "sem precedentes" deram ensejo a comentários previsíveis dos políticos e da mídia. O primeiro-ministro, David Cameron, culpou uma "sociedade dividida" em "colapso moral", mas também prometeu "abrir uma guerra enérgica contra as gangues e a cultura das gangues". O *Daily Telegraph* sugeriu que "os delinquentes precisam aprender a respeitar as leis do país, nem que seja à força".[19]

Mas por que esses tumultos ocorreram? Mais precisamente, no contexto deste livro, por que as pessoas agiram dessa maneira? Que fatores (e, talvez, que fatores biológicos ou ambientais) podem explicar esse comportamento? Historiadores, filósofos, juristas e políticos debatem as origens da criminalidade. Em especial, sempre houve uma estreita relação entre as discussões sobre a saúde mental e o comportamento criminoso. No Reino Unido, pelo menos, há setores da mídia que se comprazem em usar o termo "doente" para descrever o comportamento criminoso, mas será que os criminosos são "doentes?" Até que ponto esses fatores são determinados pela estrutura e pelo funcionamento do cérebro e até que ponto somos responsáveis por nossos atos?

ENTÃO, A CRIMINALIDADE É UM TIPO DE LOUCURA?

Antes, usei o editorial do *The Times* de 1854 para mostrar a fragilidade da abordagem diagnóstica da saúde mental. Os códigos jurídicos costumam levar em conta a questão da racionalidade dos atos penais ou imorais. A lei (pelo menos no Reino Unido) reconhece certos limites legais na responsabilidade: as pessoas podem não ser consideradas culpadas de homicídio, por exemplo, se estiverem agindo sob coação. Certos casos especiais, como infanticídio e automaticidade (que, embora muito diferentes, são ambos muito raros), podem levar a um veredito de "inocente". Mais comum é a questão da semi-imputabilidade, ou responsabilidade diminuída, em razão de incapacidade ou insanidade. Na maioria das jurisdições, é importante determinar se alguém tinha capacidade, no momento da suposta infração, de entender o que estava fazendo ou de saber se isso era errado. No Reino Unido, isso é julgado com base na presença de uma "doença da mente".

No âmbito do comportamento humano, nossa forma de ver o mundo determina em grande parte o modo como pensamos, nos sentimos e nos comportamos. Isso vale tanto para o comportamento criminoso quanto para a saúde mental; nossa moral é definida pelo que pensamos sobre nós mesmos, os outros, o mundo e o futuro. Como em outras áreas da vida, os fatores biológicos, sociais e circunstanciais afetam-nos por meio do impacto que exercem sobre os processos psicológicos chave que criam e mantêm nossa compreensão do mundo. Estou convencido de que essas regras valem para a criminalidade e a moral e, portanto, de que a experiência e a aprendizagem são mais importantes que a biologia quando se trata de influenciar nossa compreensão do mundo.

Então, por que Thomas Jefferson agiu como agiu? Por que ele não viu a contradição entre dizer "Consideramos verdades evidentes por si mesmas que todos os homens nascem iguais [...]" e ser proprietário de escravos? Seu cérebro teria algum tipo de deficiência? Haveria em suas sinapses alguma conexão anormal? Creio, de um modo trivial e reducionista, que seria possível sugerir que não se estabeleceu uma conexão da parte do cérebro que registraria o conceito de "escravidão" e o conceito (presumivelmente) relacionado de "eu" com as partes do cérebro que registrariam o conceito de equidade, não dando lugar à percepção de que equidade, na redação da Declaração de Independência dos Estados Unidos, tinha para ele alguma importância. É plausível imaginarmos um meio de observar, com equipamentos ou exames neurológicos infinitamente detalhados, um cérebro humano registrar uma conexão entre dois conceitos: o momento do "clique", quando "a ficha cai". Acho que Jefferson não teve esse momento de "clique" ou, então, não se importava (outro fenômeno teoricamente observável), mas não creio que houvesse nenhuma anormalidade em seu cérebro. Acho que ele pensava sobre seu mundo com a mente de um homem de seu tempo e creio que o fazia devido às circunstâncias em que se encontrava e às experiências que teve na vida. É a psicologia social que explica esse paradoxo, não o funcionamento de seu cérebro.

RAZÃO E MORAL

A adoção dessa abordagem poderia alterar de modo considerável nossa condução de pelo menos alguns julgamentos penais. No direito inglês, a Lei do Homicídio, de 1957, permite que a semi-imputabilidade seja usada como defesa contra uma acusação de homicídio. Caso se possa demonstrar que uma pessoa acusada de homicídio doloso "sofre de tamanha anormalidade da mente" que "comprometa de modo substancial a responsabilidade mental por seus atos e omissões", ela será inocentada da acusação de homicídio doloso e considerada culpada de homicídio culposo. Isso permite ao juiz maior liberdade no arbítrio das sentenças, dando-lhe, por exemplo, a possibilidade de expedir uma ordem judicial para internação que permita que essa pessoa seja detida, conforme a Lei de Saúde Mental, em um hospital psiquiátrico de segurança ou um manicômio judiciário.

Faz sentido que o sistema de justiça criminal leve em conta todas as ameaças à responsabilidade mental do acusado, porém eu sugeriria, com cautela, que uma explicação psicológica do senso moral poderia implicar que, em vez de usar uma apreciação da adequação do senso moral de alguém — e, portanto, de sua responsabilidade moral — como defesa, o sistema jurídico talvez fizesse melhor se levasse essas questões em consideração na fase de decretação da sentença.

Capítulo 6

Pensando diferente:
a terapia

SOU FÃ DO ESCRITOR E FILÓSOFO FRANCÊS ALBERT CAMUS, vencedor do prêmio Nobel de literatura de 1957 e autor de *A Peste*, um romance profundamente instigante. Como intelectual e filósofo, talvez ele tenha sido incomum pelo fato de ter resistido ativamente à ocupação nazista da França como editor do *Combat*, jornal clandestino da Resistência. Em seu caderno de maio de 1937, Camus escreveu: "Psicologia é agir; não pensar sobre si mesmo". Acho que isso está certo, pois a finalidade da psicologia é oferecer algo de útil. Os psicólogos clínicos ajudam as pessoas a reduzir o sofrimento psicológico e a promover e aumentar o bem-estar psicológico, e pautam seu trabalho na compreensão de modelos psicológicos do bem-estar e do sofrimento.

Minha experiência como psicólogo clínico e professor universitário convenceu-me de que o modo como pensamos, nos sentimos e nos comportamos é determinado, em boa medida, por nossa forma de ver o mundo e de pensar sobre nós mesmos, os outros, o mundo e o futuro. Ninguém está livre das influências dos genes e do ambiente, mas os fatores biológicos, sociais e circunstanciais afetam-nos por meio de seu impacto sobre os processos psicológicos chave que criam e sustentam nossa compreensão do mundo. Portanto, estou igualmente convencido de que à experiência, e não à biologia, cabe o maior impacto sobre esses processos e, por conseguinte, a maior das influências sobre nossa compreensão do mundo. Isso significa que aprendemos a compreender o mundo e podemos aprender novas formas de vê-lo. A terapia pode ser uma ferramenta útil para isso.

Provavelmente, a imagem popular da terapia está associada a Freud: um analista sábio (mas talvez um pouco frustrante) que escuta sua história de desespero e faz algum comentário aforístico ("Hmm... Talvez você deva fazer o que acha certo."). Existem algumas semelhanças, como veremos abaixo, mas também é verdade que há disponibilidade de muitas "terapias" em seu sentido comum.

Quando inicia seu treinamento para psicólogo clínico, em geral você recebe os casos relativamente simples de ansiedade ou depressão, pois a terapia é uma capacidade que precisa ser aprendida. Muitas vezes, a ansiedade pode ser aliviada com intervenções derivadas de abordagens comportamentais da psicologia, como a exposição gradativa (na qual as fobias ou ansiedades sociais são minoradas estimulando-se a pessoa a aprender técnicas de relaxamento e, depois, a expor-se gradualmente à situação temida sem perder a calma) ou a "exposição e prevenção de resposta" (uma técnica particularmente adequada a problemas obsessivo-compulsivos, na qual a pessoa é estimulada a permitir-se os pensamentos obsessivos que lhe provocam ansiedade sem executar os rituais compulsivos aos quais aprendeu a recorrer). Nas complexas formulações que elaboramos, essas abordagens comportamentais são complementadas por intervenções destinadas a lidar com os pensamentos negativos que a pessoa tem a respeito de si mesma, dos outros, do mundo e do futuro. Essas intervenções simples são muito eficazes.

Há muitas coisas simples que as pessoas podem fazer para aumentar seu bem-estar. Além de recomendar políticas nacionais que aumentem o bem-estar, os autores do Foresight Report pediram a uma equipe da New Economics Foundation (da qual participa meu amigo e colega Sam Thompson) que fizesse uma revisão das provas científicas disponíveis para propor recomendações individuais, coisas que cada um de nós poderia fazer para atingir um maior bem-estar ou ser mais feliz. Suas conclusões foram reunidas em cinco ideias específicas, deliberadamente descritas como "equivalentes, em termos de bem-estar, a 'cinco frutas e verduras por dia'".[1]

OS CINCO PASSOS PARA O BEM-ESTAR MENTAL

1. Mexa-se

É óbvio que o nosso bem-estar está intimamente associado à nossa saúde física, e é igualmente claro que a atividade é importante para a nossa saúde física. Embora este não seja um manual de medicina nem de boa forma, fazer exercícios físicos regularmente é um bom conselho porque isso aumenta o bem-estar psicológico. O estreito vínculo entre saúde física e saúde mental implica que se manter ativo o fará mais saudável e mais feliz. Atividade e exercícios mudam nossa química cerebral, aumentando os níveis dos neurotransmissores que nos fazem sentir bem. Por essa razão, eles melhoram nosso humor e são, comprovadamente, antidepressivos eficazes. Conforme a minha explicação de bem-estar mental, isso constitui um exemplo de como os fatores biológicos podem influenciar nossos processos psicológicos.

Sem dúvida, há diferenças entre os níveis de saúde e boa forma física das pessoas. Portanto, o conselho para que se mantenha ativo e em forma deve corresponder às circunstâncias de cada um (não é uma má ideia consultar um profissional, seja ele um professor de ginástica, um fisioterapeuta ou seu médico de família). Porém existem coisas simples que todos podemos fazer para permanecer em atividade e em forma todos os dias: basta dar uma caminhada (mas faça-o religiosamente), levar o cachorro para passear, frequentar uma academia de ginástica, correr, nadar ou pedalar, fazer jardinagem ou bricolagem. O importante é que o exercício o faça sentir-se bem. Por isso, descubra (ou volte a praticar) a atividade física que mais lhe agrada e mais se adapta a seu nível de mobilidade e condicionamento e pratique-a todos os dias.

A atividade tende a ajudar também em um tema muito afim: o sono. As pessoas que sofrem de privação do sono tendem a sentir mais indisposição, mais irritação e, claro, cansaço e letargia. O sono também parece ser um fator importante para a saúde física, principalmente o sistema imunológico. Sem dúvida, é muito importante procurar dormir o tempo necessário, e exercitar-se é uma boa maneira de contribuir para um bom sono.

A atividade – ou, pelo menos, a maioria das atividades – também tende a ajudar em alguns dos demais passos para a felicidade. Muitas formas de atividade exigem que as pessoas participem de clubes ou grupos. Meu filho participa de times de futebol e clubes de ciclismo, e todos os domingos vamos pedalar com seu avô (meu sogro) e um grupo de amigos. E, mesmo quando vou à academia de manhã, encontro amigos e colegas, de modo que praticar atividades físicas também pode implicar outros passos para a felicidade.

2. Relacione-se

Como vimos nos últimos capítulos, nossos relacionamentos têm importância fundamental para o nosso bem-estar. Talvez não valha a pena comparar a importância relativa dos diferentes elementos do bem-estar, mas os relacionamentos bem podem estar entre os que mais contribuem para a felicidade. Como já foi dito antes, isso significa não só o relacionamento amoroso (que inclui o sexual), mas também o relacionamento com a família, com os amigos, com os colegas de trabalho e com os vizinhos. Temos relacionamentos em casa, no trabalho, na escola etc. Portanto, faz sentido cuidarmos de proteger e cultivar nossas relações com as pessoas que nos cercam. Vale a pena investirmos tempo e esforço para manter essas relações.

Existem bons indícios de que quem dispõe de um bom número de relacionamentos em que haja apoio e compreensão tende a ser mais feliz e mais saudável, além de ter expectativa de vida mais longa. É muito difícil medir essas coisas (pois estamos tentando comparar maçãs e laranjas), mas tudo leva a crer que a ausência de relacionamentos pessoais mais íntimos expõe nossa saúde ao mesmo nível de risco que fumar ou comer demais. Os relacionamentos e o apoio social que eles nos propiciam parecem proteger-nos contra infecções, reduzir nosso risco de doenças cardíacas e diminuir as chances de termos demência na velhice.

Os relacionamentos — bons relacionamentos — propiciam-nos o amor, o amparo e o conforto de que precisamos para florescer. Aparentemente, é sobretudo por meio dos relacionamentos, das opiniões alheias (ou do que julgamos serem as opiniões alheias) que cultivamos a autoestima e o amor-próprio. Sem dúvida, nesses relacionamentos deve haver afinidade e apoio, o que implica que os melhores tipos de relacionamentos são aqueles em que as pessoas podem compartilhar atividades e experiências, além das emoções positivas que elas criam. Os relacionamentos positivos são também aqueles em que as pessoas ficam à vontade para conversar abertamente umas com as outras e se sentem compreendidas. É isso que faz dos relacionamentos um lugar em que se recebe e se dá apoio e conforto. Na verdade, isso gera um ciclo de *feedback* positivo: as pessoas mais felizes tendem a ter relacionamentos mais sólidos, e as pessoas que têm relacionamentos mais sólidos tendem a ser mais felizes. Inclusive, há até algumas pesquisas recentes que sugerem que a felicidade pode espalhar-se pelas redes sociais como um vírus: quando a felicidade de uma pessoa aumenta, o humor de seus amigos tende a melhorar, assim como também o humor dos amigos de seus amigos. Ao que parece, a felicidade é algo que contagia e pode disseminar-se pelos relacionamentos.

As pessoas também precisam da sensação de inclusão, de sentir que fazem parte de uma comunidade. Os relacionamentos com a comunidade mais ampla – colegas, empregados, patrões, amigos e vizinhos – ajudam a criar essa sensação de conexão. Os seres humanos são, em essência, animais sociais, e a construção de relacionamentos é vital para a sobrevivência de nossa espécie. Nossa espécie, como muitas outras, só foi bem-sucedida porque grupos de humanos aprenderam a trabalhar juntos para cultivar a terra, cuidar dos filhos, construir abrigos e coletar alimentos. Há indícios muito fortes de que nosso cérebro evoluiu especificamente para nos ajudar a lidar com informações sociais, e os elementos-chave da construção de relacionamentos (amor, compaixão, bondade, gratidão, generosidade, sorriso e riso) parecem ser universais e inatos.

Portanto, vale a pena dedicarmos algum tempo e esforço para criar e manter nossos relacionamentos. É claro que isso não é fácil: em nossa sociedade, há muita gente que sofre de solidão, mesmo em grandes cidades (talvez sobretudo em grandes cidades). Muitas vezes, é difícil forjar relacionamentos, e cada pessoa precisa encontrar suas próprias maneiras de fazer isso. Como diz a Action for Happiness [Ação para Felicidade], "até interações incidentais aparentemente ínfimas, como um sorriso amigo ou um ato de gentileza, podem fazer diferença". Porém creio que podemos fazer mais se adotarmos medidas práticas, como participar de grupos ou organizações, inclusive sites de encontros. Além disso, não devemos deixar de cultivar e manter os relacionamentos que temos lembrando-nos de mandar cartões de aniversário, escrevendo cartas e postais, respondendo e-mails etc. Da minha perspectiva de psicólogo, podemos cuidar de nossas próprias crenças, nossos pressupostos e pensamentos. Nosso modo de pensar sobre o mundo afeta o que sentimos e o que fazemos. Se acharmos que somos antipáticos, se acreditarmos em uma visão cruel do mundo e se só esperarmos solidão no futuro, bem poderemos acabar agindo de forma compatível com o que pensamos, em um círculo vicioso de infelicidade. Por isso, para mim, mudar nosso modo de pensar é importante e falarei a respeito abaixo.

3. Continue aprendendo

Indícios consideráveis mostram que aprender e manter-se mentalmente ativo é bom para você, pois poderia (a comunidade científica ainda não se decidiu, acho) contribuir para prevenir a demência e outras formas de declínio mental na velhice e, em especial, porque não resta dúvida de que a atividade mental constante mantém as pessoas felizes. Aprender coisas novas — a vida inteira — nos expõe a novas ideias e nos estimula a permanecer curiosos e motivados. Curiosidade e indagação mental parecem ser mais duas características humanas por excelência e, aparentemente, elas nos fazem bem. Quando aprendemos mais sobre o mundo, ficamos mais equipados para lidar com os desafios da vida. Quando aprendemos uma nova habilidade, temos uma sensação de sucesso e realização que aumenta nossa autoconfiança e nossa autoestima.

Há muitas coisas concretas que podemos fazer. Como professor, eu recomendaria a Open University[*] ou qualquer outro esquema de "aprendizagem por toda a vida". Muitas universidades lhe dão a possibilidade de estudar para obter um diploma, independentemente de sua idade. Porém a ideia de que as pessoas devem continuar a aprender não se limita à obtenção de qualificações formais. Em seus "cinco passos para o bem-estar", a New Economics Foundation sugere: "Experimente fazer coisas novas. Redescubra um antigo interesse. Matricule-se naquele curso. Assuma uma responsabilidade diferente no trabalho. Conserte uma bicicleta. Aprenda a tocar um instrumento ou a fazer seu prato preferido. Defina um desafio que lhe dê prazer conquistar". Esses conselhos são excelentes porque o

---

[*] Universidade de ensino a distância, fundada e mantida pelo governo do Reino Unido. (N.T.)

cérebro desabrocha quando é estimulado (há um dito que diz que o cérebro, como todos os músculos, cresce quando é usado). Portanto, podemos nos matricular em um curso de francês ou chinês, ou de violão (ou, como um dos meus clientes no NHS, de matemática avançada). Podemos fazer um curso de decoração de bolos ou um curso de piloto de aviões leves (como fizeram dois colegas meus). Podemos até assinar um contrato para escrever um livro.

Sem dúvida, essas coisas tendem a ser viciantes. Muitas das coisas novas que resolvemos fazer envolvem aprendizagem e atividade (meu filho gosta de um esporte chamado orientação, que alia a tarefa bastante intelectual de leitura de mapas a corridas pelo campo). Muitas dessas novas oportunidades de aprendizagem podem ser em grupos, o que nos dará a chance de conhecer gente nova e criar novos relacionamentos. Como psicólogo, estou interessado em como nossas crenças e nossos pensamentos (sobre nós mesmos, os outros, o mundo e o futuro, claro) podem afetar nossa motivação para aprender coisas novas e também em como a aprendizagem de novas habilidades pode afetar nossas crenças e nossos pensamentos. Como terapeuta, procuro usar técnicas efetivamente retóricas para ajudar as pessoas a mudar seus pontos de vista sobre a vida. Entretanto, fatos são mais úteis que argumentos. Aprender novas habilidades e adquirir novos conhecimentos são muito importantes para aumentar a confiança e o otimismo das pessoas. Quando temos mais ferramentas na caixa, nós nos sentimos melhores como pessoas. Se explorarmos essas novas ideias com amigos ou em um clube, uma associação ou um grupo, isso contribuirá para fortalecer nosso senso de amizade, comunidade e participação, ajudando-nos a cultivar relacionamentos. Esse é um exemplo prático de como os fatores sociais e os eventos da vida podem influenciar os processos psicológicos para aumentar o bem-estar.

Um exemplo muito bom, que aborda muitos dos passos para a promoção do bem-estar, é dado pela Reader Organisation [Organização de Leitura], uma empresa social dedicada à literatura, à leitura em voz alta e à discussão de como a grande literatura pode afetar o humor e as perspectivas de vida das pessoas.[2] Seus funcionários trabalham, entre outros, com o serviço de saúde, o serviço de justiça criminal, serviços de emergência, empresas e instituições (locais de trabalho) e centros de acolhimento, organizando grupos de leitura nos quais as pessoas possam ler juntas. Esses grupos de leitura, assim como as atividades a eles relacionadas, como projetos de teatro comunitário, são muito apreciados pelos participantes.

4. Dê

Conforme disse antes, como os seres humanos evoluíram em comunidades, os relacionamentos são essenciais à nossa sobrevivência. E, como diz a Action for Happiness, "preocupar-nos com os outros é fundamental para nossa felicidade". Em termos práticos, humanos, isso significa que ajudar os outros nos faz sentir melhor. Um dos aspectos mais comoventes da psicologia humana é que fazendo algo pelas pessoas ajudaremos não só a elas, como também a nós. Fazer algo pelos outros é um meio e tanto de aumentar nossa felicidade e, também aqui, há ligações cruzadas. Ajudar os outros contribui para fortalecer os relacionamentos e os laços de reciprocidade entre as pessoas. Muitos de nós podemos dar dinheiro para caridade, porém aqui estamos falando de algo além disso. As pessoas podem dar seu tempo, suas ideias, sua energia, seu entusiasmo e sua liderança. Podemos lutar por grandes projetos, como os das histórias que ouvimos de gente que desiste de uma carreira no setor bancário para ensinar em uma escola primária, candidatar-se a um cargo na política, fundar uma entidade beneficente ou trabalhar como voluntária de modo regular, planejado. No espírito dos "cinco por dia", podemos nos esforçar para não deixar de fazer pelo menos alguma coisa todos os dias para aumentar o bem-estar, aqueles pequenos gestos imprevistos para ajudar estranhos, familiares, amigos, colegas ou vizinhos. Você pode sentir-se bem só em ajudar alguém a obter instruções para chegar a seu destino.

Pesquisas apontam evidências que respaldam o fato de que ajudar os outros intensifica nossa própria sensação de felicidade. Isso nos ajuda a dar sentido e propósito à vida, aumenta nossa sensação de competência, melhora nosso humor e reduz o estresse. E, além disso, vincula-se a outros "passos para a felicidade": ajudar os outros faz parte do processo ativo de cultivar relações gratificantes e recíprocas. Muitas formas de atividade comunitária podem envolver atividade física — ou, quem sabe, você não consiga atingir dois de seus "cinco por dia" escolhendo deliberadamente algo que, além de ser útil, o leve a mexer-se e a envolver-se com as pessoas, como administrar um clube esportivo ou até limpar terrenos baldios. Isso também poderia nos ajudar a pensar de modo positivo a respeito de nós mesmos, dos outros, do mundo e do futuro.

5. Preste atenção

À primeira vista, talvez o quinto "passo para a felicidade" pareça estranho. Há na psicologia e, de uma forma mais geral, na medicina um reconhecimento cada vez maior dos benefícios da atenção plena ou *mindfulness*), cuja melhor definição talvez seja "estado de atenção e percepção consciente do que está ocorrendo no presente". Estar consciente do mundo que o cerca, em estado de pleno entrosamento com ele, parece ser o segredo do bem-estar e da felicidade. Quando estamos sendo atentos, estamos intencionalmente conscientes do que está acontecendo à nossa volta (do que podemos ver, ouvir, cheirar, tocar e provar) e do que está acontecendo dentro de nossa própria mente (do que estamos pensando e sentindo). Porém certas pessoas tendem a preocupações e pensamentos aflitivos. Por isso, na atenção plena, é importante estarmos conscientes, mas não presos àquilo que estamos pensando nem preocupados com aquilo que estamos observando. A atenção plena envolve aceitar, e não julgar, o que estamos observando. A meu ver, como psicólogo, aqui há dois elementos cruciais: podermos controlar de maneira seletiva a atenção (e aquilo a que prestamos atenção) e estarmos conscientes de nossos próprios pensamentos, uma capacidade conhecida como metacognição.

Vários são os indícios de que há muita gente que simplesmente não tem consciência nem dos próprios pensamentos nem do mundo à sua volta. Muitos de nós parecemos presos a nossos pensamentos, preocupações e ansiedades, a pensamentos do passado ou a temores quanto ao futuro. Vemo-nos esquecendo aquilo que decidíramos fazer, não conseguimos escutar o que nos dizem, comemos nossas refeições sem sentir-lhes o sabor, deixamos o rádio ou a televisão ligados sem lhes prestar nenhuma atenção ou fazemos o percurso até o trabalho no "piloto automático". Se ficarmos tão presos a preocupações e planos a respeito do passado ou do futuro, não teremos nenhum tempo para o presente. A atenção plena destina-se a corrigir isso e a ajudar-nos a ser mais conscientes tanto de nossos próprios pensamentos quanto do mundo à nossa volta.

Há muitas evidências científicas de que a abordagem atenta da vida pode trazer grandes benefícios para nosso bem-estar mental, nossos relacionamentos e nosso desempenho no trabalho. E também pode trazer grandes benefícios para nossa saúde física: já se demonstrou que as técnicas de atenção plena, ou mente alerta, desenvolvidas nos Estados Unidos por Jon Kabat-Zinn, como a "redução do estresse baseada em *mindfulness*", propiciam inúmeros benefícios à saúde física, entre os quais ajudar as pessoas a administrar a dor e a reduzir a pressão arterial, a ansiedade e a depressão.[3] Existem indícios de que a atenção plena poderia beneficiar o sistema imunológico e até contribuir para prolongar nossa vida. Cientistas já demonstraram que os efeitos dessas técnicas podem ser vistos no funcionamento neurológico do cérebro, principalmente nas áreas que estão associadas às emoções positivas, aos relacionamentos e aos sentidos.

A atenção plena parece ser particularmente eficaz como técnica de redução do estresse. Seus praticantes apresentam níveis mais baixos de cortisol, hormônio que está associado ao estresse. Além disso, a atenção plena pode revelar-se eficaz na redução do estresse crônico, já que por certo contribui para o relaxamento e para um sono melhor. Talvez por isso, a prática das técnicas de atenção plena melhore a memória, a atenção, a concentração e o pensamento lateral, ajudando as pessoas a aprender melhor, a ser mais criativas e, assim, a melhorar seu desempenho acadêmico. Isso sugere que a atenção plena poderia ter efeitos positivos não só sobre a saúde e a segurança, mas também sobre uma série de habilidades complexas relacionadas ao desempenho no trabalho, como as de tomar decisões e resolver conflitos.

Para os psicólogos, isso ocorre porque a atenção plena ajuda as pessoas a se conscientizar mais plenamente de uma gama mais vasta de informações tanto sobre o mundo exterior quanto sobre seus próprios pensamentos. Além disso, a atenção plena nos ajuda a desenvolver a capacidade de mudar de maneira consciente a atenção de uma tarefa para outra, possibilitando-nos avaliações mais precisas do mundo, opções mais conscientes quanto ao que fazer e decisões mais inteligentes e menos impulsivas. Como disse antes, a atenção plena também se associa a menos preocupação, ansiedade e depressão, o que sem dúvida contribui para um maior bem-estar psicológico. Muitos psicólogos acreditam que a atenção plena ajude as pessoas a extrair da vida mais prazer positivo. Para gozar a vida plenamente, vale a pena procurar prestar mais atenção ao "estar lá" quando se está no processo de vivenciar as coisas. Assim, talvez seja mais fácil satisfazer-se com os prazeres simples da vida, em vez de se lamentar constantemente do passado ou esperar coisas do futuro. Assim, para os proponentes da atenção plena, o prazer que se teria tomando uma taça de vinho e comendo um queijo delicioso, sentindo o sol bater no rosto, comendo um pêssego maduro, vendo seus filhos se divertirem ou assistindo a um filme, por exemplo, seria muito maior se você estivesse atentando para cada uma dessas coisas enquanto as estivesse vivendo.

A atenção plena beneficia nosso nível de bem-estar pessoal e pode beneficiar nossos relacionamentos. O treinamento na atenção plena aumenta nosso nível de empatia e compaixão e parece melhorar os relacionamentos. Portanto, deveríamos cultivar uma postura plenamente atenta. Isso não significa matricular-se em um curso para aprender a atenção plena (embora isso não fosse uma má ideia): bastaria cultivar uma abordagem mental curiosa e aberta. Como afirma a New Economics Foundation: "Veja o belo. Note o incomum. Observe a mudança das estações. Saboreie o momento, seja no caminho para o trabalho, no almoço ou em uma conversa com os amigos. Perceba o mundo à sua volta e o que você está sentindo. Refletir sobre suas experiências o ajudará a apreciar o que lhe importa". Ou siga o conselho da Action for Happiness: Perceba "as folhas dançando numa árvore, um pássaro voando ao vento, o perfume de um novo botão, a cor do céu ou o sorriso de alguém que passa".[4]

TERAPIAS MAIS GENUINAMENTE PSICOLÓGICAS: A TCC

Esses conselhos se embasam na ciência e são plausíveis; as pessoas poderiam, sem muita dificuldade, implementá-los. No entanto, está claro que eles não abarcam toda a gama nem toda a profundidade dos problemas de saúde mental. É preciso algo mais, e é aí que entram em cena, pelo menos em parte, as terapias psicológicas formais, como a terapia cognitivo-comportamental (TCC).

Todos os dias, ouvimos muitos bons conselhos. Porém, em geral, ignoramos a maior parte deles ou, como ocorre com as resoluções de Ano-Novo, pretendemos segui-los, mas acabamos deixando-os de lado. De fato, esses conselhos não tocam, ou não podem tocar, em certos domínios do bem-estar. Se aconselhar as pessoas fosse bom, todos nós estaríamos levando vidas quase perfeitas. Aconselhar alguém a estreitar e manter os relacionamentos pessoais – com a família, os amigos e a comunidade mais ampla – é correto do ponto de vista científico. Porém todos sabemos que mudar a natureza de nossos relacionamentos é uma tarefa complexa e emocionalmente difícil. A meu ver, na qualidade de psicólogo clínico, sua capacidade de melhorar seus relacionamentos depende muito das crenças que você tem. Do mesmo modo, a saúde é um importante componente de seu bem-estar. Todos sabemos que deveríamos praticar mais exercícios e comer mais frutas e verduras frescas, mas o difícil não é dar esses conselhos e, sim, segui-los. Em geral as pessoas gostam da ideia de ter uma vida mais agradável, mais motivante e mais produtiva, mas, quando têm crenças pessimistas e negativas, fazer isso é difícil. Tampouco podemos mudar coisas como o lugar onde moramos, o ambiente e a comunidade, nossas finanças pessoais, nosso nível de escolaridade e nossas habilidades se não tomarmos decisões bem importantes. É ainda mais difícil alterar coisas como nosso nível de participação democrática, a economia mundial e o meio ambiente (embora, sem dúvida, sempre possamos reciclar).

Então, se o conselho é bom, mas não temos condições de segui-lo e há muitos aspectos de nossa vida que simplesmente não podemos mudar, o que podemos fazer com a depressão que sentimos diante de todos os aspectos negativos de nosso suposto bem-estar? O Buda disse: "Somos modelados por nossos pensamentos; nós nos tornamos aquilo que pensamos", algo que foi reafirmado pelo poeta elizabetano Edmund Spenser em *The Faerie Queene* [A Rainha das Fadas]: "É a mente que faz a bondade ou a maldade, a tristeza ou a felicidade, a riqueza ou a pobreza". Se acharmos que estamos destinados à inadequação, pensaremos e agiremos de forma compatível com isso.

O que pensamos a respeito de nós mesmos, dos outros, do mundo e do futuro realmente importa. As pessoas costumam receber bons conselhos sobre questões emocionalmente difíceis, mas nem sempre podem agir de outro modo. Para seguir os conselhos que recebemos, precisamos pensar de forma diferente. Felizmente, dispomos de algumas técnicas boas e modernas para ajudar as pessoas a pensar de maneira diferente.

TERAPIAS MAIS GENUINAMENTE PSICOLÓGICAS

Os psicólogos clínicos costumam citar o filósofo grego Epiteto, que teria dito, por volta de 100 d.C., que "não são os eventos que nos perturbam, mas sim as opiniões que formamos deles". Em outras palavras, nossa forma de compreender as coisas determina (pelo menos em parte) quanto elas nos perturbarão. O norte-americano Aaron Beck, um pioneiro da terapia cognitivo-comportamental, elaborou uma interpretação mais moderna e mais robusta dessa ideia. Ele adorava contar uma historinha ilustrativa, sobre o dia em que foi pegar o jornal matutino (que, como sabemos pelos filmes de Spielberg, nos Estados Unidos os jornaleiros atiram casualmente na entrada das casas) e pisou em cheio em um monte de cocô de cachorro fresquinho. E isso o fez sorrir. "Por quê?", perguntava Beck, "Por que eu sorriria?" Como seria de esperar, você franzia o cenho e balançava negativamente a cabeça, e então Beck respondia: "Porque eu pensei com meus botões: que bom que calcei os sapatos primeiro". A ideia vem de Epiteto: nossa interpretação, nosso modo de pensar a respeito dos fatos é importante. Além de ser uma das lições deste livro, essa é também a base da terapia cognitivo-comportamental.[5]

A TCC é uma forma muito popular de terapia psicológica: é simples, volta-se para o "aqui e agora", em vez de referir-se a seus traumas de infância ou à sua relação com seus pais, e baseia-se em pesquisas psicológicas acadêmicas fundamentais (e não em teorias esotéricas). E tem-se revelado muito eficaz para uma grande variedade de problemas.

O principal pressuposto da TCC é que as dificuldades psicológicas dependem de como as pessoas pensam ou interpretam os eventos. Os pensamentos (ou cognições) resultantes determinarão a reação delas a esses eventos (que é onde entra o comportamento) e suas emoções subsequentes. Assim como o modelo psicológico apresentado neste livro, a TCC se baseia na ideia de que os processos de raciocínio das pessoas são, em grande parte, determinados por tudo aquilo que lhes aconteceu na vida. Muitas vezes, sua reação pode reforçar o problema: caso se considere uma pessoa inútil e burra, você bem pode reagir ao *feedback* bom e mau prestando mais atenção aos comentários negativos. É claro que isso vai fortalecer sua convicção de ser inútil e só contribuirá para aumentar o problema. Essa constatação é importante, pois significa que as pessoas aprendem a pensar sobre o mundo da maneira que pensam e, portanto, podem aprender a pensar de outro modo.

A TCC destina-se a ajudar as pessoas a aprender modos mais úteis de pensar e de reagir aos fatos. Seu estilo é colaborativo e educativo, e o terapeuta age mais como mentor que como psicanalista. Ela tende a empregar experimentos e "deveres de casa" práticos, no intuito de ajudar os clientes a descobrir novas formas de abordar os problemas. Isso a torna uma abordagem interessante para quem deseja uma terapia ativa que se baseie no respeito mútuo, no fornecimento de informações e na oferta de opções. Ela se processa de forma estruturada, passo a passo, o que implica mais controle para o cliente. A TCC se baseia na ideia de que as pessoas podem ser estimuladas a aprender formas diferentes, mais positivas, de pensar e agir, em vez de depender de um terapeuta que as "conserte".

Existem fortes indícios de que a boa relação terapêutica entre o terapeuta e o cliente é importante para o sucesso. Na verdade, a maioria das investigações científicas mostra que essa relação terapêutica é no mínimo tão importante quanto a "marca" da terapia adotada. Na TCC, isso significa que a relação é colaborativa, baseada em uma relação terapêutica boa e funcional entre o cliente e o terapeuta. O terapeuta assume deliberadamente uma postura ativa, não dizendo ao cliente o que fazer, mas sim agindo como um professor, democrático porém profissional, inclusive até a ponto de muitas vezes passar "dever de casa". Ele é (ou deveria ser) aberto e explícito, dando uma justificativa para cada passo e pedindo *feedback* ao cliente com regularidade.

A TCC é uma terapia democrática, colaborativa e educativa: os terapeutas explicam o que estão fazendo e por quê – você vê o que está comprando, por assim dizer. Na verdade, a TCC está em livros como o excelente *Mind Over Mood* e em programas de computador,[6] isso porque se baseia em um modelo educacional segundo o qual o cliente aprende novas habilidades e novas formas de lidar com os problemas. Acredito que a terapia presencial seja preferível, pois os indícios sugerem que o relacionamento é importante, mas as habilidades também podem ser aprendidas de outras formas.

VIESES COGNITIVOS

Os terapeutas cognitivo-comportamentais costumam referir-se às "distorções cognitivas" que podem estar por trás de alguns dos problemas que as pessoas enfrentam e que podem levá-las aos processos de raciocínio que os caracterizam. Embora não sejam exclusivos de problemas de saúde mental, pois é provável que todos eles tenham pensamentos distorcidos e, nesse sentido, irracionais, esses vieses podem ser particularmente preocupantes quando se está muito angustiado. Também é útil, na TCC, identificá-los para que as pessoas possam aprender a reconhecê-los e, possivelmente, corrigi-los.

É muito fácil as pessoas descambarem, principalmente quando estão confusas e aflitas, para raciocínios do tipo "preto ou branco" ou "tudo ou nada", vendo as coisas de maneira absoluta, dicotômica, categórica, em vez de as ver de maneira relativa, como tons de cinza dispostos ao longo de um *continuum*. Assim, elas poderão ver-se como "um fracasso" em decorrência desse "tudo ou nada" em seu modo de pensar caso seu desempenho receba avaliações opostas (imaginemos a situação de um professor cuja didática é avaliada de forma desigual pelos alunos, por exemplo). Quando você vê as coisas em termos de "tudo ou nada" e é difícil interpretar a situação de modo positivo, é relativamente fácil concluir que, se as coisas não forem boas, devem ser ruins e, portanto, você é um fracasso. Sem dúvida, há problemas quando se vê o mundo desse modo: as pessoas não são delirantes nem burras, mas esse modo de pensar causa problemas e está associado a problemas de saúde mental como ansiedade e depressão.

Além disso, elas podem tender à "supergeneralização", que é quando pequenos indícios ou alguns exemplos isolados são interpretados como provas de uma regra muito mais geral. Vemos exemplos disso quando as pessoas afirmam coisas como "Todos acham que sou um idiota" ou "Sou um mau pai". É bem possível que você tenha cometido um erro, ou que pudesse ter se saído melhor, mas é provável que seja um caso de supergeneralização distorcida alguém pegar um pequeno número de eventos (ou mesmo um só) e dele extrair uma afirmação autoavaliativa geral. A supergeneralização também se relaciona à conclusão precipitada, já que ambas envolvem inferências a partir de indícios limitados. Sem dúvida, tirar conclusões precipitadas, supergeneralizar e adotar o raciocínio do "tudo ou nada" é perigoso para sua saúde mental. Poucas experiências na vida são perfeitas – é provável que algum dia até mesmo seus filhos façam ou digam algo que lhe desagrade. Quando isso acontece, esses vieses são muito perigosos, pois aumentam o risco de levá-lo a apressar-se em concluir que você é um fracasso.

As pessoas também podem ter vieses como a "ampliação" e a "minimização", que são as tendências a exagerar ou minimizar (consciente ou inconscientemente) o impacto de um evento, muito comuns quando estão em jogo questões emocionais ou importantes, popularmente manifestas em expressões como "fazer tempestade em um copo de água". No caso de problemas de saúde mental, é comum as pessoas exagerarem as consequências negativas de um evento: uma discussão com o parceiro é "o fim do mundo" (em vez de chata), os outros o "odeiam" (em vez de o consideram irritante), e isso se aplica a "todo mundo" (em vez de só a algumas pessoas). Os problemas financeiros são vistos como falência iminente, enquanto as possibilidades para o futuro são minimizadas e subestimadas. Essa minimização das visões positivas às vezes é chamada de "subestimar o positivo". É uma distorção que está relacionada à "rotulação", viés caracterizado pelo uso de uma descrição global (geralmente referente ao próprio sujeito) cujo efeito é aumentar a probabilidade de pensar do mesmo modo em futuras situações. Por exemplo, alguém que se rotula como "um fracasso" ou "um mau pai", em vez de discutir atos ou comportamentos isolados. Se cometer um erro, talvez você possa aprender a cometer menos erros parecidos no futuro, mas se for um mau pai, você é um mau pai e ponto. (Sem dúvida, isso vale igualmente para as crianças. Em vez de dizer "criança burra", é bem melhor falar de "um ato bobo".)

Em seu grau máximo, esses vieses podem levar ao "catastrofismo", que é quando se começa a pensar no pior resultado que uma situação pode ter e só nessa possibilidade catastrófica. Assim, digamos que esteja em casa esperando a chegada do marido. Como a hora em que ele normalmente chega já passou, você começa a se preocupar cada vez mais e a pensar nas possibilidades: "Será que ele está tendo um caso?", "Será que sofreu um acidente?". Enquanto pensa, todos os seus vieses cognitivos entram em ação e você procura confirmar seus receios, só se lembra das possíveis opções negativas, pensa em termos de "tudo ou nada". Com toda a preocupação, resolve ligar para o celular dele, mas a ligação cai assim que é completada. Seu marido fora "retido" pelo chefe, que insistira para que o acompanhasse a uma palestra. E, assim, só pôde voltar para casa muito tempo depois do previsto e com o celular descarregado. O "catastrofismo" entra em cena quando você chega à conclusão de que o pior aconteceu (que seu marido sofreu um acidente ou está tendo um caso) e se recusa a levar em conta qualquer outra alternativa menos catastrófica.

Além disso, as pessoas podem ter o viés cognitivo da personalização. Como diz uma conhecida frase de para-choque, "M... acontece". A vida é assim. Às vezes, as coisas acontecem por motivos circunstanciais ou aleatórios, mas nós podemos interpretá-las (mal) como decorrentes de algum tipo de relação pessoal conosco. Esse é um viés que provavelmente se aplica mais a situações sociais, quando as pessoas tendem a levar para o lado pessoal algo que é apenas uma coincidência. Assim, por exemplo, talvez você esteja em uma festa quando vê que várias pessoas precisam de transporte para voltar para casa. Então lhes oferece uma carona e acaba ficando confuso quando elas resolvem pegar um táxi. Claro que pode haver milhões de razões para essa decisão, mas o viés da "personalização" o levaria a concluir que foi alguma coisa relacionada a *você*.

Os terapeutas cognitivo-comportamentais citam ainda vários outros vieses, mas vale a pena citar mais dois. As pessoas muitas vezes recorrem ao que se denomina "argumentação emocional", que é a tendência a tirar conclusões com base naquilo que sentem, e não em indícios concretos. Isso significa que, se nos sentirmos culpados (uma realidade quando estamos desanimados), tendemos a presumir que fizemos algo de errado. Se nos sentirmos estressados e oprimidos, podemos presumir que nossos problemas são gigantescos, que somos ineptos ou as duas coisas. Se sentirmos raiva de alguém, podemos cometer o erro de presumir que a raiva em si é prova de que essa pessoa fez algo de errado. Por fim, podemos cometer o erro de fazer declarações absolutas sobre o que "deveria" acontecer ou o que "precisamos" fazer. É fácil, sobretudo quando se sofre, ter reações dogmáticas e absolutas, mas se os requisitos forem demasiado rígidos ou extremos, ficará impossível colocar-se à altura dessas expectativas. É claro que, junto com outros vieses, vêm a depressão, a ansiedade ou outros problemas de saúde mental.

Raciocínio heurístico

A ideia dos vieses cognitivos na psicologia clínica está estreitamente relacionada à ideia do raciocínio heurístico. Hipóteses heurísticas são "atalhos mentais" que nos ajudam a tomar decisões que em geral estão corretas, em vez de nos deixar na posição complexa e difícil de resolver tudo, do ponto de vista da lógica, partindo do zero em cada situação que encontrarmos. Embora elas nem sempre estejam certas, nós recorremos ao raciocínio heurístico porque ele nos ajuda a lidar rapidamente com muitas informações. A heurística é parte fundamental da obra de Amos Tversky e dos ganhadores do prêmio Nobel Herbert Simon e Daniel Kahneman (que ganhou o prêmio em 2002, após a lamentável morte de Tversky, seu velho colaborador), pelo trabalho sobre a interface entre psicologia e economia.[7] Seu interesse recaía no fato de as pessoas parecerem irracionais (sobretudo em algumas de suas decisões econômicas), mas estarem sem dúvida obedecendo a alguma forma de lógica irracional ou racionalidade ilógica. Parte de sua solução para os problemas de "julgamento sob incerteza" estava na ideia de que as pessoas tendem a recorrer menos à dura e fria lógica algorítmica e mais a técnicas de caráter prático, baseadas na experiência, para resolução de problemas. São essas abordagens heurísticas que podemos esperar de animais que evoluíram o bastante para ter a capacidade de aprender a resolver problemas em seu ambiente (em vez ser programados para aplicar a lógica matemática). Essas estratégias agilizam ou aprimoram o processo de encontrar uma solução satisfatória para um determinado problema. Embora, a rigor, muitas vezes sejam ilógicas (explicarei por que em breve), essas abordagens heurísticas podem ser mais úteis que a lógica pura e simples.

Alguns psicólogos já sugeriram que "tentativa e erro" é uma forma de raciocínio heurístico – há pouca lógica pura nesse modo de resolver problemas, mas ele obtém resultados. Entre as abordagens heurísticas comumente estudadas incluem-se: a heurística da disponibilidade e da representatividade, a heurística da ancoragem e do ajustamento e o "aumento do empenho". Outras heurísticas também têm sido sugeridas.

A heurística da disponibilidade talvez seja a mais fácil de observar e entender. Em essência, é a ideia de que as soluções para os problemas ou as respostas para as perguntas são geradas com base naquilo que lhe vem primeiro à mente, e não na correção lógica. Nessa forma de raciocínio heurístico, a facilidade com que você consegue pensar em um exemplo ou lembrar-se de um incidente semelhante é o que determina sua reação. As pessoas tendem a reduzir a velocidade logo depois de verem um acidente na estrada, não tanto por chegarem à conclusão lógica de que as condições da pista devem estar perigosas, mas porque a ideia de membros mutilados está extremamente disponível. Quase todos nós já ouvimos uma conversa sobre cigarros que é mais ou menos assim: "Pois é, mas minha tia fumou quarenta cigarros por dia durante sessenta anos e morreu com 98". Esse é um exemplo disponível e fácil de lembrar. Porém, como argumento, na verdade não é suficiente para derrubar as substanciais provas epidemiológicas dos riscos do tabagismo. A mídia tende a informar eventos graves, mas muito raros, como homicídios e ataques terroristas (ou mesmo doenças bizarras), portanto não é um absurdo que essas coisas possam estar na mente das pessoas. Isso significa que, ao estimar a probabilidade desses eventos, as pessoas tendem a superestimar os riscos mais dramáticos e a subestimar os mais comuns. Por exemplo, continua sendo muito mais provável que você morra em um acidente a caminho do trabalho que em um ataque terrorista, e ainda mais provável que essas duas possibilidades é a de você morrer de causas naturais. Em uma abordagem lógica, os eventos incomuns, drásticos, vívidos e memoráveis devem ter relativamente pouca influência sobre nossos processos de tomada de decisão. Entretanto, naquilo que denominamos "heurística da disponibilidade", são na verdade esses os tipos de eventos que ficam no primeiro plano da imaginação e distorcem nossas conclusões. Robin Dunbar sugeriu que o cérebro humano evoluiu naturalmente para compreender cerca de 150 pessoas de nosso grupo social (portanto as aldeias, os amigos do Facebook e outros grupos sociais tendem a ter um número de membros que gira em torno de 150). Ao que parece, o efeito é que, quando a mídia menciona (repetidamente) a vítima de um homicídio, nós por instinto incorporamos a identidade dessa pessoa a nosso grupo social, o que implica que a tragédia dela fica tão disponível para nós como se tivesse ocorrido com um de nossos amigos. Esse pensamento extremamente disponível vai afetar nossos julgamentos — o que, sem dúvida, é compreensível, mas é equivocado.

A "heurística da representatividade" funciona de modo parecido. Nesse modo de pensar, as pessoas tomam decisões com base na semelhança, e não na lógica. Existem duas demonstrações experimentais clássicas disso: primeira, como acreditam (injustamente) que as bibliotecárias são mulheres tímidas e socialmente retraídas que usam óculos e prendem o cabelo num coque, é mais provável que as pessoas digam que uma determinada mulher é bibliotecária se tiver essas características. Isso pode ser plausível, mas a heurística da representatividade parece sobrepujar a abordagem mais lógica da matemática. Assim, em um grupo de dez mulheres, das quais apenas uma seja bibliotecária, a chance de que qualquer delas seja bibliotecária é na verdade de 1 em 10. Caso se diga às pessoas que uma mulher é tímida e socialmente retraída, usa óculos e prende o cabelo num coque, elas tenderão a aumentar de maneira considerável a confiança nesse julgamento, pois essa mulher é "representativa" do grupo.

A "heurística da ancoragem e do ajustamento" diz respeito à observação de que as pessoas são muito influenciadas pelo modo como começam a pensar sobre seus julgamentos: o ponto em que você começa afeta onde você acaba. Assim, as pessoas parecem "ajustar" suas opiniões a partir de uma "âncora", em vez de tomar decisões independentes. Então, por exemplo, se perguntar às pessoas quanto se dispõem a gastar com um relógio de pulso, você obviamente vai obter uma grande variação nas respostas. Se você abordar dois grupos de pessoas a respeito desse tema, mas sugerir a um deles: "Se fosse comprar um relógio de pulso, quanto você acha que gastaria? Você acha que gastaria mais ou menos de £ 100?" e, ao outro: "Se fosse comprar um relógio de pulso, quanto você acha que gastaria? Você gastaria mais ou menos de £ 40?", as respostas serão radicalmente diferentes. As pessoas não parecem tomar decisões independentes, pois são influenciadas pela "âncora". Isso em si é bastante interessante, mas poderia ser visto simplesmente como efeito da pressão social ("Hm... Se eles acham que £ 100 é um valor aceitável..."). Porém a heurística da ancoragem e do ajustamento parece ser ainda mais forte que isso. Em um experimento feito nos Estados Unidos, pediu-se às pessoas que fornecessem os dois últimos dígitos de seu número na previdência social e dissessem se estariam dispostas a gastar aquele valor em dólares comprando presentes (portanto, se os dois últimos dígitos fossem 3 e 5, se elas gastariam US$ 35; se fossem 9 e 7, se elas gastariam US$ 97 etc.). Em seguida, essas pessoas participaram de um leilão para comprar esses presentes. Aquelas que tinham números na previdência social cujos dois últimos dígitos eram mais altos – sem dúvida, valores inteiramente aleatórios – deram lances mais altos. Entretanto, isso pode não ser tão ridículo quanto parece (embora as pessoas não tenham consciência do que estão fazendo). Na verdade, para qualquer animal social, a ideia de que deve orientar-se pelas opiniões alheias não é uma tolice. Mesmo que haja melhores chances de encontrar comida em um determinado vale que em outro, se você partir sozinho talvez tenha menor probabilidade de transmitir seus genes.

Por fim, os psicólogos citam o "aumento do empenho" como exemplo de raciocínio heurístico. Às vezes, os economistas se referem a ele como "falácia do custo irrecuperável". Por exemplo: meu filho queria ir ao velódromo para assistir a uma competição de ciclismo. Compramos quatro ingressos: para minha mulher, meu filho, minha filha e para mim. Depois, minha filha não sabia se iria conosco ao velódromo ou participaria de uma festa de Halloween. No início, pensamos em convencê-la a vir, com base na lógica de que já havíamos pago £ 17 pelo ingresso e seria um desperdício não o usar. O erro aqui é que as £ 17 já haviam sido pagas. Nenhuma decisão poderia trazer esse dinheiro de volta. Portanto, tendo em vista a nossa situação, a questão era saber se minha filha preferia ir ao velódromo ou à tal festa. Ela decidiu ir à festa e, enquanto eu ainda estava estacionando o carro, minha mulher conseguiu vender o ingresso por £ 12 na porta do velódromo. A "falácia do custo irrecuperável" é um exemplo desse "aumento do empenho": depois que já começou a fazer alguma coisa, menor será sua probabilidade de mudar de ideia. Não é raro os vendedores recorrerem a essa técnica do "pé na porta" – depois que se inscreve em um clube de vinhos (sobretudo se lhe tiverem dado falsos "descontos"), é mais provável que você continue associado. Talvez os leilões sejam exemplos disso, pois as guerras de lances por certo se valem desse tipo de raciocínio. Já se argumentou, inclusive, que os riscos militares da "expansão que extrapola os objetivos da missão" (quando os políticos começam enviando "consultores" e acabam promovendo guerras) são um exemplo desse erro heurístico.

Viés da confirmação

Um fenômeno humano bastante reconhecido é nossa tendência a manter as crenças e opiniões que elaboramos. Ele se intensifica particularmente no caso de questões que se revestem de importância emocional e de crenças que nutrimos durante um certo tempo. Pelo que se pode observar, tão logo chegam a uma conclusão, as pessoas buscam ou atentam para indícios que a respaldem.

Podemos observar esse fenômeno na vida cotidiana. Homens sexistas, que acreditam que motoristas mulheres não sabem dirigir bem, quando veem um exemplo de má direção, esperam que o motorista seja uma mulher. Se de fato for assim, seus pressupostos se confirmam. Mas se o motorista for um homem, é claro que eles tenderão a ignorar, descartar ou esquecer a experiência. Ao ler o jornal, nossos olhos são atraídos pelas matérias que respaldam e endossam nossas visões de mundo. Por isso, pelo menos no Reino Unido, eventuais direitistas tendem a comprar o *Daily Mail* e a perscrutar artigos sobre imigração, criminalidade, "desperdício" de benefícios estatais etc. Graças ao "viés da confirmação", as pessoas tendem a buscar, atentar para, processar melhor e lembrar de informações que confirmem suas crenças ou ideias preconcebidas.

O viés da confirmação está em toda parte: na justiça criminal, quando se presume que o suspeito seja culpado e se manipulam as evidências para comprovar sua culpa; na medicina, quando o diagnóstico inicial de erupção cutânea benigna é mantido, apesar de a criança na verdade ter meningite, e – como uma epidemia – na psicologia e na psiquiatria, quando a discordância aceitável de um cliente com a interpretação do terapeuta é rotulada como "defensividade". O viés da confirmação afeta a vida profissional. No âmbito clínico, sem dúvida, as emoções e o sofrimento envolvidos significam que o viés da confirmação é muito comum. Uma razão compreensível para isso (à qual retornarei depois) é que as pessoas estão amedrontadas e, quando isso acontece, talvez seja perigoso ignorar a possibilidade de existência do perigo. Uso, com os clientes, a analogia do coelho. Todos sabemos que os coelhos às vezes são atropelados nas estradas porque se fixam nos faróis dos carros, o que à primeira vista parece explicável por sua burrice. Na verdade, a forte reação de medo é evolutivamente adaptativa em pequenos herbívoros dotados de poucas defesas, sobretudo se eles forem saborosos. Assim, na história da evolução dos coelhos, imaginemos uma mãe que pare dois irmãos. O Coelho A tem uma reação a ameaças muito desenvolvida: quando avista algo assustador (com características de "predador"), ele lhe dá uma boa dose de atenção. O Coelho B, por sua vez, devido aos caprichos da reprodução e da genética dos leporídeos, tem uma reação a ameaças menos desenvolvida. Ele tende a ignorar e a minimizar as ameaças, vendo o "predador", mas prestando-lhe relativamente pouca atenção. Parece claro que o Coelho A está mais bem-equipado para sobreviver ou, mais precisamente, foi mais bem-equipado para sobrevivência no decorrer da longa história da evolução da espécie dos coelhos. Talvez o Coelho B tenha uma ligeira vantagem quando se tratar de não se deixar hipnotizar por faróis automotivos (que, naturalmente, imitam um "predador" e chamam a atenção dos coelhos). Porém, mesmo agora, suspeito que morram mais coelhos na boca das raposas que sob as rodas dos carros. A questão é que ter medo não é sintoma de uma doença nem mesmo "anormal", mas sim um processo psicológico natural que tem sua vantagem evolutiva.

O viés da confirmação é, em essência, normal, como todos esses vieses. Eles existem na mente humana por uma razão muito boa. Talvez ela possa ser vista no caso da paranoia, que estudei a fundo. Fiquei muito impressionado com uma de minhas clientes, que acreditava estar na mira de criminosos locais. Como muitas vezes ocorre, há um grão de verdade em seu relato — ela morava em uma área meio "arriscada" de Manchester, e eu acho que isso bem poderia estar acontecendo mesmo. Enfim, a questão do viés da confirmação na paranoia é que ela estava demonstrando exatamente isso. Como muitos paranoides, ela estava interpretando partes de indícios corriqueiros de uma maneira muito paranoide. Ao ver uma van branca anônima, eles tendem a presumir que ela "com certeza" está sendo conduzida por agentes secretos do governo. Se o sinal do celular cai, "com certeza" é porque ele está grampeado. No caso dessa minha cliente, essa era uma característica muito marcante. Nós nos encontrávamos uma vez por semana, e ela em geral trazia consigo pedrinhas de seu jardim. Nunca fui à sua casa (talvez devesse ter feito isso), mas ela me disse que tinha uma área coberta de brita, ou pedrinhas, no jardim. Porém minha cliente via em algumas dessas pedrinhas a prova inequívoca de um complô para persegui-la. Em sua cabeça, elas estavam sendo deixadas por seus perseguidores ao lado das outras pedrinhas do jardim como um sinal sinistro. Eu achava muito provável que ela estivesse interpretando mal a situação. Nunca se pode ter certeza absoluta de nada na vida, mas estou mais do que convencido de que as pedrinhas em questão sempre estiveram no jardim da casa dela. Porém, para minha cliente, elas eram a prova do complô que a aterrorizava: as pedrinhas que ela via de manhã cedo confirmavam seus piores receios.

Os psicólogos já compararam o viés da confirmação à testagem científica de hipóteses. Inúmeros pesquisadores descobriram que as pessoas em geral tendem a buscar provas que respaldem sua suposição inicial, ao passo que a abordagem genuinamente científica consiste em testar a verdade de qualquer alegação procurando provas refutatórias, e não confirmatórias. Entretanto, o viés da confirmação é muito útil. Quando estudava psicologia na graduação, fui apresentado à analogia do preparo de um bolo. Vamos supor que você tenha feito um bolo especialmente gostoso e se pergunte como poderia repetir a dose. O raciocínio abaixo poderia ser científico: "Certo, partirei da hipótese de que o bolo ficou delicioso porque usei manteiga". Para testar essa hipótese, como cientista, eu poderia manipular de maneira sistemática a variável-chave (manteiga) e observar as consequências, ou seja, um bolo feito com óleo vegetal (em vez de manteiga) teria sabor pior? Apesar de essa ser uma abordagem científica, é provável que ela produza bolos de sabor desagradável. Você sabe a resposta a essa pergunta, mas não vai necessariamente querer seguir essa rota na vida real. Em vez disso, o viés da confirmação pode ser pouco audacioso, mas seguro. Se resistir à tentação de contestar sua própria convicção de que a manteiga é um ingrediente necessário ao preparo de um bolo, você jamais provará as alternativas e aumentará sua probabilidade de ter bons bolos.

Um bom exemplo das vantagens do raciocínio heurístico — e de "tirar conclusões precipitadas" — na vida real ocorreu durante a filmagem do programa *How Mad Are You?*, da série *Horizon*, da BBC. Usamos uma versão da tarefa de "conclusões precipitadas" para testar os participantes apresentando-lhes um jogo de probabilidades manipulado. Foram-lhes mostrados dois potes cheios de contas coloridas: um tinha oitenta contas azuis e vinte vermelhas; o outro, oitenta contas vermelhas e vinte azuis. Pedimos aos participantes que adivinhassem qual dos potes estava sendo usado a cada vez que eu (supostamente) pegasse uma conta. O teste foi manipulado para tornar a experiência igual para todos, e o objetivo era ver a rapidez com que eles "tiravam conclusões precipitadas". Conforme já vimos, tirar conclusões precipitadas associa-se a problemas de saúde mental e outras consequências negativas da impulsividade, porém uma das participantes fez um comentário interessante. Em vez de tirar conclusões precipitadas, ela insistia em perguntar pelas contas. A propósito, essa participante não estava entre os cinco que supostamente atendiam aos critérios de problemas de saúde mental. Depois de algum tempo, perguntei-lhe sobre sua estratégia. A resposta foi interessante. Já que havia vinte contas de uma cor em cada pote, de modo lógico ela supôs que teria certeza absoluta quanto ao pote com que estava lidando depois que eu tivesse retirado 21 contas vermelhas (pois, sem dúvida, estaria usando o pote de "maioria vermelha") ou, claro, 21 contas azuis. Ela estava absolutamente certa, mas a estratégia era demorada. Pelo fato de ser um programa de entretenimento para a TV, estávamos filmando no castelo de Hever, local em que Ana Bolena, segunda mulher de Henrique VIII e vítima de seu desagrado, passou a infância. Isso oferece um bom paralelo, pois esse rei por certo não esperava que não restassem dúvidas para atacar seus adversários. Ele agia com rapidez e decisão: era implacável, sem dúvida, mas conseguiu defender seu poderio. Embora possam não ser lógicos, o raciocínio heurístico, as conclusões precipitadas e os vieses de confirmação, assim como todos os vieses, muitas vezes acabam dando certo. Um coelho que resolva pesar logicamente os indícios antes de agir tem menos probabilidade de transmitir seus genes do que outro que se precipite e conclua que quase tudo pode ser predador, pois a indecisão é perigosa.

A base da terapia cognitivo-comportamental é ajudar as pessoas a identificar esses tipos de vieses e seus efeitos sobre o bem-estar. Portanto, não é uma questão de dizer às pessoas que pensem positivo, mas sim que identifiquem vieses como esses e pensem em alternativas. Esses vieses, que são universais e necessários, muito por certo decorrem (como todo comportamento humano) de uma mistura de causas genéticas e aprendidas. Além disso, eles ilustram elementos-chave da abordagem psicológica da saúde mental e do bem-estar de que trata este livro. O modo como pensamos, nos sentimos e nos comportamos é determinado, em boa medida, por nossa forma de ver o mundo e de pensar sobre nós mesmos, os outros, o mundo e o futuro. Esses fatores biológicos, sociais e circunstanciais afetam-nos por meio de seu impacto sobre os processos psicológicos chave que criam e mantêm nossa compreensão do mundo. É essa experiência, e não a biologia, o que exerce o maior impacto sobre esses processos e, por conseguinte, a maior influência sobre nossa compreensão do mundo. Esses vieses e heurísticas surgem, na maioria das vezes, em decorrência das experiências que tivemos na vida. Provavelmente é verdade que algumas pessoas tenham mais propensão a tirar conclusões precipitadas que outras, por exemplo, mas também é verdade que nossas experiências de vida vão afetar essas formas de pensar. É por isso que a TCC é eficaz e simples: eficaz porque essas coisas são importantes e podem ser aprendidas (e reaprendidas), e simples porque, na verdade, não estamos falando de anormalidade, estamos falando de vida psicológica normal.

A experiência da TCC

Todos os manuais convencionais sobre a TCC sugerem que devemos iniciar o trabalho com os novos clientes conversando sobre as ideias que lastreiam a terapia, ou seja, dizendo que o modo como pensamos, nos sentimos e nos comportamos é determinado, em grande parte, por nossa forma de ver o mundo e de pensar sobre nós mesmos, os outros, o mundo e o futuro. Portanto, na boa TCC, o cliente recebe uma explicação clara do que é a terapia e de como ela pode ajudá-lo.

Como afirmei antes, as abordagens psicológicas tendem a criticar o diagnóstico; em geral se pede às pessoas que expliquem seus principais problemas e suas razões para procurar a terapia e (de modo ideal) forneçam a lista de seus objetivos ou dos resultados que esperam. A exposição detalhada dos pensamentos, emoções e comportamentos ligados a cada problema é essencial à prática da TCC. Em regra, na sessão de terapia, os terapeutas cognitivo-comportamentais discutem o que o cliente estava sentindo, pensando e fazendo em cada situação difícil. Assim, caso você estivesse discutindo a ansiedade social ao falar em público, o terapeuta lhe pediria que descrevesse a situação ("Eu estava fazendo uma palestra para estudantes de medicina"), o que você estava sentindo ("ansiedade, desconcentração, rubor facial, confusão, raiva"), o que estava pensando ("Estou fazendo papel de bobo aqui, eles vão pensar que sou um idiota; sou péssimo professor") e o que fez ("Gaguejei, tropecei nas palavras, terminei o resto da palestra às pressas"). Estabelecer vínculos entre tudo isso está no cerne da TCC.

Os terapeutas cognitivo-comportamentais ajudam as pessoas a identificar os tipos de pensamentos que estão associados a seus problemas específicos – muitas vezes chamados de "pensamentos negativos automáticos" – e todos os vieses afins, como os que descrevemos acima. Eles se valem de uma grande variedade de relatórios de pesquisas que discutem os tipos de pensamentos e os tipos de vieses cognitivos associados a diferentes problemas. Sem dúvida, cada um de nós é diferente, tem problemas e estilos de pensar específicos, mas as pesquisas são importantes porque contribuem para identificar os tipos de pensamentos que em geral se associam a determinadas dificuldades. Na terapia de boa qualidade, o terapeuta e o cliente também elaboram formulações (como descreve o capítulo anterior) na tentativa de começar a explicar como esses pensamentos e vieses podem ter surgido.

Porém, como o objetivo da TCC é promover mudanças, seu processo requer que o terapeuta ajude o cliente a incluir pensamentos alternativos e diferentes explicações ou interpretações de eventos ou situações que, por sua vez, possibilitem reações alternativas, novas ou diferentes. Esse elemento essencial da TCC costuma ser interpretado de maneira equivocada como "pensar positivo". A ideia do copo "meio cheio" (em vez de "meio vazio") também está estreitamente associada a esse processo. Na verdade, a TCC não se volta para o "pensamento positivo". Ela visa muito mais a ajudar o cliente a identificar os vieses de raciocínio e heurísticas que estão contribuindo para os problemas e, sem dúvida, a mudá-los.

Uma importante técnica usada na TCC é a do "questionamento socrático. Quando são confrontadas – e escolhi essa palavra de modo deliberado – com novas ideias, em geral as pessoas reagem procurando argumentos que respaldem as suas. Assim, não é provável que alguém que se ache inadequado, ineficiente e incompetente no trabalho de repente mude de ideia e comece a julgar-se um profissional valorizado, competente ou excelente só porque alguém (mesmo que seja um terapeuta) lhe disse que isso é verdade. De fato, o que em geral acontece é que as pessoas – porque se acham inadequadas e por causa do viés da confirmação – tendem a criar e recordar informações que respaldem sua visão de mundo (negativa) e contradigam as sugestões (positivas) do terapeuta. Sem dúvida, não é isso o que queremos. Não queremos que as pessoas criem nem recordem informações negativas; queremos que elas criem informações positivas. O questionamento socrático é um meio de trazer à tona essas informações positivas. O filósofo grego Sócrates achava que as pessoas já tinham em si as respostas às grandes questões e que essas respostas poderiam vir à tona por meio perguntas bem feitas. Se corretamente executada, essa estratégia estimula o cliente a criar modos novos, menos distorcidos, de pensar sobre si mesmo, os outros, o mundo e o futuro. Ela não é uma estratégia neutra, já que as perguntas têm uma razão, mas a ideia é extrair do cliente outros pontos de vista, e não apenas os dar a ele.[8]

Entre os exemplos de perguntas socráticas incluem-se: "Existe alguma outra forma de ver essa situação?", "Como outra pessoa poderia pensar sobre essa situação ou reagir a ela?", "De que modo você teria pensado sobre essa situação no passado?" e "O que você diria a alguém que estivesse nessa situação?". Os terapeutas cognitivo-comportamentais costumam incentivar os clientes a submeter essas novas ideias a testes práticos para que, em vez de só falar sobre outras formas de pensar, eles verifiquem as consequências de pensar e reagir de modo diferente. Assim, tomando novamente como exemplo a pessoa que se achava inadequada e incompetente no trabalho, a terapia poderia estimulá-la não só a abrir-se para outras formas de pensar, como também a testá-las (candidatando-se a um novo emprego ou pedindo *feedback* aos colegas). Sem dúvida, a terapia nem sempre é fácil. Vez ou outra as pessoas recebem *feedback* que deprime ou confirma uma visão de mundo pessimista do cliente. Por isso, os terapeutas, talvez sobretudo na TCC, precisam estar preparados para dizer: "Ok, isso não deve ter sido fácil. O que você pode fazer a respeito?".

Minha amiga e colega, a doutora Sara Tai, inventou a frase "Detecte, confira e mude" para explicar como a TCC funciona. Então, primeiro, "detecte": identifique o que você está pensando. Na TCC convencional, muita gente adota diários para conscientizar-se de seus pensamentos, crenças e atitudes. Muitas vezes, também vale a pena usar uma mudança nas emoções como pista para analisar seu próprio modo de pensar. Assim, quando perceber uma emoção desaconselhável, uma mudança de humor ou um determinado comportamento que considere problemático, use-o como dica para analisar seus próprios pensamentos: "O que estou pensando?", "Por que estou pensando isso?". Como já foi dito, a autopercepção plenamente atenta parece ser bastante útil, de modo que a ideia de "detecção" significa também a conscientização de nossa própria vida mental – ter consciência do que estamos pensando, sentindo e vivenciando, sem julgamentos. Depois, a ideia é "conferir". Na TCC, isso significa analisar se os pensamentos são aqueles que em geral se associam a ansiedade, depressão etc. e se a pessoa caiu na armadilha dos vieses cognitivos comuns (como o viés da confirmação). Convém, de igual modo, identificar crenças mais fundamentais, que podem ser mobilizadas e causar problemas em situações de estresse. Por fim, é claro, "mudar": para tanto, precisamos começar por reverter o viés da confirmação. Em vez de buscar provas que sustentem nosso atual ponto de vista, precisamos agir de maneira efetiva para revertê-las, ou seja, devemos buscar provas contestatórias. Na TCC, o terapeuta pedirá às pessoas que se esforcem para criar um ponto de vista alternativo, gerando alternativas para os pensamentos negativos automáticos e, sobretudo, questionando as provas que os respaldam. Nós mesmos podemos fazer isso.

Terapia para problemas graves

Essas abordagens relativamente simples podem ser eficazes para problemas bastante graves. Há vários anos, publiquei um artigo que descreve a utilização dessas técnicas com um jovem que tinha delírios persecutórios (paranoia). No ph.D., eu já havia analisado, com Richard Bentall, meu orientador, como o estilo que as pessoas adotam para explicar o mundo à sua volta pode deixá-las paranoides. Em termos simples, estávamos investigando até que ponto culpar os outros pelas vicissitudes da vida poderia parecer uma boa ideia (por não o predispor tanto à autocrítica), mas o perturbaria e o faria suspeitar muito.

Porém, como além de estar estudando para o doutorado eu também era um psicólogo clínico credenciado, usei essa abordagem teórica na terapia de um jovem. Quando conheci meu cliente, ele era um rapaz de 33 anos interno da enfermaria psiquiátrica de um grande hospital geral que viera do pronto-socorro e fora internado 35 dias antes (o que é um tempo considerável e alarmante). Ele estava convicto de que os membros de um grande grupo internacional de barões da droga conspiravam para forçá-lo a entrar para a sua organização e de que sua própria vida estaria ameaçada se não o fizesse. Tinha certeza absoluta de que isso estava acontecendo, mas não sabia ao certo quem eram os envolvidos e suspeitava da equipe médica e de mim. Quando foi internado, esse rapaz havia recebido um diagnóstico preliminar de esquizofrenia paranoide ou "transtorno delirante" (um diagnóstico alternativo muito semelhante). Era usuário de maconha, mas não utilizara drogas desde a internação e estava recebendo medicação psiquiátrica padrão.

Descobri que esse jovem tendia a atribuir um grande número de eventos negativos a outras pessoas, em particular aos perigosos traficantes que participavam do complô. Assim, quando apareciam policiais na enfermaria, ele interpretava o fato como diretamente ligado a ele; quando não recebia o comprovante de pagamento de seu benefício na previdência social no dia previsto, ele atribuía a interceptação aos barões da droga; quando sumia um livro de seu armário, ele concluía que isso era parte de uma trama para desestabilizá-lo mentalmente. Passei algumas semanas apenas observando e mensurando tudo isso (para estabelecer uma "referência") e, em seguida, comecei a incentivá-lo a exercitar a criação de várias explicações para os fatos cotidianos, prestando especial atenção a essas explicações quando havia razões situacionais comuns. Assim, os policiais muitas vezes fazem serviços de rotina (e não pareciam ter nenhum interesse específico nele), desviar cartas dirigidas a uma enfermaria hospitalar talvez seja complicado para funcionários de agências governamentais distantes e, por fim, as coisas costumam sumir nos hospitais (talvez, em particular, nas enfermarias psiquiátricas).

Felizmente, as preocupações paranoides de meu cliente diminuíram de maneira radical logo depois que ele começou a criar explicações situacionais alternativas para os fatos que o preocupavam. Quando li suas anotações médicas, não encontrei, nesse período, nenhuma alteração em seu atendimento por parte dos médicos nem dos enfermeiros. Após a terapia, ele fez diversas afirmações que sugeriam sem dúvida que a mudança em sua paranoia estava relacionada à mudança em seu estilo de pensar. Certa ocasião (curiosamente, tendo em vista o modo como os fatores biológicos podem afetar o raciocínio, depois de haver fumado "um monte" de maconha), ele viu uma mulher com dois cachorros "com cara de maus". Segundo seu relato, sua reação inicial foi achar que "aquilo era parte de um plano para me amedrontar". Então se lembrou de que a maconha pode exacerbar as sensações paranoides e que provavelmente era por isso que sentira medo. Em outra ocasião, a chave de seu apartamento novo não abriu a porta: "Isso em geral me deixaria muito paranoide, mas dessa vez não fiquei nem um pouco; imaginei que o pessoal da imobiliária havia me dado a chave errada, voltei e peguei a certa". Infelizmente, só pude acompanhar esse rapaz durante cinco meses, mas de fato sua paranoia parecia ter cedido muito: "De fato me esqueci daquilo. Tenho certeza de que havia alguma coisa acontecendo, sabe? Só que agora acabou. Agora, deixo as coisas seguirem seu rumo. Imagino que, se havia uma conspiração, agora eles pararam. Talvez nunca tenha havido nenhuma, mas eu acho que havia, sim".[8]

A TCC DE OUTRO MODO

A primeira diretriz clínica estabelecida pelo National Institute for Clinical Excellence [Instituto Nacional de Excelência Clínica] do Reino Unido dizia respeito ao tratamento da esquizofrenia e recomendava que se oferecesse a terapia cognitivo-comportamental a "100%" das pessoas diagnosticadas como esquizofrênicas. Desde então, isso se repetiu com muitos outros problemas. Esse é um imenso passo na direção certa e libertará do sofrimento muitos milhares de pessoas, mas continuo não achando certo considerar tais problemas como "doenças" nem "prescrever" a TCC como se ela fosse algum tipo de medicamento. É importante entender que ajudar as pessoas a identificar como veem o mundo – como pensam sobre si mesmas, os outros, o mundo e o futuro e quais as influências a que está sujeito seu estilo de pensar – não é o tratamento para uma doença. As implicações desse modo de pensar e suas aplicações práticas envolvem ajudar as pessoas a aprender novas formas de ver o mundo. É aí que entra a terapia, mas isso exige muito mais que "discutir tratamentos" para "transtornos mentais".

O que estou sugerindo vai um pouco além de recomendar que todos devemos fazer TCC. Também estou dizendo que devemos pensar um pouco diferente sobre a própria TCC. O modo como a TCC funciona — ajudando-nos a refletir sobre nossos próprios processos de raciocínio e, se necessário, a mudá-los — nos diz que nossos pensamentos modelam nossa experiência do mundo e que podemos usar esse fato de maneira prática para melhorar nosso bem-estar. Isso vale para pessoas que têm problemas de saúde mental. A TCC é uma terapia muito eficaz, mas também vale para pessoas que não acham que possuem nenhum problema psicológico. Todos nós podemos nos beneficiar se nos conscientizarmos intencionalmente de nossos próprios pensamentos, da razão de pensarmos como pensamos, das consequências disso e de como poderíamos pensar diferente.

Capítulo 7

Senhor do próprio destino, capitão da própria alma

POR QUE VOCÊ AGE COMO AGE? O que faz a vida valer a pena? Nelson Mandela, herói da luta contra o *apartheid* na África do Sul, guardava consigo um pedaço de papel em sua cela, quando estava preso em Robben Island. Nele estava escrito o poema "Invictus",[1] que serviu de inspiração a Mandela e a muitos outros. Alguns versos resumem sua mensagem:

> Under the bludgeonings of chance,
> My head is bloody, but unbowed.
> ... I am the master of my fate:
> I am the captain of my soul.*

Quem não gostaria de ser senhor do próprio destino e capitão da própria alma, tomar suas próprias decisões e ditar com autoridade o rumo da própria vida? Para chegar lá, precisamos entender o que, de fato, modela nosso destino e como, na prática, podemos atingir esse estado ambicionado.

---

* Sob os duros golpes do acaso,
Minha cabeça sangra, mas está erguida.
[...] Sou o senhor do meu destino;
Sou o capitão da minha alma. (N.T.)

O QUE MODELA NOSSO DESTINO?

Por que agimos como agimos? Seremos produto de nossos genes e de nossa biologia? Será que nossos comportamentos, pensamentos e emoções são as consequências orgânicas da substância biológica de nosso cérebro? Estarão os caprichos da personalidade e da diferença individual humana nas diferenças entre nossos cérebros? Serão essas diferenças geneticamente determinadas? Nesse sentido, serão nossos destinos ditados por nossa biologia? Se isso for verdade, poderemos algum dia ser senhores de nosso destino?

Da mesma forma, somos serviçais ou escravos das circunstâncias sociais em que nos encontramos ou somos modelados pelas contingências reforçadoras dos eventos? Se existirem determinantes sociais da saúde física e mental, e se formos moldados pela carência social, pela pobreza e pelo *status* social, como então poderemos algum dia ser de fato senhores de nosso destino? Somos peões deslocados no tabuleiro por forças externas ou jogadores nessa partida de xadrez? Se, como sugeriram alguns psicólogos, nossos comportamentos e emoções forem consequência das contingências de reforço que aprendemos, seremos sem dúvida os escravos das circunstâncias? Se formos produto de nossos genes ou produto de nossas circunstâncias, pouco espaço restará para o domínio autônomo.

Somos modelados por nossos pensamentos. No fim das contas, todos nós dependemos das leis da física. Isaac Newton, Albert Einstein e Steven Hawking poderiam argumentar que todos somos determinados pelas leis da matemática. Nossa natureza essencial como seres humanos não pode ser isolada do mundo exterior físico, biológico e social, mas somos, em essência, modelados por nossos pensamentos. Nossas crenças, emoções, nossos comportamentos e, inclusive, nossa saúde mental são produto da forma como pensamos sobre nós mesmos, os outros, o mundo e o futuro.

Esses pensamentos não surgem do nada: pensamos da forma que pensamos graças ao que aprendemos. Ao longo da vida, somos expostos a uma espantosa variedade de estímulos, os quais processamos e interpretamos por meio de uma máquina de aprendizagem de suma eficácia: nosso cérebro. Sabemos muito a respeito da ciência física e psicológica em que se baseia essa aprendizagem e, portanto, entendemos como nossos pensamentos são modelados por esses eventos de aprendizagem, por esses fatores sociais, circunstanciais e biológicos. Conhecemos alguns dos mais importantes processos e mecanismos psicológicos. Entendemos boa parte da interação entre a psicologia da aprendizagem e as ciências biológica e social – e aprendemos mais a cada dia.

Há razões para que eu pense da maneira que penso. Meus pensamentos a respeito de mim mesmo, dos outros, do mundo e do futuro são fáceis de explicar. É perfeitamente possível entender por que as pessoas compreendem o mundo do modo que o fazem, mas o fundamental é entender que é essa estrutura de compreensão e são esses sistemas de crenças que determinam nossas emoções e nossos comportamentos. Agimos como agimos porque pensamos como pensamos.

Isso transforma a "revolução cognitiva" – o recente interesse científico e público no funcionamento do cérebro e da mente – em muito mais que um fenômeno neurológico. Desde os anos 1950, os psicólogos (e psiquiatras que entendem de psicologia cognitiva) vêm desenvolvendo, do ponto de vista prático, um modelo sofisticado e útil de como as pessoas entendem o mundo. Para colocar de forma objetiva, nós nascemos como máquinas de aprendizagem dotadas de cérebros extremamente complexos, porém muito receptivos, prontos para entender o mundo e, em seguida, lidar com ele. Em consequência dos fatos e exemplos que a vida nos dá, desenvolvemos modelos mentais do mundo que depois usamos para orientar nossos pensamentos, emoções e comportamentos. Esses modelos explicam bem uma boa parte do comportamento humano – e as diferenças entre as compreensões individuais explicam as diferenças entre as pessoas. Quando se compreende como as pessoas entendem seu mundo, o comportamento delas torna-se, em boa medida, explicável.

Isso leva a uma ideia simples, mas contundente, a uma lei básica da psicologia: *nossos pensamentos, emoções e comportamentos (e, portanto, nosso bem-estar e nossa saúde mental) são, em grande parte, determinados pela forma como interpretamos e compreendemos o mundo.*

POR QUE PENSAMOS ASSIM?

Esses modelos mentais do mundo são muito potentes. Eles podem ser muito bem explicados pelos eventos e experiências aos quais as pessoas foram expostas. E, por sua vez, são produto da aprendizagem.

Embora muitos prefiram usar o determinismo biológico para explicar o comportamento humano, existe uma abordagem mais humana. O cérebro é uma máquina de aprendizagem, e nossa compreensão do mundo é modelada pela experiência. Às vezes, a solução mais óbvia e mais simples é a melhor: o que aconteceu com uma pessoa é o que explica a maioria dos problemas. A vida pode parecer complicada, mas as pessoas compreendem seu mundo e, por isso, comportam-se de modo previsível.

Sem dúvida, precisamos entender o cérebro e seu funcionamento para entender plenamente os seres humanos. Mas, sem a psicologia, a neurociência pouco pode explicar sobre o que diferencia uma pessoa de outra. Se os achados neuroanatômicos são significativos, é porque se relacionam a processos psicológicos; é porque mudam nossa forma de compreender o mundo e de reagir aos fatos. Além disso, está claro que precisamos de uma ciência social cada vez mais sofisticada. Compreender o impacto dos fatores sociais e dos eventos da vida sobre nossas emoções, nossos comportamentos e nossa saúde mental é compreender como nossos pensamentos são influenciados por esses fatores. *Os fatores biológicos, sociais e circunstanciais influenciam nossas emoções, nossos pensamentos e comportamentos — nossa saúde mental — por meio dos efeitos que exercem sobre nós à medida que aprendemos e compreendemos nosso mundo.*

Isso nos conduz a outra conclusão importante: o que nos acontece provavelmente é mais importante que nossos genes na determinação de nosso destino. Sabemos que as pessoas diferem do ponto de vista de sua biologia, e sabemos que isso faz diferença. No entanto também sabemos que as pessoas diferem muito do ponto de vista de suas circunstâncias sociais e dos eventos de sua vida. As diferenças individuais são importantes, mas muito provavelmente serão menos importantes que as diferenças em termos das circunstâncias sociais. A razão está no fato de nossos genes nos darem o cérebro, essa maravilhosa máquina de aprendizagem. E, como todos nós temos sutis diferenças genéticas, essa máquina de aprendizagem funciona de maneira ligeiramente diferente em cada pessoa. Além disso, existem grandes diferenças entre as pessoas no que diz respeito às suas experiências. Se tomarmos as experiências de um burundinês típico, um psicólogo clínico britânico como eu e um consultor financeiro internacional, por exemplo, essas diferenças serão gritantes e provavelmente mais importantes na modelagem de nossos pensamentos do que qualquer diferença genética.

POR QUE ISSO IMPORTA?

Ideias desse tipo põem em cheque noções como as de "doença mental" e "psicologia anormal", expondo quanto são antiquadas, degradantes e inválidas. Elas mostram que categorias diagnósticas como "depressão" e "esquizofrenia" são inúteis. Opondo-se à ideia de que os problemas de saúde mental sejam de natureza essencialmente biológica, elas questionam a generalização do emprego de tratamentos médicos.

O conceito de "doença mental" é, em comparação com outro elementos, irrelevante. Sem dúvida, muitas pessoas têm graves problemas psicológicos: no Reino Unido, o suicídio é a causa mais comum da mortalidade entre mulheres no ano seguinte ao nascimento do primeiro filho, e uma a cada quatro pessoas terá algum tipo de problema emocional em algum momento na vida. Estima-se que o custo dos problemas relacionados à má saúde mental para o Estado esteja em bilhões de libras por ano, e os antidepressivos estão entre os produtos mais comuns — e mais rentáveis — das maiores indústrias farmacêuticas multinacionais.

Porém as ideias de enfermidade e doença não ajudam, e mesmo o conceito de psicologia "anormal" é descabido. Sabemos muito acerca dos principais processos psicológicos e de desenvolvimento que nos tornam humanos, além de sabermos como os eventos de nossa vida, as circunstâncias sociais e nossa constituição biológica podem afetá-los. Essa percepção psicológica vale para todos nós. Assim como não há uma "física anormal" que force os carros a sair da pista, mas sim apenas física, não há uma "psicologia anormal" que só valha para pessoas que estão em situação de sofrimento. Todos nós compreendemos nosso mundo e, para isso, todos nós usamos os mesmos mecanismos psicológicos. Abordar o bem-estar dessa perspectiva é, ao mesmo tempo, radical e sensato. A pesquisa científica dos processos psicológicos que usamos para entender o mundo e interagir com outras pessoas pode constituir uma alternativa válida, útil e positiva aos conceitos de "doença mental" e "psicologia anormal". Essa alternativa é compatível tanto com a Organização Mundial da Saúde, quando declara que a saúde é mais que a ausência da doença, quanto com a União Europeia, quando afirma que "[...] É a saúde mental que abre aos cidadãos as portas da realização intelectual e emocional, bem como da integração na escola, no trabalho e na sociedade. É ela que contribui para a prosperidade, solidariedade e justiça social das nossas sociedades".

É demasiada a frequência com que as pessoas acabam parando sem necessiade em consultórios de psicólogos clínicos ou psiquiatras. É demasiada a frequência com que seus problemas são apenas mal descritos, tratados de modo inadequado e, quase sempre, muito mal compreendidos. A questão é simples: pode-se entender muito da experiência humana caso se entenda o que aconteceu com as pessoas e como reagiram às experiências de sua vida. Uma consequência triste de nossa atual obsessão com a abordagem médica do bem-estar e do sofrimento humanos é que os problemas humanos muitas vezes são apenas diagnosticados e tratados, em vez de entendidos. Embora o foco nas maravilhas da neurociência possa ser esclarecedor para os cientistas, concentrar-se no funcionamento dos neurônios pode ter algumas consequências muito pouco problemáticas. Embora, à primeira vista, considerar os problemas de saúde mental como "doenças" possa parecer emancipador, já que assim as pessoas dificilmente serão culpadas, estigmatizadas ou ignoradas, talvez implique certas dificuldades. A ideia de que os problemas de saúde mental sejam doenças como quaisquer outras pode atrair, mas falha no nível científico porque dificilmente é aprovada nos testes convencionais de confiabilidade, validade e utilidade. O "modelo de doença" ajuda a reduzir a culpa e o estigma, porém também gera passividade e implica uma causa biológica e, por conseguinte, uma solução biológica. Talvez um maior recurso à medicação não seja totalmente aconselhável, como talvez não seja aconselhável (ou válido do ponto de vista científico) interpretar problemas humanos como decorrentes de defeitos no cérebro.

Porém há uma melhor compreensão que, além disso, tem melhores resultados. A psicologia científica moderna hoje entende muito do que os seres humanos pensam, sentem e fazem. Isso nos permite descrever, entender e explicar problemas emocionais e comportamentais de uma perspectiva radicalmente nova. Novas terapias, sobretudo a terapia cognitivo-comportamental, ou TCC, mostraram-se comprovadamente eficazes (no mínimo, tanto quanto a medicação) e populares. Porém é frustrante que alguns dos benefícios dessas abordagens tenham sido diluídos pelo fato de até agora elas só terem sido empregadas dentro de uma perspectiva definitivamente medicalizada da saúde mental. Portanto, deveríamos pensar de outro modo sobre a relação entre o cérebro e a mente, sobre a saúde mental e as assim chamadas doenças mentais, sobre a terapia e sobre o bem-estar.

COMO TORNAR-SE SENHOR DE SEU PRÓPRIO DESTINO, CAPITÃO DE SUA PRÓPRIA ALMA?

O apelo a uma aspiração presente em "Invictus", citado no início deste capítulo, exige ferramentas que nos permitam atingir essa meta. Já que nossos pensamentos, emoções e comportamentos são, em grande parte, determinados pela forma como interpretamos e compreendemos o mundo, nós poderemos nos tornar senhores de nosso próprio destino quando conseguirmos dominar nossos pensamentos. Essa, por sua vez, não é tarefa muito fácil. A maioria das pessoas não decide consciente e ativamente criar suas próprias crenças. Quando nos apaixonamos, não é porque resolvemos fazer isso – nós apenas nos apaixonamos. Não resolvemos ser católicos, budistas ou ateus – nós em geral nos sentimos incorporar a essas convicções. Boa parte de nossa aprendizagem é implícita e implicativa. Geralmente não sabemos quando nem como aprendemos uma proporção muito grande de coisas importantes. Ao longo de toda a vida, nossas crenças mais importantes se formam na interação entre fatores biológicos, sociais e circunstanciais e um sistema de crenças em desenvolvimento.

Entretanto, podemos aprender a controlar nossos pensamentos, e é isso que a terapia tenta fazer. Não acho que a terapia seja uma panaceia, mas creio que soluções práticas para a vida de pessoas reais sejam essenciais e acredito que as terapias psicológicas têm seu lugar. Quando tento usar a terapia para ajudar as pessoas a mudar sua vida, faço perguntas que procuram revelar como elas entendem sua própria identidade, os outros, o mundo e o futuro. Faço perguntas (e às vezes dou-lhes questionários) para descobrir o que elas pensam, o que consideram importante, de que se lembram, como explicam fatos-chave de suas vidas e por que tudo isso importa. O objetivo da terapia é ajudar a pessoa a pensar de maneira diferente, e estimulo meus clientes a distanciar-se um pouco de suas emoções, a cultivar uma postura plenamente atenta para analisar e avaliar seus próprios pensamentos. Ajudo as pessoas a entender o que estão pensando e por que isso importa. Com simples diários, elas conseguem isso. Os terapeutas discutem esses pensamentos com os clientes, ajudando-os a analisar os diversos aspectos dos pensamentos em si. Por que eles pensam o que pensam? Como foi que aprenderam a ver o mundo assim? O que lhes aconteceu para dar lugar a esse padrão de pressupostos, pensamentos e crenças?

É indispensável que os terapeutas também discutam modos alternativos de pensar. Ajudamos as pessoas a mudar seu modo de pensar. Apesar de não ser fácil, isso não é impossível. Com tempo e com apoio, usando de maneira sensata diversas habilidades e técnicas úteis, ajudamos as pessoas a pensar de modo diferente sobre seus próprios pensamentos. Discutimos outras formas de pensar sobre as coisas, e isso se mostra muito eficaz. As terapias psicológicas são, no mínimo, tão eficazes quanto a medicação. Você de fato pode mudar seu modo de pensar, e isso realmente faz diferença. Quando procuram um psicólogo, as pessoas estão na verdade convictas de que sua existência é um fardo para a família, que estar mortas seria bem melhor, que todos as detestam e que a morte seria um alívio. Aos poucos, podemos aprender a mudar de opinião sobre tudo isso. Em termos estatísticos, a terapia cognitivo-comportamental (TCC) ajuda as pessoas tanto quanto os antidepressivos. Por certo não estou sugerindo que todos deveríamos recorrer à terapia, mas o fato é que ela tem o poder de mudar o que pensamos.

Se conseguirmos entender por que pensamos o que pensamos, poderemos mudar o que pensamos. O tempo todo, estamos manipulando ao mesmo tempo números incalculáveis de representações de ideias concretas e abstratas (ainda que só possamos reter na memória entre cinco e nove coisas de uma única vez). É maravilhoso que os seres humanos sejam dotados de autopercepção. Sabemos não só que existimos, como também que estamos pensando, o que significa que podemos nos conscientizar de nossos próprios pensamentos, ainda que talvez precisemos nos esforçar para isso.

Podemos adotar a atenção plena: podemos atentar, sem críticas, para o conteúdo de nossos próprios pensamentos para, depois, fazer alguma coisa a respeito. Podemos decidir buscar novas evidências, inclusive (e isso é importante) evidências que possam mudar ou até contradizer nossas suposições.

Em capítulo anterior, mencionei a ideia do "Detecte, confira e mude". Podemos "detectar" nossos pensamentos, em especial se forem incômodos ou inquietantes. Podemos "conferi-los": imaginar de onde esses pensamentos podem ter surgido, o que significam, aonde podem nos levar e determinar se são aceitáveis, racionais e baseados em indícios confiáveis. Por último, podemos "mudá-los" se buscarmos novos indícios e experimentarmos novas ideias e novas possibilidades.

MUDE SUA VIDA MUDANDO UM PENSAMENTO DE CADA VEZ

Somos modelados pelo pensamento. Nossas crenças, emoções, nossos comportamentos e, inclusive, nossa saúde mental são produto da forma como pensamos sobre nós mesmos, os outros, o mundo e o futuro. Esses pensamentos são, em si, consequência de nossa aprendizagem: as circunstâncias sociais, as experiências e os eventos da vida aos quais fomos expostos, juntamente com as formas como os compreendemos e como reagimos a eles. Nosso cérebro é uma máquina de aprendizagem de suprema eficácia que entende nossas experiências. A estrutura de compreensão resultante dita nosso destino.

Porém continuamos aprendendo. Aprendemos algo novo todos os dias. Portanto, podemos aprender a refletir sobre nossos pensamentos, a analisá-los e a mudá-los. Para tornar-se senhor de seu próprio destino e capitão de sua própria alma, você precisa tornar-se senhor e capitão de seus pensamentos. Você pode mudar seu próprio destino se mudar um pensamento de cada vez.

Notas

Capítulo 1 – Somos controlados por nosso cérebro?

1. O filósofo e psicólogo Kenneth Craik (1943) talvez tenha sido o primeiro a sugerir que as pessoas usam modelos mentais para explicar e prever o mundo. Ele morreu jovem, aos 31 anos, em um acidente de bicicleta, apenas dois anos após a publicação de *The Nature of Explanation* (Cambridge: Cambridge University Press).
2. S. B. Guze (1989) "Biological psychiatry: is there any other kind?", *Psychological Medicine*, 19: 315-23.
3. E. R. Kandel (1998) "A new intellectual framework for psychiatry", *American Journal of Psychiatry*, 155: 457-68.
4. Jim van Os e colegas publicaram um excelente artigo que resume pesquisas sociológicas e neurocientíficas de alta qualidade sobre as várias causas dos fenômenos psicóticos na prestigiosa revista *Nature*. A leitura talvez não seja tão fácil para quem não é cientista, mas vale a pena persistir: J. van Os, G. Kenis e B. P. Rutten (2010) "The environment and schizophrenia", *Nature*, 11: 468(7321): 203-12.
5. N. Risch, R. Herrell, L. Lehner, K.-Y. Liang, L. Eaves, J. Hoh, A. Griem, M. Kovacs, J. Ott & K. R. Merikangas (2009) "Interaction between the serotonin transporter gene (5-HTTLPR), stressful life events, and risk of depression: a meta-analysis" (2009), *Journal of the American Medical Association*, 301 (23): 2462-471.
6. Os poemas de Wilfred Owen estão disponíveis no site do Projeto Gutenberg (http://www.gutenberg.org/files/1034/1034h/1034-h.htm). O Projeto Gutenberg, que fornece acesso *on-line* gratuito a mais de 38 mil livros livres de direitos autorais, é uma excelente ferramenta de referência.
7. Sem dúvida, me refiro a *Birdsong*. S. Faulks (1994) *Birdsong*, Londres: Vintage.
8. R. P. Bentall (2003) *Madness Explained: Psychosis and Human Nature*, Londres: Allen Lane.

9. M. Romme e S. Escher (1993) *Accepting Voices*, Londres: MIND.

10. P. Bebbington, S. Jonas, E. Kuipers, M. King, C. Cooper, T. Brugha, H. Meltzer, S. McManus e R. Jenkins (2011) "Childhood sexual abuse and psychosis: data from a cross-sectional national psychiatric survey in England", *British Journal of Psychiatry*, 199: 29-37.

11. A. Kuruvilla e K. S. Jacob (2007) "Poverty, social stress & mental health", *Indian Journal of Medical Research*, 126(4): 273-78.

12. R. Wilkinson e K. Pickett (2009) *The Spirit Level: Why More Equal Societies Almost Always do Better*, Londres: Allen Lane. O site associado também fornece algumas informações úteis: www.equalitytrust.org.uk.

13. Duas fontes ilustrativas são o relatório da Social Exclusion Unit do governo do Reino Unido (2004) *Mental Health and Social Exclusion*, Londres: Office of the Deputy Prime Minister, e o manual de M. G. Marmot e R. G. Wilkinson (orgs.) (2006). *Social Determinants of Health*, Oxford: Oxford University Press.

Capitulo 2 – As velhas leis da psicologia

1. É fácil encontrar referências ao "teste do *marshmallow*" na Internet, inclusive um vídeo em: http://www.cbsnews.com/video/watch/?id=6419327n&tag=related;photovideo. O artigo original é: Y. Shoda, W. Mischel e P. K. Peake (1990). "Predicting adolescent cognitive and self-regulatory competencies from preschool delay of gratification: identifying diagnostic conditions", *Developmental Psychology*, 26(6): 978-86.

2. Há vídeos da pesquisa de Pavlov *on-line* em: http://www.youtube.comwatch?v= hhqumfpxuzI&playnext=1&list=PL50FD6087AFEADFEE. Sua pesquisa original, vencedora do prêmio Nobel, foi publicada como: I. P. Pavlov (1927) *Conditioned Reflexes: An Investigation of the Physiological Activity of the Cerebral Cortex*, tradução e edição de G. V. Anrep, Londres: Oxford University Press. O livro também está disponível *on-line* em: http://psychclassics.yorku.ca/Pavlov/.

3. As abordagens comportamentais da psicologia, bem como as críticas de que são alvo, constam em todos os bons manuais de psicologia. Entre as obras de destaque de B. F. Skinner incluem-se: (1938) *The Behavior of Organisms*, Nova York: Appleton--Century-Crofts, (1957) *Verbal Behaviour*, Englewood Cliffs, NJ: Prentice-Hall e (1971) *Beyond freedom & dignity*, Indianápolis: Hackett Publishing Co. Skinner também escreveu o romance behaviorista utópico *Walden Two* (1948), Indianápolis: Hackett Publishing Co.

4. B. F. Skinner (1948) *Walden Two*, Indianápolis: Hackett Publishing Co.

5. A pesquisa de Tolman foi publicada como: E. C. Tolman (1948) "Cognitive maps in rats and men", *Psychological Review*, 55, 189-208, disponível *on-line* em: http://psychclassics.yorku.ca/Tolman/Maps/maps.htm.

6. O clássico experimento de Bandura com o joão-bobo está disponível *on-line* (http://www.youtube.com/watch?v=Pr0OTCVtHbU&feature=related) e foi publicado como: A. Bandura, D. Ross e S. A. Ross (1961) "Transmission of aggression through imitation of aggressive models", *Journal of Abnormal and Social Psychology*, 63, 575-82.

7. Muitos psicólogos estudaram a cegueira à mudança. Christopher Chabris e Daniel Simons, responsáveis pelo "efeito do gorila invisível", usaram muito bem essa chamativa abordagem em seu site (www.theinvisiblegorilla.com/videos.html) e no livro impresso: C. Chabris e D. Simons (2011) *The Invisible Gorilla: How Our Intuitions Deceive Us*, Nova York: Broadway.

8. Aaron T. Beck tem vários excelentes livros. Seus textos mais importantes são: A. T. Beck (1975) *Cognitive Therapy and the Emotional Disorders*, Madison, CT: International Universities Press, A. T. Beck, A. J. Rush, B. F. Shaw e G. Emery (1979) *Cognitive Therapy of Depression*, Nova York: Guilford Press e, mais recentemente, D. A. Clark e A. T. Beck (2010) *Cognitive Therapy of Anxiety Disorders: Science and Practice*, Nova York: Guilford Press.

9. A noção de que nosso modo de pensar afeta nosso humor já existe há muito tempo, certamente desde que os filósofos começaram a pôr suas ideias no papel (ou no papiro). Em 1994, publiquei um artigo acadêmico que, acredito, nunca foi citado por ninguém! Nele, descrevi como um obscuro poeta inglês – Thomas Hoccleve – usou as técnicas da TCC para aconselhar seu mecenas, o futuro rei Henrique V: P. Kinderman (1994) "Cognitive-behaviour therapy for depression in the year 1411", *Clinical Psychology & Psychotherapy*, 1: 116-19.

10. D. Freeman e J. Freeman (2008) *Paranoia: The 21st Century Fear*, Oxford: Oxford University Press.

11. As teorias de Chomsky a respeito da gramática gerativa estão em seu livro teórico: N. Chomsky (1965) *Aspects of the Theory of Syntax*, Cambridge: MIT Press. A obra política a que me referi é: N. Chomsky (2006) *Failed States: The Abuse of Power and the Assault on Democracy*. Nova York: Metropolitan Books.

12. Consulte http://en.wikipedia.org/wiki/William_James e W. James (1890) *The Principles of Psychology*, 2 vols., Nova York: Dover. A citação encontra-se na página 462.

Capítulo 3 – As novas leis da psicologia: a psicologia no cerne de tudo

1. O material do NHS está disponível em: http://www.nhs.uk/Conditions/Depression/Pages/Causes.aspx e constitui uma valiosa fonte de informações e conselhos.

2. O Livro Verde de 2005 da Comissão Europeia sobre saúde mental está disponível para download em: http://ec.europa.eu/health/ph_determinants/life_style/mental/green_paper/mental_gp_en.pdf. Embora provavelmente interesse mais a

formuladores de políticas e funcionários públicos, é um documento inteligente e bem escrito sobre a maneira mais eficaz de promover a melhoria da saúde mental.

3. G. L. Engel (1977) "The need for a new medical model: a challenge for biomedicine", *Science*, 196: 129-36.

4. Os artigos que ilustram tais ideias são: M. Roth e J. Kroll (1986) *The Reality of Mental Illness*, Cambridge: Cambridge University Press, N. Craddock *et al* (2008) "A wake-up call for British psychiatry", *The British Journal of Psychiatry*, 193, 6-9, e S. B. Guze (1989) "Biological psychiatry: is there any other kind?", *Psychological Medicine*, 19: 315-23.

5. J. Read, R. P. Bentall e R. Fosse (2009) "Time to abandon the bio-bio-bio model of psychosis: exploring the epigenetic and psychological mechanisms by which adverse life events lead to psychotic symptoms", *Epidemiologia e Psichiatria Sociale*, 18(4): 299-310.

6. J. Zubin e B. Spring (1977) "Vulnerability: a new view of schizophrenia", *Journal of Abnormal Psychology*, 86(2): 103-26.

7. http://www.strangedays.org.uk/What_causes_psychosis.htm.

8. M. Boyle (1990) *Schizophrenia: A Scientific Delusion?*, Londres: Routledge.

9. Uma boa descrição do "balde de Brabban" encontra-se no site strangedays.org.uk, mas a ideia foi inicialmente apresentada por Alison Brabban: www.dur.ac.uk/school. health/staff/?username=fflf99.

10. P. Kinderman (2005) "A psychological model of mental disorder", *Harvard Review of Psychiatry*, 13: 206-17.

11 Kinderman P., Schwannauer M., Pontin E., Tai S. (2013) "Psychological Processes Mediate the Impact of Familial Risk, Social Circumstances and Life Events on Mental Health", PLoS ONE 8(10): e76564. http://dx.plos.org/10.1371/journal. pone.0076564.

Capítulo 4 – Pensando diferente: o diagnóstico

1. P. Kinderman, E. Setzu, F. Lobban e P. Salmon (2006) "Illness beliefs in schizophrenia", *Social Science and Medicine*, 63: 1900-911.

2. Richard Bentall (2003) discute o contexto histórico do diagnóstico psiquiátrico em seu livro *Madness Explained: Psychosis and Human Nature*, Londres: Allen Lane.

3. Por incrível que pareça, o *The Times* disponibilizou suas edições a partir de 1785 para pesquisas *on-line*. O editorial a que me refiro é o de 22 de julho de 1854, p. 8.

4. Há uma boa descrição da CID-10 no site da Organização Mundial da Saúde: www. who.int/classifications/icd/en/. A referência completa é: World Health Organization (1992) International Statistical Classification of Diseases and Related Health Problems, Genebra: World Health Organization.

5. American Psychiatric Association (1994) *Diagnostic and Statistical Manual of Mental Disorders*, 4ª ed., Washington, DC: American Psychiatric Association.

6. Um bom guia dessa controvérsia está no artigo de Jonathan Gornell (2013) "DSM-5: a fatal diagnosis?", *British Medical Journal*, 2013, 346: 3256; http://www.bmj.com/content/346/bmj.f3256.

7. Consulte, por exemplo: "Living with grief", *The Lancet* (editorial), 2012: 379, 589.

8. Veja a Nota 2.

9. Há um excelente artigo de Jack Carney sobre o declínio das estatísticas de confiabilidade da franquia DSM: http:/www.madinamerica.com/2013/03/the-dsm-5-field-trials-inter-raterreliability-ratings-take-a-nose-dive/.

10. Ainda que existisse, qualquer exame de laboratório desse tipo seria em grande medida irrelevante, já que a depressão e outros problemas de saúde mental são essencialmente problemas de experiência, não de biologia. Se um paciente que estivesse com graves problemas obtivesse resultado negativo em um exame, continuaria tendo problemas, e esses problemas precisariam ser tratados. O exame que tivesse resultado positivo não lhe diria nada além do que esse paciente já sabia. Se as pessoas não tivessem problemas significativos, mas "dessem positivo", suspeito que poucas aceitariam ser tratadas com antidepressivos (ou terapia), pelo menos enquanto não começassem a ter alguma dificuldade.

11. Cartwright (1851) publicou sua ideia em artigo em uma revista especializada: "Report on the diseases and physical peculiarities of the Negro race", *The New Orleans Medical and Surgical Journal*, 1851: 691-715. Uma discussão moderna dessa ideia encontra-se em: A. L. Caplan, J. J. McCartney e D. A. Sisti (orgs.) (2004) *Health, Disease, and Illness: Concepts in Medicine*, Washington: Georgetown University Press.

12. D. L. Rosenhan (1973) "On being sane in insane places", *Science*, 179 (4070): 250-58.

13. O programa foi ao ar na BBC1 em novembro e dezembro de 2008.

14. A tese de Gemma está disponível ao público para consultas, mas, infelizmente, só na biblioteca da Universidade de Liverpool, onde está arquivada sob o número de registro: lvp.b2182260. Espero que Gemma publique sua pesquisa em breve em alguma revista da área.

15. S. Timimi (2005) *Naughty Boys: Anti-Social Behaviour, ADHD and the Role of Culture*, Londres: Palgrave Macmillan.

16. S. Timimi, N. Gardner e B. McCabe (2010) *The Myth of Autism: Medicalising Men's And Boys' Social and Emotional Competence*, Londres: Palgrave Macmillan.

17. Simon Baron-Cohen publicou muita coisa sobre os problemas do espectro autístico. Um bom livro que ilustra sua conjetura sobre a explicação do "cérebro masculino

extremo" para tais problemas é: S. Baron-Cohen (2004) *The Essential Difference: Male and Female Brains and the Truth About Autism*, Londres: Basic Books.

Capítulo 5 – Pensando diferente: o bem-estar

1. A onipresente Wikipedia tem informações sobre o Butão (http://en.wikipedia.org/wiki/Bhutan) e também sobre a "Felicidade Interna Bruta" (http://en.wikipedia.org/wiki/Gross_National_Happiness). A Comissão da Felicidade Interna Bruta do próprio governo do Butão publica relatórios fascinantes em www.gnhc.gov.bt.

2. World Health Organization (1948) *Constitution of the World Health Organization*, Genebra: World Health Organization. www.who.int/governance/eb/who_constitution_en.pdf.

3. S. Halliday (2003) "Duncan of Liverpool: Britain's first Medical Officer", *Journal of Medical Biography*, 11 (3): 142-49. A Universidade de Liverpool também abriga uma Duncan Society (http://www.liv.ac.uk/ssp/duncansociety/index.htm).

4. World Health Organization (2001) *Strengthening Mental Health Promotion*, Genebra: World Health Organization.

5. Department of Health (2011) *No Health Without Mental Health: A Cross-Government Mental Health Outcomes Strategy for People of All Ages*, Londres: Department of Health. http://www.dh.gov.uk/en/Publicationsandstatistics/Publications/PublicationsPolicyAndGuidance/DH_123766.

6. European Commission (2005) *Promoting The Mental Health of the Population. Towards a Strategy on Mental Health for the European Union*, Bruxelas: European Commission.

7. A equipe do Foresight está em www.foresight.gov.uk. Quanto ao relatório sobre o "capital mental", consulte T. Kirkwood, J. Bond, C. May, I. McKeith e M. Teh (2008) *Foresight Mental Capital and Wellbeing Project. Mental Capital Through Life: Future Challenges*, Londres: The Government Office for Science.

8. O site Gapminder – www.gapminder.org – tem muitas ferramentas *on-line* que permitem aos visitantes investigar eles mesmos essas relações.

9. N. Marks, S. Abdallah, A. Simms e S. Thompson (2006) *The (un)Happy Planet Index: An Index Of Human Well-Being and Ecological Impact*, Londres: New Economics Foundation. www.happyplanetindex.org/public-data/files/happy-planet-index-2-0.pdf.

10. Já citei *The Spirit Level* no Capítulo 3: R. Wilkinson e K. Pickett (2009) *The Spirit Level: Why More Equal Societies Almost Always do Better*, Londres: Allen Lane.

11. http://www.stiglitz-sen-fitoussi.fr/documents/rapport_anglais.pdf. Stiglitz J. E., Sen, A. e Fitoussi J-P. (2009) Report of the commission on the measurement of economic performance and social progress. Commission on the Measurement of Economic Performance and Social Progress. Paris.

12. O site do Office for National Statistics apresenta material sobre o programa de medição do bem-estar nacional e é atualizado com frequência: www.ons.gov.uk/ons/guide-method/user-guidance/wellbeing/index.html.

13. Um dos relatórios-chave da New Economics Foundation (www.nationalaccountsofwellbeing.org) é: J. Michaelson, S. Abdallah, N. Steuer, S. Thompson e N. Marks, com colaboração de J. Aked, C. Cordon e R. Potts (2009) *National Accounts of Well-Being: Bringing Real Wealth Onto the Balance Sheet*, Londres: New Economics Foundation.

14. P. Kinderman (2002) "The future of clinical psychology training", *Clinical Psychology*, 8: 6-10.

15. A Declaração de Independência dos Estados Unidos está disponível em: www.archives.gov/exhibits/charters/declaration.html.

16. A Declaração Francesa dos Direitos do Homem e do Cidadão (em francês) está disponível em: www.textes.justice.gouv.fr/textes-fondamentaux-10086/droits-de-lhomme-et-libertes-fondamentales-10087/declaration-des-droits-de-lhomme-et-du-citoyen-de-1789-10116.html. Há uma versão inglesa do texto disponível em: http://en.wikipedia.org/wiki/Declaration_of_the_Rights_of_Man_and_of_the_Citizen.

17. A maravilhosa Declaração Universal dos Direitos Humanos das Nações Unidas está disponível em: www.un.org/en/documents/udhr/.

18. A evidência de que Thomas Jefferson possuía escravos é discutida em: http://en.wikipedia.org/wiki/Thomas_Jefferson_and_slavery e em W. Cohen (1969) "Thomas Jefferson and the problem of slavery", *Journal of American History* 56(3): 503-26.

19. Sobre a cobertura jornalística dos tumultos do verão no Reino Unido, visite: www.bbc.co.uk/news/uk-4452097 e www.telegraph.co.uk/comment/telegraph-view/8691352/The-criminals-who-shame-our-nation.html.

Capítulo 6 – Pensando diferente: a terapia

1. Os Cinco Passos para o Bem-Estar Mental são um conjunto de mensagens públicas sobre a saúde mental baseadas em evidências, criado pela New Economics Foundation no âmbito do Foresight Project on Mental Capital and Wellbeing: http://neweconomics.org/publications/five-ways-to-wellbeing. Muitas empresas afiliadas ao NHS e autoridades municipais, entre as quais a de Liverpool, adotaram as mensagens dos "Cinco Passos": www.2010healthandwellbeing.org.uk/. A referência acadêmica completa é: J. Aked, J. e S. Thompson (2011) *Five Ways to Wellbeing: New Applications, New Ways of Thinking*, Londres: New Economics Foundation.

2. The Reader Organisation: www.thereader.org.uk.

3. J. Kabat-Zinn (1994) *Wherever You Go, There You Are: Mindfulness Meditation for Everyday Life*, Londres: Piatkus.

4. A Action for Happiness é uma nova entidade beneficente que visa a ajudar pessoas e comunidades a elaborar e implementar estratégias que promovam o bem-estar psicológico. Embora seja fantástica, a ideia, em minha opinião, foi prejudicada pela decisão de seus fundadores de voltar o foco para a "felicidade", em vez de para o bem-estar (já que a promoção da "felicidade" poderia facilmente ser vista como algo leviano ou banal): www.actionforhappiness.org.

5. Já me referi anteriormente à obra do decano da TCC, Aaron Beck, e à longa história da TCC. Vale a pena tornar a mencionar o livro fundamental de Beck: A. T. Beck (1975) *Cognitive Therapy and the Emotional Disorders*, Madison, CT: International Universities Press, e meu obscuro artigo sobre a TCC na idade média: P. Kinderman (1994) "Cognitive-behaviour therapy for depression in the year 1411", *Clinical Psychology & Psychotherapy*, 1: 116-19.

6. C. A. Padesky e D. Greenberger (1995) *Mind Over Mood: Change How You Feel By Changing the Way You Think*, Nova York: Guilford Press.

7. D. Kahneman, P. Slovic e A. Tversky (1982) *Judgment Under Uncertainty: Heuristics and Biases*, Nova York: Cambridge University Press.

8. Meu estudo de caso foi publicado como: P. Kinderman e R. P. Bentall (1997) "Attributional therapy for paranoid delusions: a case study", *Behavioural and Cognitive Psychotherapy*, 25: 269-80.

Capítulo 7 – Senhor de próprio destino, capitão da própria alma

1. "Invictus" figura em diversas antologias de poesia, entre as quais a de ⊥. Hughes e S. Heaney (2005) *The Rattle Bag: An Anthology of Poetry*, Londres: Faber & Faber.